헤테로토피아 시학 2

헤테로토피아 시학 2
구월은 다른 장소를 살아간다

김지율

새미

차례

**4부
동시대의 환멸과 일탈의 공간
: 1980년대 민주화와 탈근대의 헤테로토피아**

민주화와 탈근대에 대한 환멸과 일탈의 공간
1980년대 현대시의 헤테로토피아　　　　　　　　　　　　11

이성복 시의 '유곽', '금촌' 그리고 '남해 금산'이라는 헤테로토피아　18

　절망과 환멸로서의 '유곽'이라는 '일탈'의 장소　　　　　24
　우울과 자의식의 '금촌'이라는 '위기'의 장소　　　　　　35
　신화와 치유로서의 '남해 금산'이라는 '영원성'의 공간　　45

'청파동'과 언어의 경계를 넘는 최승자 시의 헤테로토피아　　60

'영원한 루머'와 혼종적 주체들의 탈질서 공간, '청파동'　　67
'아무도 없는' 장소, 부재라는 우울의 '중얼거림'　　74
혼종적 주체들의 반反장소, 서술 언어의 '해체'　　85
언어의 탈脫장소, 시대의 상처를 담는 잿빛 언어 '침묵'　　92

황지우 시의 헤테로토피아 장소성 연구　　110

'시적인 것'의 알레고리적 해체와 언어의 '비非장소성'　　118
삶과 죽음의 공존 혹은 경계, '광주'라는 애도의 헤테로크로니아　　130
부재의 유토피아, '솔섬'과 '율도국'이라는 영원성의 헤테로토피아　　142

5부
경계를 가로지르는 이질적 공간
: 1990년대 이후 포스트 모던과 탈중심의 헤테로토피아

포스트 모던과 경계를 가로지르는 탈脫장소들,
1990년대 현대시의 헤테로토피아   157

여성시에 드러나는 '몸'이라는 혼종적 장소   166

    김혜순의 경계를 넘어 이야기를 생성하는 '코라chora'의 몸   173
    김언희의 변방의 블랙홀과 '호랑말코'들의 '위반'의 몸   186
    이원의 가상 공간과 물리적 몸의 경계 넘기, '사이보그'의 몸   198

기형도 시에 드러나는 '정동'과 '사이 공간'들   222

    변위적 상상력으로서의 '정동'과 '사이 공간'   228
    절망과 희망이 부유浮游하는 알레고리적 장소 '안개'   237
    유토피아의 부재와 우울이라는 '빈 장소'들   249

고정희 시의 파레시아와 헤테로토피아   268

    '저항'적 파레시아와 '민중 연대'의 반反공간   277

'고백'의 파레시아와 '여성 해방'의 실천적 공간   290
'자기 성찰'의 파레시아와 '생명 회복'을 위한 자기 돌봄의 장소   301

유하와 장정일 시의 헤테로토피아   320

욕망의 '압구정동'과 환멸의 '경마장'   325
'키치kitsch'라는 이름의 유토피아, '세운상가'   335
'중심'에 대한 저항과 반이데올로기적 '강정'   346
이탈적 욕망과 길 헤맴의 '길안'   356

허수경 시에 드러나는 트랜스로컬리티로서의 '고향'의 변모 양상과 서발턴   372

고향 '진주' – 저항의 헤테로토피아와 이름 없는 주체들   380
타향의 도시 '서울' – 욕망의 헤테로토피아와 도시 빈민들   389
'글로벌'이라는 새 고향
    – 연대의 헤테로토피아와 디아스포라의 난민들   399

맺음말   418
추천글   423
참고문헌   429

4부

동시대의 환멸과 일탈의 공간
: 1980년대 민주화와 탈근대의 헤테로토피아

민주화와 탈근대에 대한 환멸과 일탈의 공간
1980년대 현대시의 헤테로토피아

    1980년대의 급속한 산업화는 빈부 격차와 기업 구조의 불균형, 노사갈등, 도시인구의 과밀화로 인한 농촌 인력의 부족, 그리고 환경 오염 등 다양한 부작용을 초래했다. 또한 10·26 사태에서 비롯된 신군부 쿠데타의 정치적 탄압이 극심했다. 이에 '5월 광주'로 시작된 민주화의 정치적 열망이 고조되었고, 도시화와 산업화가 급속히 진행되었으며, 노동의 혁신과 페미니즘의 목소리 또한 높았다. 특히 5·18 광주 민주화 운동과 6월 항쟁은 이러한 억압에 저항하는 민중의 의지를 보여주는 대표적인 사건이었다. 이와 같은 정치적 격변에서 사회 전반의 변화가 급물살을 탔으며, 문학 역시 이러한 영향에서 자유로울 수 없었다.

이 시기는 군사독재 아래에서 민주화운동과 노동운동이 활발히 전개되던 시대로 현대시 또한 군부 정권의 언론 탄압과 창작 규제에 맞서 새로운 방향을 모색하며 두 가지 흐름으로 분화되었다. 하나는 기존의 시적 방식에서 벗어나 새로운 형식적 실험을 모색하며 현실에 대응했던 모더니즘이며, 다른 하나는 문학을 통해 억압적 현실에 직접 맞서고자 했던 리얼리즘 계열의 민중시였다. 대립되는 두 시적 경향은 다양한 현실적 목소리를 대변하거나 전위적인 시도를 함으로써 현대시의 지평을 넓혀 나갔다.

특히 젊은 시인들은 당대의 감수성을 바탕으로 현실을 예리하게 인식하며 저항과 진보의 작품을 발표하였다. 이들은 세계와의 단절 또는 투쟁을 선언하거나, 자신의 존재 의미에 대해 회의하며, 시대와의 관계를 진단하고 탐구하는 시들을 통해 개인적·사회적 문제를 적극적으로 드러냈다. 문학적으로는 민중시와 해체시가 대두되었으며, 정기간행물 등의 검열을 피하며 동인지와 무크지의 발간이 활발하였다. 또한 대중문화의 폭발적 인기와 사회 참여에 따른 문학의 대중화 흐름이 동시에 진행되었다. 이에 문인들은 문학의 검열과 탄압에 저항하며 정치적 전위와 미학적 전위 간의 긴장과 대립 속에서 새로운 문학적 표현 방식을 모색하였다.

무엇보다 민중시를 포함한 리얼리즘의 시, 서정주의 경향의 시, 해체주의 시 등이 다양하게 공개되었다. 즉 이 시기 문학은 민주화와 사회 변혁이라는 '거대 담론'뿐 아니라 '억압'과 '일상'이라는 개인적 키워드들이 부상하였다. 또한 『문학과지성』, 『창작과비평』 등의 주요 문학 계간지가 강제 폐간되고 언론사의 통폐합을 비롯해 문학은 안팎으로 많은 위기에 직면하게 되었다.[1] 이에 발표의 장을 찾으려는 문학인들의 노력이 동인지와 무크지 시대를 앞당기게 된 것이다. 1970년대까지 대부분의 문학인들이 분단과 전쟁을 직·간접적으로 겪으며 민족이나 계급의 정체성에서 벗어나지 못했다면, 이 시기는 그러한 체험으로부터 비교적 자유로운 세대들이 등장했다. 대표적으로 이성

---

[1] 1980년 7월 31일 문화공보부는 '사회 정화'라는 명목으로 172개 정기간행물의 등록을 취소하였다. 이는 전체 정기간행물의 12%이다. 등록 취소 이유는 1) 비위·부정·부조리 등 각종 사회적 부패 요인 제공 2) 음란·저속·외설적 내용으로 청소년 정서에 유해한 내용 게재 3) 계급 의식 격화 조장, 사회불안 조성 등이었다. 등록이 취소된 간행물 중에서 신군부에 가장 껄끄러웠던 잡지는, 월간지의 경우 함석헌의 『씨알의 소리』, 신학자 안병무의 『현존』, 그리고 『뿌리깊은 나무』, 『월간중앙』, 『기자협회보』 등이었고, 계간지의 경우 『저널리즘』, 『창작과비평』, 『문학과지성』 등이었다. 이 가운데 『창작과비평』은 신군부에 가장 문제적인 잡지로 인식되었으며, 다소 의외로 받아들여진 『문학과지성』의 폐간은 "일부 불온한 지식인 집단들의 활동 근거지가 되는 잡지"라는 이유를 들었다.(김문주, 「무크지 출현의 배경과 맥락 – 마산문화를 중심으로」, 『한국근대문학연구』 15, 한국근대문학회, 2014, 323-356쪽 ; 「피시즘적 언론·문화탄압 '한국판 문서갱유': 실록민주화운동 4」, 경향신문, 2004. 2. 15.)

복, 황지우, 최승자 그리고 김혜순 등이 활동함으로써 문학사에서도 큰 전환점을 맞이하게 되었다.

하지만 이 시대의 시를 언급할 때 '5월 광주'를 빼놓을 수 없다. 이러한 인식은 1987년 6월 항쟁으로 민주화 열망이 어느 정도 성취한 뒤 동력을 잃을 때까지 우리 문학은 '5월 광주'의 자장에서 크게 벗어나지 않았다.[2] 광주항쟁에서 비롯된 진실에 대한 윤리적 욕망과 부도덕한 정권에 대한 반감이 사회적 의식을 재고하였으며 이에 대한 시적 공감 역시 그 어느 때보다 높았다.

이것은 주어진 현실을 극복하기 위한 수단으로서 그것 자체를 시적 상상력의 핵심 동인으로 삼는 것이었다. 그러므로 '현실주의'는 현실을 변혁하려는 욕망이 아니라, 현실의 영향으로부터 비롯된 내적 갈등과 진실을 향한 개진의 욕구, 그리고 현실 문제를 개인적 문제로 치환하려는 방법론적 태도를 포함하는 것이었다. 그런 측면에서 '해체시'로 불리었던 경향의 시들은 기존의 시의식과 시문법에 대해 냉소적 도전을 보냈고 정치적 전위가 아니라 미학적 전위로 문학의 진정성을 새로운 각도

---

[2] 유신 헌법으로 장기 집권 체제를 굳히면서 절대 권력자로 장기 집권하던 박정희는 1979년 중앙정보부장에 의해 제거되고, 그 뒤를 이어 새 권력으로 부상한 신군부 역시 민주화의 열망을 짓밟으며 권력을 장악하기 위해 1980년 5월 17일 비상계엄 전국 확대 조치를 취했다. 광주 항쟁을 무력으로 진압하는 사태를 겪으며 터져 나온 '5월 광주'는 일상의 흐름을 정지시키면서 사회적 논의를 급속화시켰다.(장석주, 「1980년대 소집단 운동에 대하여」, 『서정시학』, 2016, 279-280쪽)

에서 예시하였다. 유성호는 이 시기 해체시를 쓰는 시인들이 세계의 환멸 의식을 표출한다는 점에서 탈정치적이지 않으며, 오히려 명확한 정치성을 지향한다고 보았다.

'리얼리즘' 논의 또한 민족문학 위기론과 시 자체의 위기론과 긴밀히 얽히면서 80년대 후반 민족문학 주체 논쟁의 연장으로 이어졌다. 특히, 민중시의 도식성과 관념성에 대한 자기 성찰은, 일상에서 비롯된 사상과 감정뿐 아니라 시대 현실이 개인에게 끼친 영향 등을 심오하게 드러내며 새로운 방향성을 제시하는 등 다양한 형태의 시들을 등장시켰다.

이처럼 이 시기 시인들은 '현실 개혁'을 요구하거나, 기존의 형식을 해체하는 시작을 통해 그들만의 치열한 시의식을 보여주었다. 이는 곧 민주화를 위한 체제 개혁과 새로운 시를 모색하려는 몸부림이었으며, 시적 장르의 확산과 해체가 중앙에서 주변으로 퍼져가는 획일적 변화에 대한 즉각적인 대응으로 볼 수 있다. 문학은 결코 삶과 분리될 수 없으며 현실의 보편적 가치가 그대로 반영된다. 김준오는 이러한 1980년대 시의 주류가 '도시시'이며, 도시적 삶이 일상적 진실에 접근하기 때문에 '일상시'의 면모를 지닌다고 하였다.

그런 측면에서 개인의 고통을 주로 가족사적인 측면에서 다룬 이성복은 "현실의 삶을 그대로 드러냄으로써 시대적 혹은 개인적인 일상을 사실대로 기록하고 싶었다"고 밝혔다. 이것은

"삶으로부터 초월하거나 이탈하는 것이 아니라, 살아 있는 삶 자체를 그대로 견지하려는 노력"이라고 밝혔다. 그는 '유곽', '금촌', '남해 금산'이라는 이질적 장소를 통해 독자들이 보고 싶어 하지 않거나 일상의 금기를 억지로 보게 함으로써 현실에 가려진 진실을 드러내고자 했다.

또한 최승자 시는 상실로서의 내면적 결핍과 모순적 시대에 대한 저항을 중얼거림, 언어 해체 그리고 침묵이라는 '언어의 탈장소성'을 통해 구현하고 있다. '아무도 없는' 집이나 방과 같은 '부재'의 장소에서는 폭압적인 현실의 질서 속에서 '정상적인' 관계를 맺지 못하는 주체들의 '중얼거림'이 되풀이된다. 또한 통사법뿐만 아니라 어떤 장소로도 규명하기 불가능한 언어는 기존 의미와 서정을 '해체'하며 새로운 담론을 생성하였다. 무엇보다 언어의 경계를 무화시키는 헤테로토피아는 세계의 모순과 질서를 넘어 합리적인 사고나 논리적인 구조로는 설명할 수 없는 부조리한 세계에 던지는 오랜 '침묵'의 실천이라 할 수 있을 것이다.

황지우 시는 '현실'과 '문학' 그리고 '정치'가 불가분의 관계임 잘 보여준다. 시대와 문학에 가해지는 억압과 검열에 대한 전복적 사유는 장소 점유의 불평등과 관련하여 알레고리적 특성이 강하게 드러난다. 그런 측면에서 그가 강조한 '시적인 것'을 드러내는 과정에서의 해체적 언어는 현실의 특정 장소나 시간에 얽매이지 않고 새로운 의미를 창조하는 '비非장소'로 기능하였다. 또한 삶과 죽음의 경계에 있었던 '광주'는 권력과 폭력이 관통했던 현장이자, 개인과 집단의 기억, 현실과 환상이 혼재하는 기억과 애도의 장소였다. 나아가 이러한 시대에 대한 환멸은 '솔섬'이나 '율도국'과 같은 이상적 공간을 추구함으로써 현실의 고통과 모순에서 벗어나 고향과 원형에 대한 염원을 담지하고 있다.

시가 현실을 어떻게 반영하는가의 문제에 논쟁적으로 매달렸던 과거의 관점은 서정적 주체의 속성이나 시인의 관점 등을 배제하는 경향이 있었다는 비판에서 자유롭지 못했다. 그런 측면에서 어느 시기보다 시의 본령에 충실하고자 했던 1980년대의 시는 다양하고 실험적인 시도들이 활발히 진행되었다. 이러한 시적 경향들은 "불안과 혼돈, 부재와 결핍, 복제와 과잉 등 세기말의 풍경들을 보여주는 1990년대로 이어지며 다채로운 한국 현대시의 새로운 지형도"를 이루는 바탕이 되었다.

이성복 시의 '유곽', '금촌'
그리고 '남해 금산'이라는 헤테로토피아

1980년대 이성복[1] 시의 '유곽'과 '금촌' 그리고 '남해 금산'이라는 이질적 장소에는 독재 정치의 부정과 근대 자본주의 이면의 모순에 대한 저항적 모습이 면밀하게 드러난다. '유곽'은 부조리한 현실의 욕망과 시대의 병적 징후를 가장 상징적으로 보여주는 일탈의 장소이다. '금촌'에서는 일그러진 가족사와 그릇

---

1   이성복은 1977년 「정든 유곽에서」를 계간 『문학과지성』에 발표하면서 등단하였다. 시집으로 『뒹구는 돌은 언제 잠 깨는가』(1980), 『남해 금산』(1986), 『그 여름의 끝』(1990), 『호랑가시나무의 기억』(1993), 『아, 입이 없는 것들』(2003), 『달의 이마에는 물결무늬 자국』(2003), 『래여애반다라』(2013), 『어둠 속의 시 : 1976-1985』까지 8권이 있다.

된 욕망으로서의 위기 의식이 부각되는데 특히, '아버지'로 상징되는 폭압적 권력에 대항하는 반윤리적인 가족사가 내밀하게 드러난다. 그리고 '남해 금산'은 내면 성장과 사랑의 성숙을 기원하는 통과제의로서 현실의 슬픔과 좌절로부터 영원한 사랑을 기원하며 새로운 삶을 찾으려는 치유적 공간의 특성을 보인다.

이처럼 시대의 절망과 환멸, 우울과 자의식, 상실과 치유가 교차하는 혼재향混在鄉의 장소에는 개인적 욕망과 사회의 구조적 폭력이 교차하며 저항적 실천으로서의 미학이 잘 드러난다. 또한 그것의 실현에 대한 가능 혹은 불가능을 예측하지 않고 시인 자신의 한계를 끝까지 밀고 나가 시대의 부정과 화해하지 않으려는 시정신이 반反장소인 헤테로토피아에서 부각되고 있다.

이 시기는 도시화와 산업화에 따른 극장이나 카페 그리고 다방과 같은 장소들이 대거 등장했다. 도시로 몰리는 군중들 속에서 소외된 개인들은 도시 외곽으로 밀려나는 현상이 빈번했다. 때문에 '도시'라는 공간은 소통과 단절이라는 양가성을 지니는 현대 일상을 가장 잘 반영하는 장소였다. 이성복은 안온한 일상에 빠져있으면서도 그 일상의 틈에서 들리는 잡음과 같은 이상한 소리들이 바로 '문학'이라고 했다. 그러므로 '유곽'과 '금촌' 그리고 '남해 금산'이라는 '다른 공간'들에서 들리는 다성적 목소리들이 바로 그것이라고 할 수 있을 것이다.

이성복 시인(1952~)

그런 측면에서 1980년 10월에 출간된 이성복의 첫 시집 『뒹구는 돌은 언제 잠 깨는가』는 이 시기 시의 새로운 출발을 알렸다. 그것은 70년대로부터 지속된 정치적 억압과 현실의 절망에 대한 저항으로서 '우상파괴'의 상징적 의미를 보여주었던 것이다. 그 후 1986년에 출간된 『남해 금산』에 이르러서는 절망과 치욕으로 고통받는 첫 시집과 달리 열린 세계로 극복해가는 시적 주체의 모습이 드러나기 시작했다. 이처럼 두 권의 시집에서 드러나는 혼종적 장소에 구현된 분열과 혼란의 양상은 전통의 시문법에 과감하게 도전하고 있다.[2]

---

2   황동규는 이성복의 시를 읽고 당황하는 사람도 많은 것은 지난 십여 년간 우리가 길들여져 있는 몇 가지 유형의 시 어느 것에도 맞지 않기 때문이라고 했다. 표면적으로 그는 김수영과 비슷하면서도 김수영에게서 볼 수 없는 思辨的인 요소를 극도로 줄이고 있으며 그보다는 자유로운 聯想과 그 연상을 따르는 意識이 그의 시의 主潮를 이룬다고 하였다.(황동규,「행복 없이 사는 훈련-이성복의 시세계」, 『뒹구는 돌은 언제 잠 깨는가』, 해설, 문학과지성사, 1980, 113-114쪽)

암울한 시대 현실로부터 벗어날 수 없었던 시인은 파격적인 시작법을 통해 현실의 부정과 그것으로부터 탈피하고자 하는 욕망을 면밀하게 보여주었다. 비극적 현실에서 새어 나오는 고통의 신음들, 이성복은 그 속에서 발견되는 시적 순간들을 다양한 방식으로 실험했다. 삶과 죽음, 현실과 환상 그리고 순간과 영원 같은 위기와 절망의 일상 풍경을 혼종적인 '경계의 장소'에서 가장 낯선 방식으로 재현하며 시대의 부정에 대응하였다. 또한 혼종적 타자의 목소리들이 서로 충돌하거나 단절되며 현실을 전복하는데 그것이 시의 난해성으로 이어지기도 하였다. 이처럼 현실의 타락성과 절망을 이율배반적으로 드러내는 폭력과 억압의 알레고리가 현실의 반反장소인 헤테로토피아에서 더 부각되고 있다.

첫 시집에는 서시인 「1959」에서부터 「정든 유곽에서」, 「다시, 정든 유곽에서」 그리고 「이제는 다만 때 아닌, 늦은 사랑에 관하여」의 마지막 시에 이르기까지 많은 시에서 '유곽'이라는 장소의 이미지가 중첩된다. 시집의 제목을 '정든 유곽'으로 고집하였다는 사실에서도 '유곽'에 대한 그의 집착을 읽을 수 있다. 이성복의 감수성과 미적 체험이 공유되는 장소인 '유곽'은 스스로가 처한 부정적 현실에 집요하게 이의 제기하는 은유적 장소이다. 동시에 그곳은 '성性'의 상품화에 대한 부당함과 자연스럽게 유곽으로 이끌리는 혈기 왕성한 청년의 자기 모순적 고백의 공간이기도 하다. 그런 의미에서 이성복이 "첫 시집도 유곽, 두 번째 시집도 유곽, 마지막 시집도 유곽"이라고 밝힌 것처럼 그의 시세계에서 '유곽'은 중요한 의미를 지니고 있다. '유곽'은 부조리한 현실의 욕망과 시대의 병적 징후를 가장 상징적으로 보여줌으로써 '모두 병들었는데 아무도 아프지 않'은 현실을 가장 적확하게 보여주는 대표적인 헤테로토피아이다.[3] 벤야민은 유토피아적 잠재성은 부조리한 현재를 깨어있는 세계로 경험할 때 부각된다고 했다. 그렇다면 '유곽'은 현실의 부조리와 환멸을 대표되는 반反장소로서 존재의 절망과 상실감에 대한 깊은 성찰적 시선이 내재된 '일탈'의 헤테로토피아이다.

또한 '아버지, 어머니, 누이'가 있는 '금촌'은 한 가족의 실존

[3] 이성복의 공간에 대한 연구로 김성숙은 『뒹구는 돌은 언제 잠깨는가』는 '금촌'이라는 소도시와 '먼 나라'라는 장소 그리고 '그 시간'에 대한 사유를 통해 1970년대를 살고 있는 지식인 남성의 사회적 실존을 설정하였다고 보았고, 특히 의도적인 시형식으로서의 공간 배열을 주의 깊게 조망하였다.(김성숙, 「이성복 초기 시에 나타난 공간의 상징성-『뒹구는 돌은 언제 잠 깨는가』의 1980년대적 좌표」, 『현대문학의 연구』 36, 한국문학연구학회, 2008), 정미영은 이성복 시의 그간의 공간 연구의 지평을 넓히기 위해 하르트만N. Hartmann의 공간에 대한 논의를 바탕으로 '현실 공간', '내면 공간', '초월 공간'으로 나누어 살폈다. 현실 공간을 '유곽'으로 내면 공간은 '파괴된 집'으로 보았다. 그리고 희망 공간 즉 초월 공간은 '길'로 표출된다고 밝혔다.(정미영, 「이성복·황지우 시에 나타난 공간 연구」, 원광대학교 석사논문, 2011), 박한라는 이성복의 『뒹구는 돌은 언제 잠 깨는가』에 드러나는 공간과 실재에 대해 '파편적 이미지들의 나열로 인한 몽타주적 특성이 반복되는 특정 공간은 시적 자아의 트라우마에 기인한 것'이라고 보았다.(박한라, 「영화적 기법을 통한 현대시의 공간과 실재 : 김기택, 오규원, 이성복을 중심으로」, 『한국문학이론과 비평』 68, 한국문학이론과비평학회, 2015)

적 모습이 두드러지는 장소이다. 자신이 태어난 고향이자 가족이 거주하는 장소인 '금촌'은 존재와 일상의 모습이 가장 적나라하게 드러나는 '위기'의 헤테로토피아이다. 일그러진 가족사와 아버지에 대한 부정적 시선이 부각되는 곳으로 그릇된 욕망과 이율배반적 관계들을 폭로하는 장소이다.

두 번째 시집 『남해 금산』은 환상소설의 한 장면처럼 납득하기 힘든 장황한 묘사가 나오기도 하고, 때로는 그 이유가 분명하게 설명되지 않는 절규가 터져 나온다. 이러한 풍경 속에는 절망과 희망 그리고 기쁨의 이미지들이 서로 부딪히며 때론 연민의 시선이 때로는 신화와 환상의 헤테로크로니아적 시간이 드러난다. '남해 금산'의 돌과 바다의 이미지는 시간이 영원히 머무르는 장소로서 삶과 죽음, 현실과 환상, 기억과 망각 등 이질적인 것이 공존한다. 현실적인 동시에 신화적인 장소인 '남해 금산'은 시공간을 초월함으로써 역사와 기억 그리고 미래를 공유하는 영원성의 헤테로토피아이다.

무엇보다 이성복의 초기시는 근대 도시의 자본주의화로 인해 인간이 상품화되고, 관계 특히 가족 내 위계질서가 송두리째 붕괴되는 현실을 재현하고 있음을 밝히고 있다. 때문에 그의 시에는 고통과 환멸적 인간 소외의 모습이 극명하게 드러난다. 병들지 않는 사회, 폭력이 없는 세계를 꿈꾸지만, 그가 본 현실은 치욕 그 자체였다. 그러므로 '모두 병들었는데 아무도 아프지 않았다'(「그 날」)는 모순적 진술은 부정적 시대 현실에 대한 아이러니한 대표적 전언일 것이다.

새로운 질서를 향한 해체의 통로로서 이 시기 이성복 시에 드러나는 '헤테로토피아'는 일상적 리듬이 분할되고 강박화된 시대의 부정성을 보다 다층적으로 보여준다. 나아가 이러한 사유는 폭압적 권력이나 역사의 아이러니에 대한 개인의 기억과 사회적 기억이 혼재된 비판적 성찰과 연유되어 있다. 그러므로 그의 시에 드러나는 일상적 장소를 비일상적 장소로 재해석하는 과정을 통해 시대 현실의 부조리와 환멸에 감응하는 징후적 독해의 가능성을 보다 확장시킬 수 있을 것이다.

절망과 환멸로서의 '유곽'이라는 '일탈'의 장소

이성복은 '유곽'[4]이라는 장소를 통해 1980년대 현실의 기저

---

4 '유곽'은 1902년 일본의 조선 식민지 과정에서 집장 형태로 설치되었고, 1920년까지 부산을 중심으로 성장했다. 만주사변 이후 '유곽'은 일본군과 유곽의 관계가 더욱 긴밀해졌다. 일제강점기 일본이 조선에 설치한 성매매 업소였던 '유곽'은 조선 침략을 목적으로 1902년 부산 일대에 전략적으로 설치되었으며, 1920년을 전후로 성장하다가 경제적 불황을 겪게 되면서 점점 쇠퇴하였다.(전성현, 「일제강점기 부산 유곽의 실태와 일본군과의 관련성」, 『역사와 경계』, 2018, 237쪽) 유곽은 차별적이고 이중적인 정조가 강조되었던 전통사회에서 경제적인 자립이 제한되었던 여성들이 가정이나 사회에서 밀려나자 개항장이나 일본군 주둔지를 중심으로 건설된 일본의 유곽에서 경제적인 이익을 도모하면서 성행하였다. 현재까지 남아있는 집창촌 중 일부는 일본 유곽 문화가 한반도에 유입

에 깔린 욕망의 분열적 양상을 상징적으로 드러내었다. '유곽'은 일제 강점기에 '성性'을 재화의 가치로 교환했던 곳으로 광복을 맞이한 후에도 사라지지 않고, 산업 자본주의의 논리와 맞물려 이 무렵 더 성행하였는데[5], 병원과 기차역, 시장과 함께 시대의 현실을 규명하는 대표적 장소 중의 하나이다. 말하자면 개인들의 내밀한 욕망과 자본주의의 모순이 공간 형태로 구현되며 인간을 상품화하는 '유곽'은 자아의 정체성 혼란과 삶의 환멸을 드러내는 장소이다. 그러므로 '병든 유곽'은 시대적 환멸의 표상으로 그곳의 복합적인 기억들은 시인 자신의 심증이자 한 시대의 울림[6]이라 할 수 있다. 또한 그것은 세계와 불화하고 저항한 흔적이며 타인을 이해하면서 현실의 부정성을 지우는 헤테로토피아적 기능을 수행한다.

되면서 일본 식민권력이 사회통제와 이익 창출이라는 목적을 실현하기 위해 계획적으로 이식한 이질적인 혼종 문화의 흔적이라고 볼 수 있다. 무엇보다 군사적 침략으로 확보된 점령지에서는 어김없이 여행과 군대의 사기를 명목으로 매춘 업소가 개설되었다. 또한 '유곽'이라는 명칭은 쓰지 않더라도 유곽과 비슷한 시설을 본뜬 업소에서 예외없이 성행하였는데, 자유가 규제되었던 창기들이 공창이라는 합법화된 통제장치 속에서 성매매를 진행하였다. 광복 후 '유곽'은 한국으로 유입된 외국인 병사가 주둔하던 부대 근처로 장소를 이동하게 된다.(김형열,「근대近代 일본 식민도시의 유곽遊廓 형성과 창기업娼妓業」,『한국일본근대학연구』 71, 한국일본근대학회, 2021, 223-224쪽)

5 홍성철,『유곽의 역사』, 페이퍼로드, 2007, 102쪽.
6 류철균,「流謫과 회상: 이성복론」,『현대문학』, 1988. 11, 390쪽.

1

누이가 듣는 音樂 속으로 늦게 들어오는
男子가 보였다 나는 그게 싫었다 내 音樂은
죽음 이상으로 침침해서 발이 빠져 나가지
못하도록 雜草 돋아나는데, 그 男子는
누구일까 이의 戀愛는 아름다워도 될까
의심하는 가운데 잠이 들었다

牧丹이 시드는 가운데 地下의 잠, 韓半島가
소심한 물살에 시달리다가 흘러들었다 伐木
당한 女子의 반복되는 臨終, 病을 돌보던
靑春이 그때마다 나를 흔들어 깨워도 가난한
몸은 고결하였고 그래서 죽은 체했다
잠자는 동안 내 祖國의 신체를 지키는 者는 누구인가
日本인가, 日蝕인가 나의 헤픈 입에서
욕이 나왔다 누이의 戀愛는 아름다워도 될까
파리가 잉잉거리는 하숙집의 아침에

2

엘리, 엘리 죽지 말고 내 목마른 裸身에 못박혀요
얼마든지 죽을 수 있어요 몸은 하나지만
참한 죽음 당신이 가꾸어 꽃을

> 보여 주세요 엘리, 엘리 당신이 昇天하면
> 나는 죽음으로 越境할 뿐 더럽힌 몸으로 죽어서도
> 시집가는 당신의 딸, 당신의 어머니
>
> —「정든 유곽에서」 부분

    시의 제목에서 '정든 유곽'이라고 기술한 것은 절망과 환멸의 현실에 대한 주체의 분열적 징후로 시인의 감수성이 돋보이는 지점이다. 시대와 함께 동고동락하며 어쩔 수 없이 함께 가야 할 '정든' 장소로서의 '유곽'은 다양한 문화, 서로 다른 욕망의 쾌락과 소비가 뒤엉킨 은밀한 장소이다. "나"는 "누이"라 불리는 유곽의 여자가 듣는 음악 속으로 들어오는 손님인 그 "남자"에 대해 강한 거부감을 가진다. 누이와 일정한 거리를 두고 그를 관찰하고 있지만 "나"는 "발이 빠져나가지 못하"는 누이의 세계를 떠돌며 절망의 시간 속에 있다. 하지만 나는 "누이"를 더럽히고 치욕스럽게 만드는 폭압적인 그 "남자"에게 어떠한 행동도 할 수 없기에 스스로 환멸 속에 갇힐 수밖에 없다.

    산업화된 자본의 도시가 퇴폐와 소음, 부패와 욕망 그리고 관능성과 속도감이 특징이라면 '유곽' 또한 마찬가지다. 어쩌면 이 사회 자체가 '유곽'이 되어버린 현실에서 급기야 "나"는 누나와 남자의 연애를 "아름다워도 될까"라고 의심한다. 그 의심은 곧 '유곽'이라는 장소에 대한 혼종적 사유로 전이된다. 다시 말해 '유곽'은 남성에 의한 여성의 '성'이 유린당한 곳으로 남성과 자본의 폭력이 긴밀하게 유지되는 "벌목/ 당한 여자의 번복되는 임종"이 빈번한 곳이다. 그래서 "病을 돌보던/ 청춘이 그때마다 나를 흔들어 깨워도 죽은 체" 할 수밖에 없는 그곳의 가난한 몸들은 차라리 고결하다고 말하고 싶은 것이다. '裸身에 못 박혀' '참한 죽음'을 맞이하는 그 많은 당신들을 만나고 떠나보내는 과정에서 '유곽'은 치욕의 현실과 역사에서 벗어나려는 '일탈'의 장소가 된다.

    이러한 '유곽'에서는 세속에서 승천하는 "엘리"와 "더럽힌 몸으로 죽어서도 시집가는 당신의 딸, 당신의 어머니"가 더 부각된다. 그것은 순교적 의미뿐 아니라 '부정과 환멸'의 현실을 포기하지 않으려는 헤테로토피아적 사유에 기인하기 때문이다. '정든 유곽'에서 빈번하게 등장하는 '치욕'은 고통스러운 현실에 대한 저항이며, 그 고통을 고통스럽게 말함으로써 이 사회 속에 살아가는 자체를 고통스러워해야 한다는 것을 일깨운다.

> 그해 겨울이 지나고 여름이 시작되어도
> 봄은 오지 않았다 복숭아나무는
> 채 꽃 피기 전에 아주 작은 열매를 맺고
> 不姙의 살구나무는 시들어 갔다
> 소년들의 性器에는 까닭없이 고름이 흐르고

의사들은 아프리카까지 移民을 떠났다 우리는
유학 가는 친구들에게 술 한 잔 얻어 먹거나
이차 대전 때 南洋으로 징용 간 삼촌에게서
뜻밖의 편지를 받기도 했다 그러나
어떤 놀라움도 우리를 無氣力과 不感症으로부터
불러내지 못했고 다만, 그 전해에 비해
약간 더 화려하게 절망적인 우리의 습관을
修飾했을 뿐 아무도 追憶되지 않았다
  -「1959년」부분

먼지 바람이 길 위를 휩쓸었다 황황히,
가슴 조이며 아이들은 도시로 가고
지친 사내들은 지친 어깨로 돌아오고
지금은 빛이 안 드는 골방에서 창녀들은 손금을 볼지 모른다

아무도 믿지 않는 허술한 기다림의 세월
물 밑 송사리떼는 말이 없고
새들은 이곳에 집을 짓지 않는다
  -「새들은 이곳에 집을 짓지 않는다」부분

　위 시들에서는 '유곽'의 특징적 모습이 더 확연하게 드러난다. '불임'과 '성기 끝에 까닭 없이 흐르는 고름'에서 타락과 비

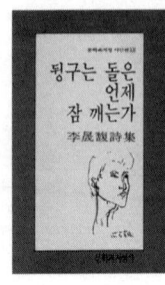 

도덕적인 시적 주체의 경험이 노출되고 있다. 하지만 이러한 일탈의 장소에서의 도착적인 감정은 결국 '아무도 追憶'되지 않길 바라'며 빛이 들지 않는 골방에서 손금을 보고 있는 '창녀'들이 '아무도 믿지 않는 허술한 기다림의 세월'을 사는 동안 '유곽'은 어떤 희망도 꿈꿀 수 없는 암담한 불모不毛의 장소로 남는다.

그런 '유곽'은 '몇 년 후에 창녀가 될 애들'의 거처이며, '세계 안의 우리들의 구석이며 최초의 세계'이기도 하다. '돈 내고 한 번 안아보고 싶었다'(「소풍」)는 세계의 타락성은 가치관의 상실로 이어지고, 모든 가능성이 배제된 그곳엔 먼지와 바람이 길 위를 휩쓸며 새들조차도 "집을 짓지 않는" 곳이 되어버렸다. 그 때문에 시적 주체는 자기의 삶까지 속아 내고, 자기 하늘까지 무너뜨리는 우울한 현실에서 여느 때와 다르지 않게 완벽한 일상을 살고 있는 사람들의 위장된 평화와 행복에 오히려 '치욕'을 느낄 뿐이다.

정신과 육체가 병들고 고통스럽게 죽어가도 '아무도 그날의 신음소리'를 듣지 못하는 현실. 그처럼 타인의 아픔과 고통에 공감하지 못하고, "무기력無氣力과 불감증不感症"을 앓고 있는 '유곽'은 '모두 병들었는데 아무도 아프지 않'는 이 현실의 가장 바깥의 장소인 것이다.

> 어제는 하루종일 걸었다 해가 땅에 꺼지도록
> 아무 말도 할 말이 없었다
> 길에서 창녀들이 가로막았다
>
> 어쩌면 일이 생각하는 만큼 잘못되지 않는 거라고
> 생각도 했다 어차피 마찬가지였다
> 가슴은 여러 개로 分家하여 떼지어 날아갔다
> -「어제는 하루종일 걸었다」 전문

> 이곳에 와서 많이 즐거웠습니다 갖은 즐거움 다 겪었습니다 민짜의 술집 여자들의 퉁퉁 부은 몸은 너무 즐거워 오래 보기 괴로웠습니다 하얗게 면도한 돼지가 하늘을 향해 흥흥, 냄새 맡는 것도 보았습니다 얕은 냇물이나 냇물가 조약돌보다 고운 아이들의 웃음도 보았습니다 그 웃음 속에 꼬물거리는 구더기도 보았습니다 즐거웠습니다 신비로웠습니다 이젠 내보내주세요, 가야겠습니다 보내주세요, 풀어주세요, 소리치겠어요, 악쓰겠습니다 내보내주세요!
> -「이젠 내보내주세요」 전문

이제는 송곳보다 송곳에 찔린 허벅지에 대하여
말라붙은 눈꺼풀보다는 문드러진 입술에 대하여
정든 유곽의 맑은 아침과 식은 아랫목에 대하여
이제는, 정든 유곽에서 빠져 나올 수 없는 한 발자국을
위하여 질퍽이는 눈길과 하품하는 굴뚝과 구정물에 흐르는
(중략)
떨어지는 것들의 낮은 신음 소리에 맞추어 녹은 것
옆에서 한 번, 한 번 보고 싶음과 만지고 싶음과 살 부비고 싶음에
관하여 한 번, 한 번만 부여안고 휘이 돌고 싶음에 관하여
이제는 다만 때 아닌, 때 늦은 사랑에 관하여
- 「이제는 다만 때 아닌, 때 늦은 사랑에 관하여」 전문

'유곽'에서의 머물고 싶음과 다시 현실로 돌아가야 한다는 감정의 경계에서 "하루종일" 걷고 있는 "나"는 "해가 땅에 꺼지도록" 생각해도 "아무 말도 할 말이 없"음을 고백한다. 설상가상으로 기로에 놓인 그를 길에서 "창녀들이 가로막"는다. 하지만 "가슴이 여러 개로 分家하여" 떼 지어 날아간 것은 "새들" 뿐이다. "민짜의 술집 여자들의 통통 부은 몸"이나 "하늘을 향해 냄새 맡는 하얗게 면도한 돼지"와 "아이들 웃음 속에 꼬물거리는 구더기"를 보던 시절. 그처럼 '유곽'에서 겪는 눈물겨운 '치욕'은 결국 절규로 남고 그 '유곽'에서 벗어나려 하는 "나"는 이곳에서

"많이 즐거웠다"는 역설적 말을 남긴다. 그러니 이젠 "내보내주세요"라는 절규는 '유곽'의 윤리적 타락에 대한 깊은 고뇌에서 '병든 유곽'의 이질성을 그대로 수긍하겠다는 의미이기도 하다. 그러기에 그는 "구부러진 것 얼어붙은 것 갈라 터진 것 나가떨어진 것들"을 스스로 껴안으며 그것들과 더불어 "살 부비"며 마지막으로 "한 번, 한 번 만 부여안고 휘이 돌고 싶"다고 했다. 혼란스러운 자신의 정체성을 확인하기 전까지는 싸움과 증오의 대상이었던 것들이 "이제는 다만 때아닌, 때 늦은 사랑"이었다는 것을 인식하게 된다.

보들레르는 '유곽과 매음'을 대도시의 수많은 대중으로 하여금 자신의 판타지 속에 살아가게 해 주는 노트들이라고 했다.[7] 이성복에게 '유곽'은 우울한 시대에 대한 자의식을 다양한 층위로 드러내 주는 알레고리적 장소로 작용한다. 즉 그곳은 1970~80년대 고속 경제 성장의 한 그늘로 육체가 일종의 상품으로 전락한 소비행태와 자본주의의 폐해를 단적으로 보여주고 있다.

1879년 일제로부터 들어온 부산 아미산 아래 '유곽'을 시작으로 형성된 집창촌은 한국사의 굴곡마다 다양하게 변모해가

---

7   발터 벤야민, 「중앙공원-보들레르에 관한 이론적 단상」, 『현대사회와 예술』, 차붕희 편역, 문학과지성사, 1980, 112쪽.

며 그 운명을 같이했다. 빈곤에 시달리던 조선에서 환락에 눈뜬 남성들은 여성의 몸을 탐닉하였고, 1980년대 이르러 이 장소는 경제 성장의 음지이자 파생상품으로 존재하게 된다.[8] 좁은 골목이나 도시의 외곽에 위치한 이 장소는 중심부에서 소외된 떠도는 자들의 장소 밖 장소였던 것이다.

이처럼 1980년대 이성복의 시에 드러나는 '일탈'의 헤테로토피아로서의 '유곽'은 시적 주체의 분열된 내면의 비극과 위기감을 반복하며 모순된 현실의 낯선 이미지들을 병치시키고 있다. 그럼에도 "나"는 그곳에서 누이를, 비극으로부터 가족이나 나라를 지켜내지도 지켜낼 마음도 없다. 그러므로 '모두 병들었는데 아무도 아프지 않았다'는 진술은 스스로에 대한 비판이자 시대의 비극에 대한 아이러니로 읽힌다. '보이지 않는 감옥'으로 '자진'해 들어가 '병들고 아픈' 현실의 절망과 비극을 깊이 껴안은 시적 주체가 '유곽'을 떠나 결국 가고자 하는 삶은 '집'으로 가는 여정일 것이다. 그 '집'이 있는 '고향'과 '금촌'으로 가는 과정에서 만나는 무수한 환멸이 결국 '천국'이나 '그리운 나라'에 대한 열망과 좌절로 형상화되고 있다.[9]

---

[8] 홍성철, 『유곽의 역사』, 페이퍼로드, 2007, 7쪽.
[9] 이 시기 '금촌'과 '고향' 그리고 '유곽'이라는 장소가 복잡하게 얽혀 빈번하게 등장한다. 때로는 그 장소들이 '천국'이 되기도 하는데 시적 주체는 이런 장소들을 오가며 장소의 경계를 무화시킨다.

우울과 자의식의 '금촌'이라는 '위기'의 장소

이 시기 이성복은 일그러진 가족사와 아버지에 대한 강한 부정적 시선 또한 반윤리적이고 병리적인 이미지로 드러내며 그릇된 욕망과 이율배반의 감정들을 폭로한다. 개개인의 정체성과 삶의 최소 단위인 '가족'과 인간이 거주하는 '집'은 삶의 기본적인 구성틀이다.

인간은 집을 기준으로 안과 밖을 구분하며, 점점 집 밖으로 자신의 세계를 넓혀 나간다. 바슐라르는 집을 모든 친화력과 내

금촌	'아버지／ 만나러 금촌 가는 길에'(「꽃 피는 아버지」) '그날 아버지는 일곱 시 기차를 타고 금촌으로 떠났고'(「그 날」)
故鄕	'气車에 뛰어 올랐지 그래, 나는 故鄕을 떠났어'(「口話」) '故鄕을 벗어나면서도 더렵힌 바람과 구름을 만나며'(「금촌 가는 길」) '그리운 고향 벽제, 너무 가까우면 생각도／ 안 나는 고향'(「세월의 집 앞에서」) '가을이 와도 아무것도 바뀌지 않았다 어머니는 故鄕에 내려가'(「그해 여름이 끝날 무렵」)
유곽	'천국은 유곽의 창이요 뜨물처럼 오르는／ 希望, 絶望'(「蒙昧日記」) '밥으로 天國과 유곽과 꿈과 화장실을 만든다'(「밥에 대하여」) '유곽의 맑은 아침과 식은 아랫목에 대하여'(「이제는 다만 때 아닌, 때 늦은 사랑에 관하여」)
天國	'이제 집이 없는 사람은 天國에 셋방을 얻어야 하고'(「出埃及」) '天國은 유곽의 창이요 뜨물처럼 오르는／ 희망, 절망-늙은 권투 선수'(「蒙昧日記」) '天國은 말 속에 갇힘／ 天國의 벽과 자물쇠는 말 속에 갇힘'(「어째서 이런 일이 벌어졌을까」) '틀림없이 된다 믿음으로 세운 天國을 믿음으로 부술 수도 있다'(「아들에게」) '화요일, 월요일…… 天國? 苦痛?'(「기억에 대하여」) '밥으로 天國과 유곽과 꿈과 화장실을 만든다'(「밥에 대하여」) '天國으로 통하는 車들은 바삐 지나가고'(「세월에 대하여」)

면성 그리고 휴식과 보호의 감수성이 들어있는 몽상의 공간으로 보았다. '거주한다'는 것은 단순히 존재하거나 어디에 머무르는 것 이상의 의미를 가지는데 특히 이성복에게 '집'에 대한 사유는 곧 '삶'에 대한 사유이다.

> 삶을 삶이게 하는 그 무언가 때문에 '왜 사는가'라는 질문에 대한 완전한 해답은 그 질문 자신일 수밖에 없다. 그것이 극단적이든 중도적이든 간에, 어떤 해답도 근본적인 질문의 변질로 볼 수 있다. 따라서 삶을 삶답게 하기 위해 우리는 끊임없이 그 질문을 제기하고, 그 질문이 변질되지 않도록 노력해야 한다. 삶은 삶을 삶이게 하는 그 무언가를 보존하려는 노력의 다름이 아니다.

이성복이 절망적인 현실에서도 '집'을 찾으려는 노력을 포기할 수 없다고 한 것은 그것을 포기하는 것은 자신의 존재를 부정하는 일이기 때문이다. 그러므로 그가 찾으려는 '집'은 이 현실에 존재하지 않는다는 믿음과 그럼에도 쉬지 않고 찾아야 한다는 신념 사이의 끊임없는 갈등 속에 있으며 그것이 인간의 운명이자 삶의 모순임을 고백했다. 가족과 고향에 대한 우울과 환멸의 감정은 역으로 유토피아에 대한 갈망을 함축한다.

> 집에 적이 들어올 것 같았다
> (집은 地下室, 집은 개구멍)
> 흰피톨 같은 아이들이 소리 없이 모였다
> 귀를 쫑긋 세우고 아버지는 문틈을 내다보았다
>
> 밥이 타고 있었다
> 적은 집이었다
>
> ―「금촌 가는 길1」 전문

    위 시에서 "집"은 보호나 경계의 기능을 하지 못하며 항상 외부와 "적"에 노출되어 있다. '地下室'이나 "개구멍"과 같은 장소들은 이러한 심리가 더욱 부각되는 곳이다. 이와 관련하여 이성복은 실제 많은 시편에서 '카타콤'을 언급하고 있다. 초창기 기독교의 비밀 지하 묘지인 '카타콤'은 황제의 박해로부터 피신하여 죽은 사람을 매장하고 예배를 보는 장소였다. 그의 시에서 "地下室"로 묘사된 '카타콤'은 핍박받는 이들의 장소이자 억압받는 이의 심리적 공간이다. 외부의 억압이나 위험으로부터 자신을 지킬 수 없는 집에는 언제나 "아버지"가 존재했다. 하지만 아버지 또한 "귀를 쫑긋 세우고… 문틈을 내다보며" 그 많은 "적"의 침입에 항상 불안해한다. 그러므로 시적 주체는 방어막이 없는 그런 "집"에 적이 들어올 것 같아 노심초사했던 "집" 자체가 "적"이었음을 고백한다.

한 개인의 욕망이 최초로 발현되는 관계의 장이 '가족'이지만 사회, 경제적으로 왜곡된 욕망과 병적 징후가 처음으로 드러나는 곳 또한 그 가족이 머무르는 '집'이다. 이성복은 그런 '가족'과 '집'을 통해 세계와의 불화를 부각시키고 나아가 욕망의 왜곡된 모습으로부터 빚어지는 시대적 모순을 동시에 드러낸다. 이 시기 그의 시에 빈번하게 등장하는 '아버지'는 구체적 인물로서뿐만 아니라 1980년대라는 시대의 상징으로 형상화되고 있다. 위험한 현실로부터 보호자의 역할을 제대로 하지 못하는 무기력한 아버지는 삶의 비루함과 초라함을 상징하는 '입이 열 개라고 말 못하는' 존재이다.

> 아버지, 아버지가 여기 계실 줄 몰랐어요
> 아버지, 새벽에 나가 꿈속에 돌아오던 아버지, 여기 묻혀 있을 줄이야
> 아버지, 아버지
> 내가 네 아버지냐
> 아버지, 아버지
>
> 씹새끼, 너는 입이 열 개라도 말 못 해

> 그날 밤
> 아버지는 쓰러진 나무처럼
> 집에 돌아왔다 내 머리를 쓰다듬으며
> 아버지가 말했다
> 너는 내가 떨어뜨린 가랑잎이야
>
> ―「꽃 피는 아버지」부분

> 그는 아버지의 다리를 잡고 개새끼 건방직 자식 하며
> 비틀거리면 아버지의 샤쓰를 찢어발기고 아버지는 주먹을
> 휘둘러 그의 얼굴을 내리쳤지만 나는 보고만 있었다
> 그는 또 눈알을 부라리며 이 씨발놈아 비겁한 놈아 하며
> 아버지의 팔을 꺾었고 아버지는 겨우 그의 모가지를
> 문 밖으로 밀쳐냈다 나는 보고만 있었다 그는 신발 신은 채
> 마루로 다시 기어 올라 술병이 치켜들고 아버지를 내리
> 찍으려 할 때 어머니와 큰누나와 작은 누나의 비명,
> 나는 앞으로 걸어 나갔다
>
> ―「어떤 싸움의 기록」부분

> 그리고 산꼭대기엔 매일 저녁
> 성냥개비만한 사람이 웅크리고 있었다

날마다, 우리의 기억 속에 밥도 안 먹고 사는
사내, 아버지일지도 모른다

― 「세월의 집 앞에서」 부분

「꽃 피는 아버지」에서는 '쓰러진 나무'가 '떨어뜨린 가랑잎'이 "나"라는 사실, 자신이 '아버지'의 아들이라는 절망적인 현실을 재확인한다. 이처럼 자신의 의지와 상관없이 느끼는 이질적이고 복합적인 감정을 이성복은 기꺼이 '치욕'이라고 말한다. 그러므로 상처가 난무한 가족들로 하여금 알게 된 정체성은 자아에 대한 향수 혹은 재수립의 의지를 필연적으로 내포할 수밖에 없다.[10] 때문에 그 과정에서 느끼는 '치욕'이라는 족쇄를 벗고자 가족들은 서로를 대상으로 지루한 싸움을 벌일 수밖에 없다. 형은 "아버지의 다리를 잡고 개새끼 건방진 자식 하며" 욕을 퍼붓기도 하고, "아버지의 샤쓰를 찢어갈기고", "이 씨발놈아 비겁한 놈아 하며 아버지의 팔을 꺾"기도 한다. 그리고 급기야 "술병을 치켜들고 아버지를 내리찍"는다. 이렇게 가족 앞에서 한없이 비참해지는 아버지. 그 아버지가 '떨어뜨린 가랑잎'이 왜 하필 자신이 되어야 하는지 시적 주체의 저항적 몸부림이 강하게 드러난다.

10　최현식, 『말속의 침묵』, 문학과지성사, 2002.

이처럼 가족 누구에게도 인정받지 못하는 '아버지'를 부르는 시적 주체의 목소리는 점점 격앙된다. 그런 아버지는 매일 저녁 산꼭대기에 "성냥개비만 한 사람"의 모습으로 웅크리고 앉아 있다. "내가 네 아버지냐"라는 아버지의 물음 뒤에는 아들과 아버지가 긴 세월 동안 서로가 서로를 회피하거나 소외시켜 왔다는 사실을 알 수 있다. 가난한 집의 억압자이자 무능력한 아버지에 대한 비관적 시선은 다음의 글에서 그 이유가 분명하게 드러난다.

> 다른 여느 존재와 마찬가지로, 나에게 아버지라는 존재는 극히 현실적인 차원에서 시작하여 고도의 상징적인 차원을 포괄하는 매우 복합적인 존재이다. 말을 바꾸면 나의 시에서 아버지는 현실의 내 아버지이면서, 동시에 모든 사람의 아버지이며, 하나님 아버지이기도 하다. 처음 시를 시작할 당시, 내가 이러한 생각을 갖게 된 것은 프란츠 카프카의 작품을 대하면서이다. 그의 작품들 가운데 특히 『변신』이라는 소설을 읽으면서 나는 개체와 전체, 물질과 정신, 개인과 집단 등의 문제가 결코 둘이 아니며, 내 자신의 가족 관계만을 철저히, 적나라하게 드러낼 수 있다면 인간과 신의 관계라는 종교적 문제까지도 해명할 수 있으리라는 생각을 하게 되었다. 왜냐하면 기독교를 비롯한 여러 종교에서 신과 인간의 관계는 대체로 가족 관계로 환치되어 나타나기 때문이다. (중략) 「그해 가을」이라는 시에서 내가 '아버지, 아버지가 여기 계실 줄 몰랐어요'라고 했을

때, 그 아버지는 현실의 나의 아버지이면서 동시에 하나님 아버지이기도 하다.[11]

위 글에 밝힌 것처럼 이성복의 시에서 "아버지"는 "현실적 차원"의 아버지이자 "상징적" 아버지이며 나아가 모든 "종교적" 차원의 아버지이다. 그러한 아버지의 모습은 우울과 자의식으로서의 '가족'과 '집'이 있는 "금촌"에서 더 적나라하게 드러나는데 특히 그런 '아버지'의 치졸한 면모가 더 부각된다. 다시 말해 그런 '아버지'와 그 아버지에게 억압받는 어머니와 누이가 있는 '집'은 현실의 아픔을 끌어안고 살아가는 가장 무서운 '敵'이 있는, '위기'의 헤테로토피아이다. 결국 '나'는 '쓰러진 나무'가 되어버린 아버지의 무력함을 인정하며 '나' 또한 그러한 '아버지'가 되어간다는 아픔을 받아들일 수밖에 없다.

    2
地主는 나이가 어렸다
다투어 사람들이 땅을 나누었다
아버지는 땅을 고르고 물을 뿌렸다

---

[11] 이성복, 「아버지·어머니·당신」, 『사랑으로 가는 먼 길 – 이성복 문학 앨범』, 웅진출판, 1994, 125쪽.

아버지는 신발을 벗어부쳤다

아버지는 발목이 흙에 묻혔다 다시 떠올랐다

깨꽃이 웃고 개가 짖었다

아버지의 발목이 깊이 묻혔다

아버지의 얼굴이 푸른 잎사귀처럼 흔들렸다

……어떤 꽃을 보여 주시겠어요. 아버지

   5

어떻게 깨어나야 푸른 잎사귀가 될 수 있을까

기어이 흔들리려고 나는 全身이 아팠다

어디서 깨어나야 그대 내 잎사귀를 흔들어 줄까

그대 손 잡으면 그대 얼굴이 지워지고

가슴으로 걷는 길

얼음짱 밑 환한 집들

─「금촌 가는 길」 부분

"푸른 잎사귀"처럼 흔들리는 아버지는 "어떤 꽃"도 피울 수 없는 존재다. 그런 아버지처럼 흔들리는 "나"는 언제나 '금촌 가는 길'이 위태롭고 멀다. 나 또한 언젠가 그 "푸른 잎사귀"가 되어 "고향을 벗어나" 울타리 없는 어느 "얼음짱 밑 환한 집들" 사이에 거처를 마련할 것이다. "그대 손 잡으면 그대 얼굴 지워지고", "가슴으로 걷는 길". 어쩌면 그곳은 이 피폐한 현실에서 시적 주체가 꿈꾸는 현실의 또 다른 유토피아일 것이다.

유년의 상처가 대부분 훼손된 가족 관계에 의한 것이라면 아버지의 실직과 잦은 병 그리고 많은 이사로 인한 가족들의 불안은 가족 간의 소외로 이어진다. "살아온 날들과 살아갈 날들"을 다 살아버린 듯한 '금촌'이라는 장소는 이러한 파편적인 기억의 시간이 흐르는 '위기'의 헤테로토피아이다. "그레고르 잠자의 家族들이/ 埋葬을 끝내고 소풍 갈 준비를 하는 것을 이해"하듯 '금촌'은 저항적 상상으로서의 반反장소이다. 이 시에서도 이성복이 평소 자신이 마음속의 스승으로 여긴 카프카의 「변신」에서 붕괴된 가족의 질서와 불화로 윤리성 상실이 드러나는 것처럼 왜곡된 욕망의 병적 징후가 발견된다.

그러므로 이 시기 이성복의 시에서 드러나는 '아픔'은 '살아있음'의 이유이고 '살아야겠음'의 확인이다. 자신이 병들어 있음을 스스로 인정하지 않더라도 이 현실에 끝까지 발을 붙이고 살고 있는 자신을 안타까운 시선으로 바라보는 것은 치유의 첫 단계일 것이다. '치욕'이 녹슨 못처럼 박혀 있는 곳, 언제나 슬픔이 백기를 들고 달려오는 곳, 사슴처럼 뿔을 단 치욕이 있는 '금촌'은 상실과 위기의 공간이자 모순된 현실에 대한 반反 장소이다. 마주 보는 이들의 입김에서도 얼마든지 아픔을 느낄 수 있는 것처럼 '금촌'은 연민을 자아내는 동시에 사랑과 한 몸이 되는 곳이다.

　그런 측면에서 그곳은 자의든 타의든 '지금-여기'를 부정하고 싶지만 가장 치열한 내면의 자의식이 잘 드러난다. 비록 이성복이 시대의 상흔을 시에 적극적으로 구현하지는 않았지만, 분열된 시적 주체의 내면과 부조리한 가족의 모습을 통해 '정상적인 것'으로 규정한 한계의 바깥에 있는 헤테로토피아적 사유의 특징들을 '금촌'이라는 장소를 통해 잘 보여주고 있다. 다시 말해 '금촌'은 우울과 자의식으로서의 가족사 특히 '아버지'로 상징되는 폭압적 권력에 대항하는 반윤리적인 모습이 부각된다. 그러므로 "아들아 詩를 쓰면서 나는 사랑을 배웠다"(「아들에게」)처럼 시를 통해 배운 그 '사랑'은 시가 존재하는 한 사랑 또한 '영원히' 존재할 것이라는 깨달음으로 이어진다.

신화와 치유로서의 '남해 금산'이라는 '영원성'의 공간

　두 번째 시집 『남해 금산』은 첫 시인 「서시」에서 마지막 「남해 금산」까지 내면의 고된 투쟁이 '사랑'으로 이어지는 긴 여정을 담고 있다. 이 과정에서 드러나는 '산'과 '돌' 그리고 푸른 '바다'와 '남해 금산'이라는 장소는 시간이 더 이상 흐르지 않거나 하나의 장소에 무한히 쌓여가는 '영원성'의 헤테로토피아이다. 첫 시집에서의 무기력하고 피폐한 현실에서 벗어난 두 번째 시집에서의 장소들은 세속과의 대치 과정을 통해 '신화와 환상'으로서의 치유적 장소의 면모를 보인다. 열려있는 동시에 닫혀있는 이 곳에서는 과거의 시간이 현재로 소환되기도 하고 현실과 환상이 중첩되며 헤테로크로니아적 시간이 공존한다.

> 간이식당에서 저녁을 사 먹었습니다
> 늦고 헐한 저녁이 옵니다
> 낯선 바람이 부는 거리는 미끄럽습니다
> 사랑하는 사람이여, 당신의 맞은편 골목에서
> 문득 나를 알아볼 때까지
> 나는 정처 없습니다
>
> 당신이 문득 나를 알아볼 때까지
> 나는 정처 없습니다
> 사방에서 새소리 번쩍이며 흘러내리고
> 어두워져가며 몸 뒤트는 풀밭,
> 당신을 부르는 내 목소리
> 키 큰 미루나무 사이로 잎잎이 춤춥니다
> 　　　　　　　　　　　　　　 -「서시」전문

'늦고 헐한 저녁'은 누추하고 평이한 일상에서 오래전 기억을 불러오기 좋은 시간이다. 지나간 그 기억에서 나는 '맞은편 골목에서/ 문득 나를 알아' 보는 '당신'을 본다. 시적 주체에게 '사랑'은 그런 당신과의 거리를 확인함으로써 시작되고 비록 그것이 환상에 불과하다는 것을 알면서도 그 대상에 대한 마음을 놓지 못하는 감정이다. 이처럼 '당신'을 잊지 못하는 자신이 내내 서러운 것은 자신의 '사랑'이 사랑하는 이의 부재를 채우지 못했기 때문일 것이다. 하지만 이루어질 수 없는 사랑은 서러움과 환멸을 넘어 초월적 사랑으로 이어나간다.

첫 시집 발간과 프랑스 유학 이후 이성복은 상처투성이 현대사를 극복하는 새로운 지평으로서 실천적 '사랑'을 발견한다. 세상을 바꿀 수 없다는 시인의 인식은 세상이 아니라 자신을 바꾸고, 자아를 지움으로써 세계를 이해하려는 노력을 보인다. 그것은 자기 위안이 아니라 오래도록 현실의 좌절과 서러움의 정점에서 고통받았던 그가 문득 그 현실에서의 치욕을 극복하고 상처를 치유하기 위한 깨달음으로서 '사랑'을 발견하였기 때문이다.

> 오래 고통받는 사람은 알 것이다
> 지는 해의 힘없는 햇빛 한 가닥에도
> 날카로운 풀잎이 땅에 처지는 것을
> 그 살에 묻히는 소리없는 괴로움을
> 제 입술로 핥아주는 가녀린 풀잎

>
오래 고통받는 사람은 알 것이다
그토록 피해다녔던 치욕이 뻑뻑한,
뻑뻑한 사랑이었음을

소리없이 돌아온 부끄러운 이들의 손을 잡고
맞대인 이마에서 이는 따스한 불,
오래 고통받는 이여
네 가슴의 얼마간을
나는 덥힐 수 있으리라
　　　　　　　　－「오래 고통받는 사람은」 전문

슬픔이 끝나지 않고 슬픔이라면
그는 또 물 속의 풀잎처럼 살 것이다
오후의 햇빛은 흐르는 물을 푸른 풀밭으로 바꾸고
흐름이 끝나는 데서 물은 머무는 그림자를 버린다

상류로 거슬러오르는 물고기떼처럼
그는 그의 몸짓이 슬픔을 넘어서려는 것을 안다
모든 몸부림이 빛나는 정지靜止를 이루기 위한 것임을
　　　　－「상류로 거슬러오르는 물고기떼처럼」 전문

지극한 서러움과 오랜 고통이 결국 "뻑뻑한 사랑" 때문이라는 고백은 삶에 대한 포용과 연민을 의미한다. 부정적 현실은 시적 주체에게 치욕과 환멸감을 자아내게 했지만 동시에 사랑하는 방법을 터득하게 했다. 이러한 체험은 세상과의 대결이나 고통받는 타자의 모습을 부정하려는 태도에서 사랑과 화해의 길로 들어섬을 의미한다. 이 현실에서의 '슬픔'은 끝나지 않을 것이므로 "물속의 풀잎처럼 살 것"이라는 시적 주체는 병들고 피폐한 현실을 그것 그대로 받아들이고 그대로 흘러갈 것이라고 다짐한다. 그리고 상류로 거슬러 오르는 그 많은 물고기 떼처럼 자신의 모든 몸부림이 결국은 "빛나는 정지靜止"라는 것을 강조한다. 정지靜止된 그 시간을 통해 우리는 자신을 스쳐 지나간 '사랑'과 '진실'에 대한 '아름다움'의 여지를 볼 수 있는 눈을 가질 수 있기 때문이다.

이성복은 '아름다움'은 언제나 윤리를 초월하지만, '아름다움'을 만드는 행위는 어떤 행위보다 윤리적이기에 "아름다움은 자유와 안일과 불성실과⋯ 그 모든 것에 대한 성실"임을 밝혔다. 때문에 "아름다움'은 윤리를 초월해서도 윤리적이고, 자유롭고 안일하고 불성실하면서도 성실하다'는 역설적 표현은 기존의 윤리로는 지금의 이 병든 현실을 설명할 수 없다는 인식이기도 하다. 그러므로 그는 새로운 윤리는 자유로울 수 있고 안일할 수 있으며 또 불성실할 수 있다는 그것에 성실할 것을 제시한다.

물과 빛이 끝나는 곳에서 종일 바람이 불어 거기 아
픈 사람들이 모래집을 짓고 해지면 놀던 아이들을 불러
추운 밥을 먹이다
　　잠결에 그들이 벌린 손은 그리움을 따라가다 벌레
먹은 나뭇잎이 되고 아직도 썩어가는 한쪽 다리가 平床
위에 걸쳐 누워 햇빛을 그리워하다
　　물과 빛이 끝나는 곳에서 아직도 나는 그들을 그리
워하다 발갛게 타오르는 곤충들의 겹눈에 붙들리고, 불
을 켜지 않은 한 세월이 녹슨 자전거를 타고 절망 속으로
들어가다
　　물과 빛이 닿지 않는 곳에서 사람들의 얼굴은 벌레
먹은 그리움이다 그들의 입 속에 남은 물이 유일하게
빛나다
　　　　　－「물과 빛이 끝나는 곳에서」 전문

　그러므로 결국 모든 것은 '비로소 져야 할 때를 아는 순간의 아름다움'(「비로소 져야 할 때를」)을 배울 때 '사랑'을 알게 되며, '그 사흘 꽃들은 괴로움과 잠자고 제 그림자에 얼굴'을 묻는다고 말한다. 시의 제목인 '물과 빛이 끝나는 곳'은 '아직도' 내가 '그들을 그리워하'는 곳이다. 그곳은 시간적 초월을 꿈꾸는 현실의 또 다른 유토피아로 꽃이 필 동안 '잔잔한 그리움'도 '조바심'도 지우며 '고이 멎는 그대 입김'(「꽃 피는 시절1」)으로

얼마나 아픈 것이 가득한지를 알아가는 곳이다. 과거의 기억을 치유하고 현재와 미래가 공존하는 '영원성'의 헤테로토피아라 할 수 있다. 그렇기에 내면 성장과 사랑의 성숙을 기원하는 통과제의로서 현실의 슬픔과 좌절로부터 새로운 삶을 찾으려는 대안적 장소이다.

> 한 여자 돌 속에 묻혀 있었네
> 그 여자 사랑에 나도 돌 속에 들어갔네
> 어느 여름 비 많이 오고
> 그 여자 울면서 돌 속에서 떠나갔네
> 남해 금산 푸른 하늘가에 나 혼자 있네
> 남해 금산 푸른 바닷물 속에 나 혼자 잠기네
> ―「남해 금산」 전문

시에 드러나는 "돌"은 시간이 정지된 공간이다. 유토피아를 찾으려는 장소에서는 시공간이 멈추거나 초월하는 환상적 모습이 드러난다. 유토피아가 현실 부정과 미래의 긍정을 동시에 함축하고 있다면 이 환상은 현실이 지닌 복합적이고 비균질적인 사유에 대한 '저항'과 '경계'를 의미한다. "한 여자"가 묻혀 있는 "돌 속"으로 들어간 나는 여자와의 사랑을 갈구했지만, "그 여자"는 울면서 "돌 속"에서 떠나가 버렸다. 죄책감과 원망에 사로잡혀 "남해 금산 푸른 바닷물"에 혼자 잠긴 "나"는 떠나간 그 여자와의 영원한 사랑을 약속한다. 이처럼 사랑과 이별, 현실과 환상, 과거와 현재, 기억과 망각 등의 이질적인 것들이 공존하는 "남해 금산"은 과거의 경험과 개인의 내밀한 시간들이 혼종된 현실적 장소인 동시에 신화적인 공간이기도 하다. 시집『남해 금산』은 자기 창조와 자기 파괴를 동시에 보여주고 있으며, 때로는 환상소설같이 이해하기 힘든 장면들의 묘사가 드러나기도 하고 때로는 명확하게 설명되지 않는 절규가 터져 나온다. 그것은 현실의 부정과 저항을 또 다른 차원의 환상이라는 장소성으로 드러내려는 이질적인 사유를 의미한다.

금산을 오르는데 산과 바다가 같이 있었고 상주 해수욕장은 항아리처럼 보였다. 낯설었다. 물과 바람과 불과 우주 창조의 4대 원소이다. 이것들이 엉키고 화해하는 과정이 신화를 만들어낸다. 신화는 열렬한 관계에 있던 사람들이 고통하고 발버둥치고 사라지고 남은 형식이 아닐까? 그때 여행을 마친 후 내 대학노트에 '한 여자 돌 속에 묻혀 있었네'라는 문장이 적혀 있었다. 시란 자기가 쓰는 게 아니라 자기를 통해 써지는 것, 시인은 영매처럼 몸을 빌려줄 뿐인데, 그때 내가 왜 그 문장을 썼는지 모른다. 그러나 어떤 것들은 그것이 지극히 시적이

고 사소한 것인데 갑자기 신화로 등극하는 것이었다.[12]

진실에 대한 열정이라는 점에서 지금까지 나는 그에게서 많은 것을 배워왔고 배우고 공유하고 있다고 여겨진다. 물론 그 진실이 사회적 공동체적 진실로 한정되고 배타적으로 수용될 때 나는 목이 죄는 듯한 거북함을 느낀다. 그러나 문학이 어차피 한 시대를 함께 겪어나가는 사람들의 의식적인 혹은 무의식적인 삶의 어쩔 수 없는 오열이라는 점에 나는 동의한다. 어쩌면 시인이란 막을 수 없는 그 울음이 흘러나오는, 벌어진 입이 아닐까. 내 생각으로는 어느 시대, 어느 민족의 삶이든 모든 삶은 거대한 상처이며, 그때 문학은 '지금, 이곳에서 내가 너와 함께' 나누고 좌절하고 극복하였던 상처의 기록이며, 기억의 현재진행형 같은 것이다.

이성복의 말에 의하면 그는 1985년 처음 '남해 금산'을 찾았다고 한다.[13] 이 "금산"을 두고 그는 '내 정신의 비단길, 혹은 비단 물길 끝의 서기 어린 산으로 존재했고 앞으로도 그렇게 존재

---

[12] 김수연, 「'남해 금산'의 시인 이성복, 남해에 오다」, 『남해시대』, 2019. 4. 5.
[13] 1985년 당시 이성복은 광주에서 열리는 학회에 참여하기 위해 길을 잡다가 우연히 금산에 들렀다고 한다. 당시 직접 산을 오르며 오래전 읽었던 서정인의 『산』이라는 단편 소설의 한 장면이 떠올랐다고 한다.

할 것'¹⁴이라고 했다. '돌'과 '바다'의 이미지 그리고 '남해 금산'이라는 장소는 다양한 해석을 유도한다. 또한 시인의 '뒹구는 돌'이라는 혼란스러운 의식의 내부 공간에서 '남해 금산'이라는 무한히 열린 공간으로의 이행은 끊임없는 자기 극복의 과정을 의미한다. 그가 마음 속으로 그리고 있던 이상적 장소를 '남해 금산'에서 보았다고 한 것처럼 현실 속에서 화해의 공간을 찾으려는 노력은 '낙원에 대한 동경과 발견에 대한 욕구'로 이어진다. 그런 점에서 이성복 자신의 상상력과 시언어로 자신만의 고유한 장소가 된 '남해 금산'은 치유와 재생으로서의 장소이자 통과 제의적 삶의 무한한 시간이 집적된 '영원성'의 헤테로토피아이다.

결국 시인은 암울한 시대, 그 현실 자체가 '아무 일도 지켜지지 않는 약속의 땅'(「약속의 땅」)이라는 것을 수용할 수밖에 없었던 것이다. 단 한 발자국도 빠져나갈 수 없었던 첫 시집의 장소를 통해 이 현실과의 대결에서는 누구도 결코 승리할 수 없다는 것을. 그 절망 끝에서 다시 찾은 장소가 바로 '남해 금산'이었다. 특히 「서시」에서의 '나'와 '당신'은 삶과 죽음, 사랑과 이별 그리고 과거와 미래의 경계를 넘나드는 '영원성'의 헤

---

14 이성복,「물과 흙의 혼례, 남해 금산」,『나는 왜 비에 젖은 석류 꽃잎에 대해 아무 말도 하지 못했는가』, 문학동네, 2015.

테로토피아에서 불현듯 또 다시 만날 것이라는 여지를 남기는데 이것이 90년대 시집으로 이어지고 있다.

*

이성복은 한국의 1980년대 현실을 '정든 유곽'과 '금촌' 그리고 '남해 금산이라는 이질적 장소를 통해 시대의 병적 징후를 누구보다 '빼어난 감수성'으로 보여주었다. 『뒹구는 돌은 언제 잠 깨는가』에서는 고통의 현실로 점철된 시대상을 『남해금산』에서는 치욕적인 현실로부터 사랑에 이르는 여정을 잘 그려내고 있었다. 이 시기 무기력과 불감증으로 점철된 현실에서는 이미 모두가 정상성을 상실하였고, 그 불구의 상황에서는 '봄'이 오지 않는다는 것을. 그 때문에 폭압적인 정치 현실이나 부조리한 세계 이면을 '다른' 공간을 통해 시적으로 구현했다. 즉 '뒹구는 돌'이라는 분열적인 의식 내부의 공간에서 '남해 금산'이라는 열린 공간으로의 이동은 이질적이고 파편적인 장소들을 통해 시적 자아의 정체성과 세계 인식이 변화되어 가는 과정을 의미하는 것이었다.

그는 때로 그 시도가 불가능하리라는 것을 알면서도 그 한계를 넘으려고 했으며, 그곳에서 터져 나오는 불화의 신음들을 시적 긴장으로 이어갔다. '유곽'과 '금촌' 그리고 '남해 금산'은 국가와 개인, 공과 사, 전통과 근대, 사랑과 욕망 등의 프레임이 교차하는 혼재향混在鄕의 장소였다. 이성복이 그러한 장소에서의 잡음들이 바로 문학이라고 했던 것은 사적 욕망과 구조적 폭력이 교차하며 저항적 실천으로서의 미학이 드러나기 때문이다.

'유곽'은 현실의 절망과 환멸이 굴절된 성애로 드러나는 장소로 시대의 병든 징후를 가장 상징적으로 보여주는 반反 장소였다. '금촌'이라는 장소는 일그러진 가족사와 그릇된 욕망에 대한 부정적 시선이 부각되며 '아버지'로 상징되는 억압에 대항하는 반윤리적인 가족 풍경이 이율배반적으로 드러났다. 반면 '남해 금산'은 내면 성장과 사랑의 성숙을 기원하는 통과제의로서 현실의 슬픔과 좌절로부터 새로운 삶을 찾으려는 대안적 공간이었다.

이처럼 병든 나와 가족 그리고 병든 사회와 국가에 대한 폭로는 불가능한 현실 변혁에 대한 저항으로서 '다른 공간'을 지향하기에 이른다. '다름'과 '저항'의 의미로서 '다른 공간들'은 절망과 환멸, 우울과 자의식, 상실과 치유의 특성을 보인다. 부조리한 현실과 절망적인 삶이 드러나는 '이질적'인 장소들은 근대 주체가 해체되는 지점에서 만날 수 있다.

무엇보다 이성복이 찾는 장소는 이 세상에 존재하는 곳이기도 하지만 존재하지 않는 곳이기도 하다. 그가 끝없이 찾아 헤맸던 장소들 그리고 그 장소들을 찾는 것을 멈추지 않은 것은 그것이 삶의 모순이자 인간의 욕망이기 때문이다. 나아가 신군부 독재와 자본주의 근대화 이면의 부조리에 대한 미적 저항이며, 그 실현에 대한 가능 혹은 불가능을 예측하지 않고 자신의 한계를 끝까지 밀고 나감으로써 시대의 부정과 화해하지 않으려는 시정신이라 할 수 있을 것이다. 그러므로 시인은 말한다. 그러한 장소에서 '뒹구는 돌멩이가 언젠가는 잠을 깨울 수 있을 것'이라고. 그것은 자본주의라는 거대한 체계 위에 세워진 그 장소들을 어떻게 인식하는지, 나아가 그 병든 사회에 살고 있는 개인들이 무엇을 반성해야 하는지에 대한 질문이자 해답이라 할 수 있을 것이다.

죽으면 김수영 곁에 묻히고 싶다는 이성복 시인
'생각하기에 따라 부끄러울 수 있는 고백을 왜 합니까?'(김치수 기자)
"그게 진실이니까. 내가 얼마나 개새끼인지 나는 알아요"(이성복 시인)

(문화일보, 2018년 7월 7일)

우리가 할 수 있는 것은 아름다워지는 것 뿐이라고 믿는 탐미주의자 이성복

"아름다움이 뭘까요? 진실할 수 없어도 진실해지려는 노력, 책임을 자신에게 돌리는 노력, 그게 사람이 할 수 있는 것의 다가 아닐까요?"

(문화일보, 김치수 기자, 2018년 7월 7일)

"'무한화서無限花序', 시는 내 속에 이미 있는 것이고, 나는 그것을 발견해 내는 것 뿐이다."

4부　동시대의 환멸과 일탈의 공간
　　　: 1980년대 민주화와 탈근대의 헤테로토피아

'청파동'과 언어의 경계를 넘는 최승자 시의 헤테로토피아

1980년대 최승자[1] 시는 현대 한국시의 흐름에 미학적 충격과 언어적 파격을 동시에 던지며 당대 현실에 저항적 모습을 보였다. 그가 등단하여 활동했던 이 시기는 자본주의의 급속한 발전과 군부 세력의 억압에 따른 민주화의 열망이 뜨거웠으며 계

---

1   최승자는 1952년 충남 연기에서 태어나 고려대 독문과를 졸업하고 1979년 『문학과지성』에 「이 時代의 사랑」외 4편의 시를 발표하면서 작품 활동을 시작하였다. 1981년에 첫 시집 『이 時代의 사랑』을 시작으로 『즐거운 日記』(1984), 『기억의 집』(1989), 『내 무덤, 푸르고』(1993), 『쓸쓸해서 머나먼』(2010), 『물 위에 씌어진』(2011), 『빈 배처럼 텅 비어』(2016) 등 8권의 시집과 『한 게으른 시인의 이야기』(1989), 『어떤 나무들은』(1995) 등 2권의 산문집을 발간하였다.

층과 세대 간의 대립이나 빈부 격차 등이 그 어느 때보다 심했던 시기였다.[2] 무엇보다 대부분의 개인은 급격한 산업화와 자본주의의 팽창으로 자기 소외와 장소 상실을 겪을 수밖에 없었다.

이 시기 시는 격동의 시대적 상황 속에서 현실의 저항과 실험

최승자 시인(1952~)

성이라는 특징이 뚜렷하게 드러났다. 김남주, 박노해 같은 시인들은 민주화 운동과 사회적 갈등 속에 있는 소외된 계층의 목소리를 대변하며 문학의 사회적 역할을 강조했다. 또한 황지우, 이성복, 최승호 등은 모더니즘의 영향 아래에서 언어와 형식적 실험을 통해 기존 시의 틀에서 벗어나 절대적 가치에 대한 부정으로 다양성을 추구하였다. 이처럼 이 시기 현대시는 저항과 실

---

2   1980년대는 1970년대부터 가속화되기 시작한 산업화의 흐름이 더욱 급격하게 되고 이에 따라 노동자를 양산하면서 그들의 생존권 투쟁은 전국적 규모로 이어졌다. 더없이 많은 갈등의 시대였으며, 이에 대한 반작용 및 돌파구로 진보적인 역사관이 강하게 부각되었다. 이 같은 맥락으로 보면 1980년대 문학은 정치와의 상관관계가 극대화된 시대였으며, '운동'으로서의 문학이 영향력을 발휘했던 시기이기도 하다. 그러면서 노동자, 농민 등 이른바 하층 민중의 급격한 부상과 함께 문학에서의 민중적 기반이 크게 확장된 것도 그 특징이라고 할 수 있다. 또한 정치적 소용돌이 속에서 문학의 열기와 사회의식의 정황이 문학 전반에 걸쳐 나타나게 된다. 때문에 이 시기 문학을 가리켜 흔히 소시민적 민족운동, 민중적 민족문학, 민주주의 민족문학 등으로 부르기도 한다.

험을 통해 시의 지평을 넓히고 문학의 사회적 역할을 재정립하는 데 중요한 역할을 했다.

미셸 푸코는 언어적 질서를 통해 차별화되는 공간의 질서와 담론에 주목했다. 그에게 '공간'은 주체에 의한 '실체'가 아니라 복합적인 배치와 구성에 의한 것이었다. 때문에 모든 사회와 문화 속에서 생성된 공간과 장소의 권력화가 바로 근대의 역사로 이어진다고 보았다.[3] 또한 그는 헤테로토피아를 통해 권력과 지식 사이에 존재할 수 있는 관계들을 밝히며 개인적인 기억뿐 아니라 공동체의 기억을 담고 있는 혼종적 장소성을 강조했다. 대립과 겹침 그리고 성장과 소멸의 과정들을 통해 현실의 장소들을 분산시키고 재구성하는 헤테로토피아는 실재적인 장소에서부터 인간의 몸 그리고 언어와 문학 등 다양한 방식으로 재현

---

3 푸코는 공간이 사회 공동체적 삶이나 권력 작용의 근본적인 것으로 보았다. 『광기의 역사』(1961)에서는 사회를 유지하는 데 방해가 되는 모든 비정상적인 행동을 '광기'로 몰아가는 역사적 상황을 예로 들며 근대 주체가 이성의 이름으로 타자를 추방하여 배치한 공간의 역사를 쟁점화하였다. 『임상의학의 탄생』(1963)에서는 19세기 임상의학적 기록을 근거로 근대 의학이 병리학적 해부를 통해 신체 공간과 질병을 특별한 방식으로 공간화하고 있음을 밝혔다. 또한 『감시와 처벌』(1975)에서는 '감옥'을 정점으로 하는 감시처벌의 기구(가정, 학교, 병원, 공장 등)를 분석하며 권력이 인간과 신체를 어떻게 처벌하고 감시하는지 그리고 그 권력을 내면화하며 탄생되는 '질서정연한 개인들'에 주목하였다.

이처럼 장소의 거주나 상실이 시대적 상황에 대한 진단을 의미한다면 이질화되고 분할된 장소의 특징을 살피는 것은 현실에 대한 해석을 넘어 존재의 실존적 의미를 살피는 것이다. 무엇보다 1980년대 이후 스크린screen과 스포츠sport 그리고 섹스sex의 '3S 정책'이 활성화되었는데, 이것은 보정적 의미로서의 헤테로토피아적 특성을 잘 보여주는 것이라 할 수 있다.

되며 시대와 상황에 따라 변화되었다.

이러한 헤테로토피아는 '문학의 공간'을 그 기원으로 하는데, 푸코가 이러한 공간을 헤테로토피아로 지시했던 것은 '문학'은 그 스스로를 반영하고 반복할 수밖에 없는 필연성을 지니기 때문이다. 무엇보다 언어의 빈곤함은 언어의 해체와 반복을 통해서만 새로운 것들을 새로운 방식으로 이야기할 수 있다. 그러므로 헤테로토피아적 언어는 현실 세계의 규범과 가치에 대해 이의를 제기하며 새로운 사고와 표현의 가능성을 열어준다. 기존의 문법, 구문, 어휘 등 언어의 규칙들이 의도적으로 파괴되거나 변형됨으로써 그 경계를 허물고 새로운 표현 방식을 실험하기 때문이다. 그런 점에서 헤테로토피아로서의 '침묵'은 단순한 '말 없음'이나 '부재'가 아니다. 그것은 언어로 표현할 수 없는 감정이나 생각을 드러내거나, 기존의 언어 체계에 대한 저항으로 현실 세계의 언어와 논리로는 파악할 수 없는 새로운 차원의 경험과 인식을 가능하게 한다.[4]

---

[4] 비트겐슈타인은 언어가 세계를 완벽하게 표현하거나 설명할 수 없다고 보았다. 언어는 특정한 삶의 형식이나 게임의 규칙 안에서만 의미를 가지며, 그 규칙을 벗어나는 영역은 언어로 표현할 수 없으므로 "말할 수 없는 것에 관해서는 침묵해야 함"을 강조했다. 이는 윤리, 미학, 형이상학 등 언어로 명확하게 설명할 수 없는 영역에 대한 '침묵'을 의미한다. 그에게 '침묵'은 단순히 말을 하지 않는 것이 아니라, 언어의 한계를 넘어서는 깨달음과 경험의 영역을 의미한다. 하이데거 또한 존재 자체가 언어로 완전히 포착될 수 없는 은폐성을 지니며 언어는 존재를 드러내기도 하지만 동시에 존재를 가리고 왜곡할 수 있기에 침묵은 이러한 언어의 한계를 넘어 존재의 진리에 다가가는 방식으로 보았다.

1980년대 여성 시인들은 자신들에게 가해지는 억압을 가시화하며 여성 주체만의 독특한 언술로 시대의 담론적 폭력에 대항하였다. 특히 최승자는 당대 현실과 끊임없이 불화하며 해체적 시어와 직설적 어법을 통해 '아버지'가 만든 폭력적인 이데올로기에 저항했다. 기존 전통의 시적 경향뿐 아니라 여성주의 시의 계보에서도 벗어난 그의 시는 시대적 절망의 극점에서 80년대식 시쓰기의 도화선이 되었다. 무엇보다 인간 본연의 내면세계에 시적 인식의 바탕을 두고 탈권위와 탈신성 그리고 탈중심적 사유로써 부조리한 정치권력과 삶의 허위의식을 비판하였다. 그런 측면에서 그가 말한 '이 時代의 사랑'은 자신을 구축하기보다 파괴하고 분열시킴으로써 갈등과 환멸의 심리를 가중시켰다. 또한 그는 70년대를 공포의 시대로 그리고 80년대를 치욕의 시대로 기억했는데, 공포와 치욕이라는 실존적 인식은 이 시기 현실 혹은 환상적인 시적 표현의 장소를 통해 잘 드러난다.

이처럼 최승자 시는 당대 정치 현실과 사회 현상 그리고 전통적인 시의 관습으로부터 이탈하고 현실에 이의를 제기하는 헤테로토피아에서 더 부각된다. 왜냐하면 자기반성적 인식으로서 이질적 장소를 시에 호출하는 것은 유토피아처럼 현실을 낙관하거나 과장함으로써 그것을 왜곡하는 것이 아니라 직접 경험하고 사유함으로써 현실에 이의 제기하기 때문이다. 이러한 헤테로토피아는 구체적 현실의 장소뿐 아니라 문학의 내면 공간으로서

서정적인 문법을 파괴하거나 형식과 의미를 해체하며 언어의 탈장소성을 추구한다. 비균질적인 언어로서의 헤테로토피아는 언어를 전복하고 말과 사물의 배치를 와해하거나 문장을 구성하는 통사법을 해체하여 언어의 위상학적 사유를 재구성한다.

한 시대의 가치관과 감수성을 담는 시대정신이 시의 이질적 장소와 언어적 특성을 통해 더 부각되는 것은 장소와 언어에는 정치와 문화, 이데올로기와 욕망이 서로 얽혀있기 때문이다. 그런 점에서 이 시기 최승자 시에 드러나는 이질적 장소들은 세계의 경험에 질서를 부여하는 기본 요소이자 다양한 정체성의 원천이며 세계를 이해하고 가늠하는 기준이다. 무엇보다 한 사회와 문화를 유지하는 기존의 질서와 인식론적 기반이 해체된 헤테로토피아는 시대 현실과 긴밀하게 연동되기 때문에 시적 주체의 내면적 의식의 흐름을 다층적으로 규명할 수 있다.

전 시대의 부정을 통한 창조의 치열함 속에서 시의 새로움이 확보된다면 최승자는 세계와의 불화 속에서 자신의 삶을 긍정하기보다는 부정과 자학을 통해 스스로를 그 고통의 한가운데로 몰아세운다. 그것은 삶의 바닥에서 '시' 밖에 쓸 수 없다는 염결적 사유가 오랫동안 그를 지배해 왔기 때문이다. 때문에 이 시기 최승자 시는 해체적인 언어의 파격과 미학적 충격을 동시에 보여주었다는 점에서 독보적이다. 그는 언어가 아름답고 고상하고 특별하다는 인식에서 벗어나 언어의 충돌을 통해 이질적이고 혼종적인 장소성을 부각시켰다. 세계에 저항하고 갈등하는 주체가 말한 "이 時代"가 유신체제의 수립과 종결까지의 시간이라면 시에 드러나는 '헤테로토피아'들은 억압과 독재로 얼룩진 '이 時代'의 부조리와 상처들이 기억되고 그것을 증언하는 장소이자 방식인 것이다.

그러므로 최승자의 시에는 군부독재의 억압과 모순에 대한 저항으로 다양한 말하기 양상들이 드러난다. 복합적이고 역설적인 시적 공간으로서의 헤테로토피아는 기존 언어 문법의 얽매임에서 벗어나 혼돈과 균열 속에서 무한히 확장된다. '혼잣말'과 같은 시적 주체의 중얼거림과 같은 떠도는 말들 또한 시인의 사상이나 정신 해방을 의미하는데 이러한 서술 언어에 기댄 발화 공간의 변화 과정이 잘 드러난다.[5] 나아가 그것은 억압과 불안에 노출된 시적 주체가 어떻게 그 스스로의 내면을 형성하며

---

[5] 최승자는 30대에 알프레드 알바레즈의 『자살의 연구』에 집중했다. 이 책은 알바레즈가 그의 절친이었던 실비아 플라스의 자살을 겪은 후 씌어진 것으로 알렸다. 그 책은 최승자 시인의 시세계에 지대한 영향을 미쳤는데, 특히 그의 시에 드러나는 우울한 분위기의 독백적 언술에서 잘 드러난다. 『자살의 연구』는 최승자 시인뿐 아니라 현대 한국 여성 시인들의 시세계에 드러나는 '고백시'적인 목소리가 잘 드러난다. 또한 여성 자아의 발견, 여성 주체의 분열과 '파시스트 아버지'라고 불리는 남성중심주의적 세계관에 대한 저항적 담론의 고리를 형성하고 있다. 특히 여성 자아의 분열 문제, 아버지에 대한 부정과 정신병리학적 감수성 나아가 여성적 광기의 드러내기를 통해 여성시의 전환에 다양한 자극이 되었다.(김승희, 「한국 현대 여성시의 고백시적 경향과 언술 특성 – 최승자, 박서원, 이연주를 중심으로」, 『여성문학 연구』, 2007)

헤테로토피아적 공간으로 수용되고 위반적 시의 형식으로 확장되는지 그 변화에 대한 추이를 밝히는 것이다. 이처럼 양가적이고 모순적인 언어와 침묵이 시대에 대응하는 시적 실천이라면 그 필연적 침묵 속에 무엇이 있고 시인이 언어화하지 않은 형태로 언어화한 것이 무엇인지를 알 수 있을 것이다. 온전한 주체가 구성될 수 없는 사회에서는 그것에 대한 저항과 탈출구로서 헤테로토피아는 현실에 드리워진 문제들과 다양한 목소리들을 읽어내는 또 하나의 과정이자 방법이기 때문이다.

'영원한 루머'와 혼종적 주체들의 탈질서 공간, '청파동'

최승자에게 '시'는 삶의 '헛되고 헛됨'과 '살아 있는 것' 자체가 '영원한 루머'임을 끊임없이 되뇌는 장소이다. 다시 말해 그가 시를 쓴다는 것은 '이렇게 살 수도 없고/ 이렇게 죽을 수도 없'는 현실을 똑바로 응시하며 자신의 고통을 언어로 기록하는 행위이다. 삶의 반대편에서 갑작스럽게 쳐들어오는 것들을 피하지 않고, 오히려 그곳을 향해 지체 없이 걸어가는 것, 그것이 최승자가 선택한 시의 길이다. 그러므로 그는 '내일의 불확실한 희망보다는 오늘의 확실한 절망을' 믿으며 상처받고 절망하는 삶을 끝까지 응시하며 그 자신과도 화해하지 않음으로써 부조리한 사회 현실에 대응하였다.

일찌기 나는 아무 것도 아니었다.
마른 빵에 핀 곰팡이
벽에다 누고 또. 눈 지린 오줌 자국
아직도 구더기에 뒤덮인 천년 전에 죽은 시체,

아무 부모도 나를 키워주지 않았다
쥐구멍에서 잠들고 벼룩의 간을 내먹고
아무 데서나 하염없이 죽어 가면서
일찍이 나는 아무 것도 아니었다

떨어지는 유성처럼 우리가
잠시 스쳐갈 때 그러므로,
나를 안다고 말하지 마라.
나를너를모른다 나는너를모른다
너당신그대, 행복
너, 당신, 그대, 사랑

내가 살아 있다는 것
그것은 영원한 루머에 지나지 않는다

-「일찌기 나는」 전문

인생이 똥이냐 말뚝 부리 아버지 인생이 똥이냐 네가
그렇게 가르쳐 줬느냐 낯도 모르고 낯도 모르고 싶은 어
느 개뼉다귀가 내 아버지인가 아니다 돌아가신 아버지
도 살아계신 아버지도 하나님 아버지도 아니다 아니다
　　　내 인생의 꽁무니를 붙잡고 뒤에서 신나게 흔들어
대는 모든 아버지들아 내가 이 세상에 소풍 나온 강아지
새끼인 줄 아느냐

―「다시 태어나기 위하여」부분

"일찌기 나는 아무 것도 아니었다"는 선언은 첫 시집인 『이 時代의 사랑』 전체를 관통하는 주제 의식이기도 하다. "곰팡이", "오줌 자국", "천년 전에 죽은 시체"와 같다는 혼종적 주체들과 자기 비하적 표현은 나를 키워주지 않은 '아버지'의 세계에 대한 절망과 포기이다. 하지만 시에서는 이 세계에서 배제되고 추방되어야 하는 것들을 다시 불러옴으로써 자신을 비롯한 타자들이 사실은 부재하는 존재들이 아니었으며 동시에 그것을 부정하고 있음을 제시한다. 더군다나 "아무 부모도 나를 키워주지 않았다"는 근원적 상실의 고백은 시적 주체가 "일찌기" 혼자였고 앞으로 그럴 수밖에 없음을 강조한다.

그러므로 나는 다시 태어나기 위하여 "인생이 똥이냐"고 "말뚝 부리 아버지"에게 묻는다. 결국 그것은 자신의 인생을

"똥"으로 만들어버린 아버지의 세계에 대한 비판이자, 그들에 의해 만들어진 모든 상징계에 대한 저항이다. "돌아가신 아버지도 살아계신 아버지도 하나님 아버지도 아니다 아니다"는 강한 부정은 그 질서에 편입되지 않을 것이라는 선언으로 읽힌다. 그 많은 아버지의 질서로 상징되는 현실적 권력은 나의 욕망 실현을 분열시키고 가로막는 금지로 작동하지만, 역으로 그 욕망을 추동시키기도 한다. 그러므로 그 청춘의 희망과 좌절로 혼란스러웠던 대표적인 장소가 바로 "청파동"이었다.

> 겨울 동안 너는 다정했었다.
> 눈(雪)의 흰 손을 어루만지고
> 우리가 꽃잎처럼 포개져
> 따뜻한 땅 속을 떠돌 동안엔
>
> 봄이 가고 너는 갔다
> 라일락이 귀신처럼 피어나고
> 먼곳에서도 너는 웃지 않았다
> 자주 너의 눈빛이 셀로판지처럼 구겨지는 소리를 냈고
> 너의 목소리가 쇠꼬챙이처럼 나를 찔렀고
> 그래, 나는 소리 없이 오래 찔렸다
>
> 찔린 몸으로 지렁이처럼 기어서라도,

가고 싶다 네가 있는 곳으로,
너의 따뜻한 불빛 안으로 숨어들어가
다시 한번 최후로 찔리면서
한없이 오래 죽고 싶다

그리고 지금, 주인 없는 헤진 신발마냥
내가 빈 벌판을 헤맬 때
청파동을 기억하는가

우리가 꽃잎처럼 포개져
눈 덮인 꿈 속을 떠돌던
몇 세기 전의 겨울을

-「청파동을 기억하는가」 전문

"청파동"으로 명명된 그곳은 청춘들의 기억이 뒤얽힌 혼종적 장소이다. 서울역 뒤쪽에 자리 잡은 "청파동"은 푸른 야산과 언덕이 많다는 '청파靑坡'에서 유래되었다. 청파동은 "꽃잎처럼 포개져 떠돌던 땅속의 집" 같이 너와 나의 다정했던 "몇 세기 전의 겨울"의 그 혼란스러운 기억들이 묻힌 장소이다. '너의 눈빛'에 한없이 찔려갔던 그곳에는 언제나 "네"가 있었지만 다시 찾아온 현실의 봄에서는 너와 함께 했던 그 모든 기억들을 나 혼자 되뇌이고 있다. 그 옛날 "청파동"의 오래된 좁은 골목에는 여대생들이 자취나 하숙방들이 많았다. 시적 주체인 "나"는 언제나 그곳에서 다정했었던 너를 떠올린다. 시대 현실과 불화할 수밖에 없는 시적 주체가 "겨울 동안 다정했었던 너"의 눈에서 "나"를 찾는 것은 시대 현실과 젊음의 방황에서 오는 불안과 허무 때문일 것이다.

하지만 영원할 것 같은 그 사랑은 어김없이 실패와 절망으로 귀결된다. 사랑을 상실한 시적 주체는 "주인 없는 헤진 신발마냥" 어두운 "빈 벌판"을 헤맨다. 네가 가버린 그 순간에서부터 지금까지 나는 "너의 눈빛"과 "너의 목소리"에 "오래 찔려" 있지만 구겨지고 찔리는 고통보다 "너"를 "최후로" 만나고 싶다는 불가능한 희망이 나를 더 고통스럽게 한다. 그것이 설령 "한없이 오래 죽고 싶다"는 소망처럼 '죽음'으로써만 그 영원성을 획득하는 '사랑'이라고 할지라도. "내일이면 후줄근해질 과거"(「여자들과 사내들」)로 남겠지만 그럼에도 나는 다시 한 번 "찔린 몸으로 이별 후에도 오래 기어서라도" 기어이 "네가 있는 곳으로" 가고 싶은 것이다.

여기서 "네가 있는 곳"은 "우리가 꽃잎처럼 포개져" 영원한 사랑을 기약하던 혼란스러운 청춘의 그 모든 장소들이기도 하다. 지렁이처럼 기어서 연인이 있는 "그 곳"으로 가려는 몸부림. 연인을 향한 긴 기다림은 "배고픈 저녁마다" 흐르는 시간과 멈춘 공간 사이에서 끝없이 방황한다. '청파동'으로 상징되는 장소에는 언제나 "나"의 끈질긴 사랑과 "너"의 사랑을 확인하고 싶은 욕망이 들끓는다. 사랑은 그 사람 안에 있는 자기를 들여다봄으로써

1970. 1. 30. 청파동 숙대 진입로 입구 풍경
(출처: 〈서울신문〉)

진정한 자신을 찾을 수 있고 그 기억은 특정한 장소와 긴밀하게 이어지기 때문이다. "영원한 루머"와도 같은 삶에서 "사랑"은 그가 "살아있다는 것"을 증명하는 유일한 방어기제이기도 하다. 그러므로 "청파동을 기억하는가"라는 전언은 곧 "나"의 존재를 확인하려는 욕망이기도 하다. 때문에 불가능한 사랑에 대한 희망을 버리지 못하는 "청파동"은 그 사랑을 향해 열려있는 동시에 나를 향해 닫혀 있는 이질적 장소이다.

　우리들의 모든 고뇌의 기억들이 공간들과 이어져 있듯이 그 공간이나 장소가 현존하는 한 기억은 떠나지 않는다. 그것은 우리들 자체가 그 기억을 지우고 싶어하지 않기 때문이기도 하다. 그러므로 "아무도 그 시간의 火傷을 지우지 못"하거나 하지 않을 것인데 그러한 '火傷'이 된 시간은 반드시 이질적 장소와 결부된다. 무엇보다 시에서 "청파동"을 떠올리며 드러나는 "겨울"은 춥고 고달프기 때문에 여느 계절보다 더 공간과 장소에 대한

내밀함이 부각된다. 이러한 "겨울"은 계절의 의미이기도 하지만 청춘의 방황기를 의미하기도 한다. 라일락이 귀신처럼 피어나는 "봄"이 다시 오더라도 연인이 부재한 그 장소는 그리움과 괴로움 혹은 희망과 절망이 혼재된 공간이다.

나와 너가 사랑하고, 서로를 오래도록 기다리던 그 시절 "청파동"의 거리들은 모두 "청춘의 유적지"가 되었다. 오랜 시간이 흘러 '우리가 살아 있다는 헛소문'이 '영원한 루머'처럼 떠돌고 있는 오래된 골목 골목들은 지나간 순간의 모순과 상처를 기억한다. 그 시대의 부조리한 삶의 '헛되고 헛된 것'의 '악순환'을 담지하는 "청파동"은 고요히 숨죽여야만 했던 1980년대 젊은 이들의 고독과 무력감이 투영된 혼종적 탈질서의 장소로서 사랑의 가능성 혹은 불가능성을 견디고 또 그것을 끊임없이 극복하려는 장소이다.

'아무도 없는' 장소, 부재라는 우울의 '중얼거림'

주디스 버틀러[6]는 『위태로운 삶』에서 정치와 폭력 그리고

---

6   버틀러는 폭력은 개인의 삶을 위협하고 파괴할 뿐만 아니라 사회적, 정치적 불평등을 심화시키는 요인으로 보았다. 때문에 그는 사회적 약자들이 경험하는 다양한 폭력의 형태에 주목하며, 이러한 폭력이 어떻게 개인의 존재를 부정하고 배제하는지를 구체화시켰다. 또한 애도와 상실의 경험을 통해 타인의 고통을 공감하

애도의 문제를 논하며 통제할 수 없는 일을 겪은 주체는 그 이전의 자신과 동일한 존재가 아니며 자신이 누구인지에 대한 근본적인 물음과 주체의 자율성에 대한 가능성이 다른 삶과 연관되어 있다고 했다. 이 시기 최승자가 '當代의 當代의 슬픔의 집합들'(「當代의 唐代의」)이 곧 '나 자신'이라고 한 것은 이처럼 공적 차원에서 배제된 슬픔이 또 다른 가능성이 될 수 있다는 희망을 끝까지 놓지 않았기 때문이다. 그러므로 그는 '우리가 살아 있다는 헛소문이 간간이 들리'(「望祭」)는 현실의 떠도는 이야기와 그 많은 소문들을 '영원한 루머'로 전복시킨다. 그러한 암흑적 현실에서 주체들이 할 수 있는 것은 부유하는 말들을 끊임없이 되풀이하는 '중얼거림'이다. '죽음과 삶이 상피붙은 神聖 코리아'에서 '최루탄을 쏘지 마라'고 외치는 주체는 '어떻게 절망이 희망 속으로 행군'하는지 혹은 '할 수 있는지'를 묻는다.

'독 안에 든 쥐'처럼 '꼬리를 무는 악순환'이 되풀이되는 현실은 '빈집'과 같은 부재의 장소에서 그에 대한 저항적 언술이 극대화된다. 이러한 장소는 단순히 '아무도 없는' 공간이 아니라, 현실의 폭압으로부터 벗어나고 싶은 욕망과 그럼에도 현실

고 연대할 수 있다는 '공동의 취약성'에 대한 인식은 새로운 윤리적, 정치적 공동체를 형성하는 토대가 된다고 보았다.(주디스 버틀러, 윤조원 역, 『위태로운 삶』, 필로소픽, 2018, 58쪽)

을 벗어날 수 없는 좌절이 교차하는 혼종적 공간이다. '빈집'은 이상적인 유토피아를 꿈꾸지만 동시에 그곳에 도달할 수 없는 현실의 괴리를 보여주는 '장소 없는 유토피아'로서, 과거의 안식처로 돌아가고 싶은 '재귀적 욕망'이 투영된 곳이자 모든 실패의 경험으로부터 도피하고 싶은 곳으로 끊임없이 '중얼거림'이 되풀이된다.

 최승자가 "모든 창작자들은 일종의 추방상태에서 살고 있다"고 한 것 또한 추방과 죽음의 시대에 살아남은 시인의 책무가 바로 그 죽음과 고통을 기억하고 그것을 끝까지 증언해야 함을 의미한다. '나 대신 죽어가'(「노을을 보며」)는 누군가의 얼굴을 보며 '언제나 불발의 혁명'(「겨울에 바다에 갔었다」) 앞에서 좌절할 수밖에 없는 자아는 어둠의 공간, 부재의 장소에서 의미 없는 말들을 중얼거리며 기존 언어와 사유를 전복시킨다.

 이처럼 그의 초기 시에 드러나는 장소들은 대부분 자본주의 체제에 잠식된 도시의 장소로서 '전통적인' 장소의 정체성이 상실된 곳이거나 익명의 성격이 강하다. 개인과 사회의 불안과 소외를 체험하는 이러한 장소들은 대부분 현실의 바깥에 있는 장소로서 열려있지만 닫혀있는 '부재'의 헤테로토피아이다.

> 그 많은 좌측과 우측을 돌아/ 나는 약속의 땅에/ 다 다르지 못했다.// 도처에서 물과 바람이 새는/ 허공의 房에 누워, "내게 다오,/ 그 증오의 손길을, 복수의 꽃잎을"/ 노래하던 그 여자도 오래 전에/ 재가 되어 부스러져내렸다.// 기억의 집에는 늘 불안한 바람이 삐걱이고/ 기억의 집에는 늘 불요불굴한/ 슬픔의 세간살이들이 넘치고,// 살아 있음의 내 나날 위에 무엇을 쓸 것인가./ 무엇을 더 보태고 무엇을 더 빼야 할 것인가./ 자세히 보면 고요히 흔들리는 벽,/ 더 자세히 보면 고요히 갈라지는 벽,/ 그 속에서 소리 없이 살고 있는 이들의 그림자,/ 혹은 긴 한숨 소리, (중략)// 무엇을 더 보태고 무엇을 더 빼야 할 것인가,/ 일찍이 나 그들 중의 하나였으며/ 지금도 하나이지만/ 잠시 눈 감으며 다시 닫히는 벽,/ 다시 갇히는 사람들,/ 갇히는 것은 나이지만,/ 벽의 안면도 벽, 벽의 바깥도 벽이지만,// 내가 바라보는 이 세계,/ 벽이 꾸는 꿈.
>
> —「기억의 집」부분

그 많은 "좌측과 우측을 돌아" 시적 주체가 가려고 했던 곳은 다름 아닌 "약속의 땅"이다. 하지만 '허공의 房'에 누워 삐걱거리다 결국 다다른 장소는 "기억의 집"이다. 그곳은 오래전에 "재"가 되어 부서진 여자와 벽이 되어 갇힌 사람들처럼 늘 주변으로 내몰린 자들의 거처이기도 하다. "소리 없이" 살고 있는 이들의 그림자와 "긴 한숨 소리"가 혼종된 "지금 여기"의 체험적 장소성은 배제된 공간의 우울한 풍경을 전제로 한다. 그 장소들은 불안과 혼란의 개인들이 순간순간 마주치는 곳이자 그들의 기억과 경험들이 충돌하는 곳이다. 지나간 모순적 경험들은 또다시 모순된 시간들을 추동하며 자기 재현의 장을 구축한다. 그것이 때로는 그로테스크한 이미지로 드러나는데, 정과리는 최승자의 시에서 보여주는 이러한 시대의 혼란에 대한 두려움이나 낯섦은 '현실의 의미와 구조에 대한 깨달음의 과정'이라고 했다.[7]

"벽의 안쪽도 벽이고 벽의 바깥쪽도 벽"인 개인의 경험과 실존이 매개되는 장소는 그들의 기억과 역사가 침식되어 가는 불균질한 공간이자 '바깥의 장소'이다.[8] 이 장소에서는 소리 없이 살고 있는 이들의 그림자들이 때때로 조용히 갈라져 간다. 그러므로 아무도 없는 곳에서 아무도 듣지 않는 말을 중얼거리는

---

7   정과리, 「방법적 비극, 그리고-최승자의 시 세계」, 『즐거운 日記』, 문학과지성사, 1984, 119쪽.

8   푸코는 이처럼 무질서한 헤테로토피아 공간을 '바깥의 장소'라 명명했다. 이러한 장소와 개인의 관계는 단순한 관계를 넘어 이데올로기적 산물이며, 장소들이 지시하거나 지향하는 목적에 따라 삶이 배치된다고 하였다. 우리가 안에 있으면서도 그것에 의해 우리 자신이 바깥으로 이끌리는 공간, 우리의 시간과 삶 그리고 역사가 침식하고 있는 공간. 우리를 주름지게 하고 부식시키는 그 불균질한 공간을 헤테로토피아라 하였다. 그러므로 우리는 서로 환원되지 않으며 중첩될 수 없는 배치의 규정과 그 관계들의 총체 속에 살고 있다는 것이다.(미셸 푸코, 이규현 역, 『헤테로토피아』, 문학과지성사, 2014, 44-47쪽)

시적 주체가 바라보는 세계는 "벽이 꾸는 꿈"에 지나지 않는다. "한평생 꿈이 먼 별처럼/ 결빙해" 있고 "굶주린 그리운 눈동자들이" 피어나는 그러한 장소는 중심에서 밀려난 혹은 시대로부터 이탈한 이들의 불가능한 꿈들이 "기억의 집"을 짓고 사는 곳이다. 이러한 실존적 주체가 느끼는 고독과 소외는 개인의 문제가 아니라 공간과 장소를 둘러싼 사회와 권력의 문제라고 보았다. 때문에 개인들의 내면이 반영된 굴절된 장소에서의 주체는 현실적 상황에 대한 비판과 저항적 모습이 강하게 드러난다.

> 보이지 않게 먼지들은 하늘 끝까지 쌓여 가고
> 한밤이 지나도 다른 한밤이 오지 않는다.
> 사람들은 무덤 속에서 뜬눈으로 돌아눕고
> 새벽은 법에 걸려 돌아오지 못한다.
> 우리들의 발은 일 피트 높이에서 영원히 땅에 닿지 못하고
> 오른손은 영원히 왼편에 닿지 못한다.
>
> (그리고 고요한 사막의 나라에선 세월이
> 흘러가는 게 아니라 앞에서 쳐들어온다,
> 야비하게 복병한 죽음을 싣고서.)
>
> —「고요한 사막의 나라」 부분

소외는 깊다/ 나도밤나무와 나도밤나무 사이에서/
　나도밤나무와 너도밤나무 사이에서
　　소외의 房은 깊다.// 쇠똥구리의 房과/ 말동구리의
　房은/ 벽 하나로 통하는 게 아니라
　　벽 하나로 영원히 不通한다.
　　　　　　　　　　　　　－「소외의 房」 전문

　　오늘 밤 깊고 깊은/ 골방의 심연에서/ 죽음은 불을
　밝힌다./
　　불을 켜도 골방의 내부는 어둡고/ 어두운 가운데
　죽음만이 홀로/
　　심장의 불을 켜들고/ 환히 녹으며 타오른다.//
　　각성하라!/ 타오르는 죽음 곁에/ 깜깜히 누운 삶이여/
　　　　　　　　　　　　　－「오늘 밤 깊고 깊은」 부분

　한밤이 지나도 다시 새로운 밤이 오지 않는 그곳이 "고요한 사막의 나라"가 될 수밖에 없는 것은 아버지가 '부재'하는 현실의 황폐함을 반영하고 있기 때문이다. 또한 우리들의 사랑이 영화처럼 쉽게 끝났다가 영화처럼 그렇게 쉽게 시작될 수 있는 것은 그곳이 현실에서 상처받은 많은 사랑들이 '비명횡사'한 곳이며 부재하는 이들의 '영원한 루머'가 떠도는 장소이기 때문이다.

매일 밤마다 "골방의 심연"에서 "죽음"을 바라보는 시적 주체는 상실과 결여라는 절대적 유폐의 공간에서 '삶'이 가장 본질적인 죽음의 경험이자 존재의 속성이라는 이질적인 경험을 하게 된다. '세월이 흘러가는 게 아니라 앞에서 쳐들어오는' 것처럼 시간에 대한 위반의 욕망은 실재하지만 실재하지 않는 삶 속에서 죽음의 시간이 삶의 질서 속으로 혼재되어 들어옴을 의미한다. 실재적인 장소이자 비현실적인 '부재'의 장소는 경험의 시간들이 단절된 불안과 소외를 특징으로 하며 경계와 위반을 함축한다.

시인이 아무런 변화나 희망의 가능성이 없는 이러한 장소를 호출한 것은 자신이 속해있는 "사회가 달라질 수 없다는 절망감의 내적 투영"으로서 애초에 불가능한 사랑이나 희망은 불가능한 장소를 찾을 수밖에 없음을 의미한다. 그러므로 주체가 원하는 곳은 과거의 기억 속에 헤매고 있는 지금 이곳 정확히는 '이곳만 아니면' 되는 장소로서 지금 이곳의 결핍에서 벗어난 반反장소이다.

그러므로 현실의 존재들은 '벽' 하나를 사이에 두고 서로가 서로를 소외하는 '不通'의 세계를 살아가고 있다. 그 주체들은 '정신분열증과 정신분열증 환자처럼'(「나 날」) 기억의 멱살을 잡고 절대적으로 고립된 장소에서 '중얼거림'을 되풀이한다. 그 많은 새벽들이 "법에 걸려 돌아오지 못하는" 삼엄한 현실 속에서도 사랑하고 행진하던 기억들이 "火傷"으로 남은 곳. 여전히 '독신자'로 살아가며 열려있으면서 닫혀있는 그 기억을 안고 살아가는 청춘의 '火傷'들은 다시 '빈 방'에서 홀로 떠도는 말을 붙들고 그것을 되풀이한다.

> 어느 빛 밝은 아침/ 잠실 독신자 아파트 방에/ 한 여자의 시체가 누워 있다// 식은 몸뚱어리로부터/ 한때 뜨거웠던 숨결/ 한때 빛났던 꿈결이/ 꾸륵꾸륵 새어나오고/ 세상을 향한 영원한 부끄러움,/ 그녀의 맨발 한 짝이/ 이불 밖으로 미안한 듯 빠져나와 있다/ 산발한 머리카락으로부터/ 희푸른 희푸른 연기가/ 자욱이 피어오르고/ 일찍이 절망의 골수분자였던/ 그녀의 뇌세포가 방바닥에/ 흥건하게 쏟아져 나와/ 구더기처럼 꿈틀거린다
> ―「어느 여인의 종말」 전문

> 빈 방에서/ 저 먼, 없는 폭포 소리를 듣는다.// (먼저는 내가 빈 방을 만들어냈고/
> 빈 방이 저 먼, 없는 폭포 소리를 만들어 냈다)// 먼 방 빈 방/ 그곳에서 나를 기다리고 있는 것은 무엇일까/ 폭포 소리는 흘러내리는데// 호젓이 고즈넉이,/ 나를 기다리고 있는 것이 무엇일까// 먼 방, 빈 방
> ―「먼 방 빈 방」 부분

한 세월 아득히 눕고 싶었을 뿐이에요.

──그때 거기에서 많은 사람들이 울고 있었는데

나는 왜? 알지 못했죠.

──그때 그 거리에서 검은 상복 입은 사람들이

바다로 내닫고 있었는데

나는 왜? 알지 못했죠.

-「여의도 광시곡」 부분

위 시편들에는 "빈 방"과 "비인 집"의 장소들이 부재의 현실을 더욱 부각시킨다. 그것은 가족 없이 고시원과 여관방을 전전하는 시적 주체의 삶에 대한 현실적 불안[9]으로 이어진다. "독신자 아파트 방"에 "한 여자의 시체가 누워 있다"는 진술은 시인이 자신의 싸늘한 주검을 내려다본다는 것인데 이것은 자신의 '고독'을 철저하게 응시하고 그 고독에 단련된 시선이다. 그런 측면에서 "빈 방"이라는 장소는 심리적인 동시에 실제적인 장소로써 시적 주체의 '절망과 외로움'이 투영된 곳이다. "수면제"

---

[9] 최보식은 독신자로서 죽음을 형상화한 그의 시에서 엿볼 수 있듯이 실제로 그녀는 가족이 없었고 서울에서 세 평에 가까운 고시원과 여관방을 전전하며 밥 대신 소주로, 정신분열증을 앓으며 불면의 시간으로 죽음의 직전까지 갔었다. 그런 최승자를 찾아내어 포항으로 데려온 이가 외삼촌이었음을 언급하며 그의 시가 결국 자신의 삶에 대한 끈질긴 추적임을 말했다.(최보식, 「정신분열증…11년 만에 시집을 낸 시인 최승자」, 조선일보, 2010. 11. 22.)

를 먹고, "두뇌의 스위치"를 끄려고 온갖 시도를 하지만 밤새 "빈 방"을 걸어다니는 시적 주체는 '자신'이 '자신'이 아닐지도 모른다는 이중 모순의 부재를 경험하며 끊임없이 중얼거린다. "빈 방"에서 들리는 '저 먼, 없는 폭포 소리'가 아득하게 들리는 것은 없는 사랑에 대한 내면화가 "먼 방"이나 "빈 방"으로 공간화되기 때문이다. "그때 거기에 많은 사람들이 울고" 있었는데, "그때 거기에 많은 사람들이 상복을 입고" 있었는데. 아무것도 보지 못하고 아무것도 할 수 없었던 시적 주체는 끊임없이 부유하는 말들 속에서 서성거린다. "나"와 "비인 집"을 동일시하며 빈집이 닫혀있는 것처럼 나 또한 내 속에 아무도 살지 않는다고 중얼거림으로써 스스로가 '부재'의 장소가 된다.

1980년대 폭압적인 가부장적 이데올로기 속에서도 최승자가 시를 통해 그것에 절대적으로 굴복하지 않았다면, 그러한 현실적 모순과 역사의 비극에 대한 절망을 '부재'의 장소를 통해 부각시켰기 때문이다. 결국 '빈집'으로 표상되는 아버지와 연인의 부재는 절망과 분노, 자학과 공격이라는 대립적 감정 속에서 스스로가 기다림의 대상이자 주체가 됨을 의미한다. 돌아갈 수 없는 근원과 잃어버린 낙원을 더 이상 꿈꿀 수 없는 주체는 스스로 문을 잠금으로써 자신을 '빈집'에 가둬버린다. 이처럼 시대 현실에 저항하는 반反장소로써 중심에서 이탈한 '아무도 없는' 장소에서 시적 주체가 할 수 있는 것은 시를 쓰며 현실적 모순과 부조리에 저항하는 것이다. 그때 언어는 기존의 체계에서 벗어나 탈장소화를 추구하며 위반과 전복을 시도한다. 그럼으로써 불안과 혼돈의 가부장적 질서를 지우며 언어의 탈질서적 공간으로 나아간다.

혼종적 주체들의 반反장소, 서술 언어의 '해체'

앞서 언급한 것처럼 애초에 언어가 공간과 얽혀있다고 한 푸코가 '헤테로토피아'를 처음 언급한 곳은 다름 아닌 '문학'과 '언어'에서였다. '불안을 야기하고 언어를 은밀하게 전복하는' 헤테로토피아의 특이성은 '언어의 탈장소성'으로 인해 더 부각된다. 이질성과 혼종성을 지닌 이러한 언어는 균열과 전복을 통해 의미화에 실패함으로써 논리적으로 해석되지 않는다. 서정적인 문법에서 벗어나 대상뿐 아니라 시의 형식과 의미를 해체함으로써 시대와 관습에 저항하는 헤테로토피아는 시가 창조되는 장소이자 방법으로서의 언어적 기능을 수행한다.

그런 측면에서 헤테로토피아는 크리스테바의 '코라^{chora}'적 특성을 지닌다. 코라는 '자궁'이나 '밀폐된 공간'을 의미하는 혼종적 공간으로 신체의 에너지가 모이는 장소이지만 의미론적으로나 해부학상으로는 결코 개념화될 수 없는 공간이다. 이러한 헤테로토피아적 공간에서는 언어의 모순과 의미의 전복을 통해 기존의 언어와 다른 혼종적이고 이질적인 언어를 구성한다. 시대의 억압이나 연인과의 이별을 겪은 주체들의 담화에는 무정형의 에너지와 힘이 내재되어 있다. 그것은 일상과 비일상, 현실과 환상 등 억압과 욕망이 서로 충돌하는 전복의 헤테로토피아 특성이기도 하다. 이 시기 최승자의 시에서 드러나는 세계와 불화하거나 분열된 시적 주체의 모습은 현실의 장소이면서 동시에 비현실적 공간에서 동시에 드러난다. 시대의 폭력과 검열에 저항하며 시를 통해 현실의 결여를 반영하는 그의 시에서는 거침없는 언어와 낯선 이미지들이 재현된다.

김준오는 모순되고 이중적인 인간의 존재성은 아이러니를 통해 그것의 미학적인 측면이 부각된다고 하였다. 시대적 삶의 부조리는 해체와 내성화內省化라는 이중적 성격을 지니는데, 언어 또한 탈장소화를 추구하며 이러한 이중성을 드러낸다는 측면에서 헤테로토피아적 특징을 지닌다. 헤테로토피아가 갖는 '부조리'와 '무질서'는 규율과 체제 그리고 동일시의 사유에 대한 저항이다. '혼종성'과 '부정성'을 함축하며 탈경계와 탈중심을 지향하는 것은 이분법적인 논리와 획일화된 언어 체계를 거부하는 것이다. 현실과 환상 그리고 존재와 비존재의 경계와 위계질서를 무화시키는 이러한 장소는 관습적인 사고나 인식의 틀에서 벗어난다.

1980년대 최승자 시의 부정의식은 기존의 의미망으로부터의 단절과 끝없는 탈주를 의미한다. 모든 말이 어째서 금지 자체를 말하지 않는가를 아는 것[10]은 현실의 부조리에 대한 저항이 언어와 시형식의 고민으로 이어짐을 의미한다. 이질적인 언어의 병치는 혼돈적 자아와 이성적 자아 사이의 모순이자 창작의 동력이다. 때문에 언어를 통한

자기 비하나 극단적 자학은 기존 질서로부터 소외되고 궁지로 내몰린 개인이 이 부조리한 현실에서 할 수 있는 역설적 대응일 것이다. 독설과 야유 그리고 언어 형식의 파괴와 같은 아이러니적 표현들 또한 그와 연장 선상에 있다고 할 수 있다.

> 두드려라, 안 열린다.
> 두드려라, 만에 하나 열릴지도 모르니까.
> 두드려라, 안 두드리면 심심하니까.
> (중략)
>
> 만경 창파 시간 위에 몸 띄우고
> 한 사람 온 뒤에 또 하나 사람 오는구나.

---

10 피에르 마슈레이, 배영달 역, 『문학 생산 이론을 위하여』, 백의, 1994, 103쪽.

한 사람 간 뒤에 또 하나 사람 가는구나.

사라져라 사라져라
물밀어라 물밀어라
뭇별들 사이로 소리없이
사라져라, 물밀어라.

― 「시간 위에 몸 띄우고」 전문

구르는 헛바퀴의 완강한 힘, 치욕이여
중국집 짬뽕 속의 삶은 바퀴벌레여,(중략)

호야 호 바다로 내달아

바다!

일어나!

솟구쳐!

위로

위로

정점의 피

태양

― 「여의도 광시곡」 부분

행과 행, 연과 연 사이를 횡단하는 시적 주체의 발화는 "두드려라, 안 열린다"는 혼돈의 모순적 언술을 통해 갈등과 고통의 상황을 부각시킨다. 그는 사랑하는 대상을 향해 문을 두드리는 동시에 그 대상에 대한 증오로 스스로를 어두운 세계에 가두는 혼란 속에 있다. 매순간 대립되는 이러한 감정들은 다시 "사라져라 물밀어라"와 같은 급박한 언술을 통해 아이러니한 자신의 상황을 더 극단으로 몰고 간다. 이러한 혼란의 상황에서 그러한 현실을 자유롭게 재현하지 못할 때, 언어는 해체되고 종국엔 말의 빈자리를 찾게 된다.

이러한 의도는 문장 부호나 문법적 규칙의 파괴와 같은 시각적 공간을 자유롭게 활용하는 등의 해체적 모습을 통해 잘 드러난다. "위로"라는 단어의 반복과 "일어나!", "솟구쳐!"와 같은 명령형 어조는 주체의 강렬한 의지이며, "정점의 피", "태양"과 같은 불연속적인 이미지의 배치를 통해 낯선 의미를 생성한다. 유토피아가 담론 형성을 가능하게 한다면 헤테로토피아는 문법의 가능성을 와해시키며 은폐와 해체를 반복하며 억압적 현실의 상황을 간접적으로 드러낸다. 기존의 문법을 전복하고 이미지를 와해시켜 대상과 언어의 의미를 해체함으로써 문장의 서정성을 없앤다는[11] 측면에서 위 시편들은 헤테로토피아의 특징을 잘 보여준다.

---

11 미셸 푸코, 이규현 역, 『말과 사물』, 민음사, 2012, 11-12쪽.

자신이왜사는지도모르면서 육체는아침마다배고픈시계얼
굴을하고 꺼내줘어머니세상의어머니 안되면개복수술이라도해
줘 말의창자속같은미로를 나는걸어가고 너를부르면푸른이끼
들이고요히떨어져내리며 너는이미떠났다고대답했다 좁고캄캄
한길을 나는기차화통처럼달렸다 기차보다앞서가는 기적처럼
달렸다 어떻게하면 만날수있을까 어떻게달려야 항구가있는바
다가보일가 어디까지가야 푸른하늘베고누운 바다가 있을까
― 「다시 태어나기 위하여」 부분

나는 언제나 내가 먹는 밥이
진실한
밥, 깨끗한 밥이기를 원했지만,
이게 뭐냐, 가해와 피해와 가학과 자학과
자기 기만으로 얼룩진
밥.
(생각나니, Das Brot der frühen Jahre?)
하지만 이런
게 삶일 줄은 몰랐다고 말하지 말자.
― 「散散하게, 仙에게」 부분

폭압적 정치와 자본의 욕망으로 움직이는 현실. 그 현실 어
디에도 삶의 거처를 마련할 수 없는 시적 주체는 아이러니하게

도 자기 자신을 부정하거나 애도하며 그가 살아있음을 증명한다. 자신이 왜 살아있는지, 왜 밥을 먹고 "푸른 이끼들이 고요히 떨어지는" 누군가의 얼굴을 바라보고 있는지. 구원받지 못한 사람들과 살아남은 사람들 속의 '나'는 이 혼돈의 현실을 해체하고 또 해체한다. 그런 나는 '까무러쳤다'가 십 년 후에 다시 깨어나기를 바라며 '나의 詩가 되고 싶지않는 나의 詩'에 언제나 이율배반적이다. 이처럼 시의 죽음을 통해 다시 태어나는 시의 아이러니는 현실의 부정과 기존 관습을 전복하고 치열하게 자신을 이 세계에 내던질 때 얻어지는 것이다.

최승자는 한때 시가 그리워 시를 쓰려다 그 언젠가 잘라버린 '자신의 팔', 그 '베어진 부위의 기억'이 '악몽'처럼 되살아나 한참 동안 그것을 물끄러미 바라보고 있었다고 했다. 그러다 결국 다시 시의 자리로 되돌아갈 수밖에 없기에 죽음을 두려워하지 않고 죽음으로부터 물러나지 않았다고 했다.[12] 그처럼 "가늘고도 모진 詩의 모가지"는 꺾고 비틀어도 다시 새어 나온다"(「자칭 詩」)는 것. 스스로를 가두고 잠갔던 시적 주체는 결

---

[12] 최승자는 "죽음만이 죽음이 아니라 절망, 고통, 아픔, 기타 등등. 행복의 감정이 아닌 것들은 모두가 죽음"이라 했다. 때문에 그는 죽음의 근원으로 들어가 그 공포를 헤집어 꺼내어 쓴 시를 '가위눌림'이라고 하였다. 그에게 죽음은 끝이 아니고, 가위눌림 또한 단순한 고통이 아니다. 그에게 죽음은 물이 사막을 건너며 정제되는 여정과 같은 것이고 가위눌림 또한 포기를 통해 이기는 법을 배우는 과정인 것이다.(최승자, 『한 게으른 시인의 이야기』, 2022. 1, 120쪽)

국 "극소량의 詩를 토해내고 싶어 하는/ 귀신"과 같은 존재일지도 모른다.

　자의든 타의든 실존적 불안을 야기하는 좌절과 시대의 부정은 모순적 언어를 통해 드러날 수밖에 없다. 독설과 파괴의 언어는 삶 속의 죽음을 혹은 죽음 속에 있는 삶의 모습을 보여주며 자기 비약과 모멸로 이어지는데 현실의 위기로 인한 주체의 좌절은 언어 해체와 형식의 파괴를 통해 이성적 질서와 가치를 무화시킨다. 말하자면 그것은 논리로는 설명할 수 없는 '침묵'이라는 또 다른 실천으로 움직이게 하는 원동력이 된다. 현실의 소음이 또 다른 소음을 불러온다면 '침묵'은 그것으로부터의 탈출과 해체로서 새로운 시적 공간의 탐색을 의미한다. 그러므로 외부의 억압과 소음에서 벗어나 모든 소리와 모든 말 저 너머에 있는 '탈질서의 공간'으로 나아가게 된다.

언어의 탈脫장소, 시대의 상처를 담는 잿빛 언어 '침묵'

　1980년대는 국가 폭력에 의해 죽음이 재현된 시대이며 정치적 혼란의 현실 속에서 수많은 죽음과 분노 그리고 두려움을 동시에 느껴야 했다. 그리고 그 앞에서는 언제나 침묵하는 자와 투쟁하는 자가 공존했다. '이렇게 살 수도 없고 죽을 수도 없었던' 그 시대 시인이 시로 저항한다는 것은 어떤 의미일까? 또한 그러한 상황에서 시인이 '침묵'의 언어를 선택할 수밖에 없었던 이유는 무엇일까?

메를로 퐁티가 「간접적인 언어와 침묵의 목소리」에서 말하는 '침묵'은 실제적 '침묵'에서 나아가 새로운 언어의 발생적 근간을 이루는 무언의 배경을 의미하는 것이었다. 이러한 '침묵'의 언어는 부재로서 현존하는 역설적 존재를 표현하는 언어의 새로운 형태였다. 또한 그는 파롤들의 소란스러움 아래 있는 원초적인 '침묵'으로 들어가지 않는 한, 즉 이 '침묵'을 깨는 몸짓을 기술하지 않는 한 인간에 대해서는 피상적인 시각에 머물 수밖에 없다고 했다. 그러므로 이 '침묵'은 단순히 '말 없음 혹은 언어 없음'이 아니라, 언어를 촉발시키는 의미의 '결핍'이자 새로운 의미 생성의 '가능성'을 말하는 것이다.

하이데거 역시 '침묵'을 말하기의 본질적인 기능 중의 하나로 보았다. 그는 현존재로서의 인간은 자신이 처한 왜곡된 상황과 존재의 회복을 위해 말하기의 가장 중요한 방식으로 침묵을 택한다고 했다. 최승자 또한 1985년에 막스 피카르트의 『침묵의 세계』를 번역했다. 그가 시를 쓰다가 돌연 '침묵'에 관한 책을 번역한 이유는 무엇일까. 시와 문학이 모순적 현실의 대안이라는 측면에서 보면 정치적 혼란과 사회적 억압이 클수록 시는 더 윤리적이고 현실에서 경험하지 못하는 것을 상상하게 된다. 그런 점에서 최승자는 시를 통해 시대에 저항하고 증언의 방법으로

'침묵'의 언어를 택한 것은 아니었을까. 때로는 '침묵'이 언어와 말보다 더 많은 것을 내포하고 전달할 수 있고, 대개 위대한 문체 속에는 '침묵'이 중요한 공간을 차지하고 있는 것처럼.

      그런 차원에서 '침묵'은 능동적이고 독자적인 완전한 하나의 세계이다. 그것은 경계를 구분 짓지 않고 넓혀 나가며 억압되고 대립되는 것들에 대항하여 스스로를 견디며 자신만의 공간을 만든다. 소음으로부터 고립되고 관계로부터 소외된 주체는 '침묵'을 통해 새롭게 변화된다. 최승자 시의 주체들은 그러한 공간 속에서 자신의 정체성뿐 아니라 시의 언어까지 해체한다. 검열과 억압의 현실을 견디며 때로 '침묵' 해야 할 분노와 진정한 말을 위해 자신이 한 번역 작업에 대해 다음과 같이 진술했다.

      현대는 모든 것이 스스로 요란한 소리를 냄으로써만이 자신의 살아 있음을 확인하고 확인받으려고 하는 소음 대량 생산의 시대이다. 그리고 그 소음이 이번에는 자유로운 사고를 억압하고 획일화된 사고를 강요하면서 끊임없이 거짓 진실들을 생산한다. 세계 자체가 거대한 하나의 소음 기계 장치로 변해버린 듯한 시대에서, 저자 막스 피카르트의 침묵에 관한 탐구는 우리에게 인간의 본질과 신에 대한 성찰을 다시 한번 권유하며, 시원始原의 침묵과 진정한 말, 침묵과 신의 말씀과의 관계를 보여주면서 우리에게 무한한 침묵의 세계, 침묵의 우주를 가르쳐주고 있다.[13]

피카르트는 『침묵의 세계』에서 '침묵'은 진정한 말이자 그것을 가능하게 하는 배경으로, 말을 투명하고 유동적인 것으로 만든다고 했다. 또한 모든 대상이 깃들어 있는 진정한 깊이를 경험할 수 있다고 보았다. 시는 이러한 '침묵'과 결합된 독백이자 대화로서 말 안에 깃든 정신을 통해 스스로 '침묵'을 생산할 수 있는 능력을 갖는다. 그러므로 현실적인 소음으로부터의 탈주는 '침묵'의 언어를 지향하게 된다.[14] 그런 측면에서 '침묵'은 소음과 마찬가지로 현실과 역사의 일부를 구성한다. 역사가 가치 있는 '침묵'을 받아들이지 않음으로써 왜곡되었던 것처럼 시

---

[13] 막스 피카르트, 최승자 역, 『침묵의 세계』, 까치, 1985, 235쪽.

[14] 비트겐슈타인에 앞서 침묵하기의 윤리적 행위의 수행 가능성에 대해 거론한 이는 키에르케고르였다. 그는 말하기의 배경이 되는 침묵의 의미를 통찰하며 침묵함으로써 무엇인가를 말하고, 행동하게 하는 소통의 가능성을 제시하였다. 침묵할 수 있는 사람만이 그것을 통해 진정으로 말할 수 있으며, 침묵할 수 있는 사람만이 그것을 통해 진정으로 행동할 수 있다는 것이다. 인간이 말을 할 수 있는 능력 또한 그것으로 인해 침묵할 수 있다는 것은 하나의 예술이라고 할 수 있다.

인은 또 다른 '침묵' 속에서 역사적 사건과 죽음을 통해 현실과 다른 이면을 본다. '침묵'과 한 몸이 되어 역사의 냉혹함을 견디는 것, '침묵'과 한 몸이 되어 현실의 피폐함을 증명하는 것. 그것이 시의 몫이자 시인의 운명이기에 시인은 스스로 그 한가운데로 걸어 들어간다.

시의 진정한 침묵은 한 행과 한 행 사이, 한 편의 시에서 다른 한 편의 시로 이행하는 길 위에 있다. 그러므로 진정한 말은 이 '침묵'과 결합해야 가능하고 말하는 주체 또한 이 '침묵'과 마주해야 한다. 어떤 시에 들어 있는 '침묵'의 공간은 비어 있음 자체가 아니라 결핍과도 같다. 말 안에 깃든 에너지를 통해 스스로 '침묵'을 생산하기 때문이다. 최승자의 시에는 언어와 언어들 사이 말하지 않는, 말하지 못하는 괄호 속 말과 말줄임표가 많이 등장한다. 대부분 그 말들은 언어와 언어들 사이의 '침묵'으로 고독이나 고백적 성격이 강하다.

나는 한없이 나락으로 떨어지고 싶었다.
아니 떨어지고 있었다.
한없이
한없이
한없이
ㆍㆍㆍㆍㆍㆍㆍㆍㆍ

......
...

       -「꿈꿀 수 없는 날의 답답함」 전문

(정말로 나는 당신을 기억하지 못합니다)
정말로 그것만은 말 못 하겠습니다.
-창밖에서 까마귀가 까악거리는데 ……
정말로 그것만은 저도 몰라,
모르고 싶습니다.
차라리 까무러치게 해주십시오.
-창밖에서 까마귀가 까악거리는데 ……

           -「밤」 부분

어느 집에나 대문 있다. / 어느 방에나 창문 있다./
…………… / ……………/
말하기 싫다./ 말하기 싫다는/ 말을 나는 말한다.//
(희망은 감옥이다)

        -「희망의 감옥」 부분

 '더듬더듬 떠듬 떠듬 처음으로 워드 프로세서'(「워드 프로세서」)를 치는 시인의 시어는 세계와 현실의 질서에 대항하거나 그것을 해체하는 언어일 것이다. '꿈꿀 수 없는 나날의 답답함'을 말줄임표가 점점 줄어드는 시각적 형상화를 통해 드러내고 있다. '한없이'라는 말을 반복적으로 나열하는 것은 말할 수 없음이 반복되는 현실을 부각시킨다. 떨어지고 싶었고 떨어지고 있었는데도 결국 떨어지지 못하는 시적 주체는 '나락'에 조차 닿을 수 없는 절망적 현실을 받아들일 수밖에 없다. 현실의 비극을 극한으로까지 몰고 감으로써 역설적으로 삶의 의지와 자신의 모습을 재발견한다. '나'는 깨부수고 싶어하면서도 깨어나고 싶어 하는 존재이고 부서지고 싶어 하면서도 부서지지 않고 싶은 양가적인 모순 속에 존재한다.

이 세계의 '남은 뼈를 아득아득 씹고 있'(「여의도 광시곡」)는 그 많은 당신들을 보며 내가 '침묵'할 수밖에 없는 이유, 하나의 '침묵'에서 다른 '침묵'으로 이동하는 그 말할 수 없는 순간들을 '한없이' 응시하는 것은 결국 '말 없음'이라는 '침묵'을 넘어 새로운 곳, 무한한 창조의 가능성으로 나아가기 위해서이다. 다시 말해 최승자가 삶의 절망을 재와 죽음의 언어인 '침묵'을 통해 드러내고자 한 것은 '침묵'은 말이나 언어가 없어도 가능하지만 말하기는 '침묵'이라는 배경을 통해서만 그 의미와 깊이를 가질 수도 있기 때문이었다.

「望祭」에는 첼란의 시 「暗夜行」이 나온다. '기도'를 통해 다양한 왜곡과 혼란의 양상을 새롭게 구축하려는 내용이다. 파울 첼란의 문학에서 또한 이 '침묵'은 중요한 지점인데 사회와 현실에 대한 '반어'로 기능하기 때문이다. 비인간적이고 기계화된 사회와 진실을 말하지 못하고 이를 왜곡하고 감추는 언어에 대한 거부 그리고 시대 현실에 대한 성찰로서 첼란은 '침묵'이라는 말하기를 택한다. 최승자의 시 또한 '침묵'의 가장자리에서 '침묵'의 언어로 말을 시도하며, '침묵'을 뚫고 새 언어를 기대한다. 어두운 과거와의 대립, 죽은 이들과의 만남과 대화, 현실의 참된 묘사와 자아 정립을 시도하는 '침묵'의 공간은 어두움과 빛이, 절망과 희망이 교차한다. 그리하여 '침묵'은 이 모든 것이 풍요로워져서 다시 새로운 말로 태어나고자 한다.

> 숲은 없는데
> 숲이 없다는 것을 익히 아는데
> 오늘 아침 창밖에서 느닷없이
> 터지는 도시 새들의 울음 소리가
> 내 눈앞에 천연덕스럽게
> 숲은, 숲의 배경을 구성해내고
> (중략)
> 꿈과 생시를 넘나들며
> 황홀한 환상의 숲을 짜고 있다.
>
> —「없는 숲」부분

수신은 이미 죽었는데,/ 누가 암호를 보내는가./ 이 물 속 같은 고요를 뚫고서…//

　　어느 집에선가/ 어느 허공에선가/ 아니 어느 먼 먼 나라에선가//

　　한세상 아득히 떨어져/ 고즈넉이 한 세기를 울리고 있는/ 응당받지 못할 전화 벨소리.//

　　창가에서/ 창가의 無爲의 침상에서/ 나는 한평생을 손짓으로/ 흘려, 흘려보낸다.

　　　　　　　　　　　　　－「수신인은 이미」 전문

　「없는 숲」에서는 '없는 숲'을 상상하며 새들의 울음소리와 숲의 배경을 생각한다. 숲 안에는 많은 것이 침묵으로 존재한다. 그것은 고정된 형태를 지니는 것이 아니라 다원성을 내포한 언어의 세계이자 시인의 내면세계이기도 하다. '없는 숲'은 여기 '없는 장소'의 실재화의 역설적 표현으로 지금 이 현실에 '있는 장소'의 비실재성을 강조하며 억압의 현실 속 죽음의 공간을 새로운 관점으로 재구성한다. 「수신인은 이미」에서는 이미 죽은 누군가의 말이 '암호'처럼 현실을 떠돌 때 삶은 죽음의 공간을 특정한 장소성의 이미지로 자기화한다. 죽음이 주는 거대한 타자성을 경험하며 실재하지만, 이 현실에 존재하지 못하는 말은 '물 속 같은 고요를 뚫고' 침묵의 형상으로 남는다. '無爲의 침상'에서 침묵을 뚫고 나올 언어를 소망하는 시인의 눈은 시대에 오염되지 않은 순결함 그 자체의 공간이다.

> 그것도 저것도 아니라는데,
> 비는 오고
> 그것도 저것도 정말 아니라는데,
> 시간은 흐르고
>
> 오늘 밤도 또다시 본다.
> 白紙의 순결함,
> 白紙의 무분별함,
> 白紙의 무자비함,
> 오 白紙의 극악한 횡포들.
>
> ─「白紙」전문

"白紙"는 진실되지 못한 많은 말들과 대조를 이룬다. "순백"은 참된 언어를 준비하는 '침묵'의 빛깔이다. 결국 시인에게 '순백의 백지'는 고통의 흔적과 채 말하지 못한 어둠 속의 진실을 말하는 공간이다. 말 없음의 상태, 생명 없는 상태, 죽음 가까운 영역에서 이 '순백의 백지'로서의 '침묵'은 참된 언어를 찾기 위해 무수한 시간을 견딘다. 그러한 과정을 통해 시인은 '순백의 순결함'을 가진 새로운 시와 목소리를 가지게 되는 것이다.

'그날의 함성'과 '최루탄을 쏘지 마라'(「그날의 함성은 유효하다」)는 인간으로서 최소한의 권리와 자신의 말을 잃어버린 시대, 최승자의 시는 말할 수 없음의 진실을 침묵의 공간으로 만든다. 그것은 우리가 눈감고 회피한 말들과 외면해 버린 진실을 말할 가능성의 공간으로 열어주기 때문이다. 점점 말의 기능을 상실해 가는 시대에 최승자가 제시한 '침묵'은 사색과 고통의 공간이자 억압적인 현실에 대한 비판과 저항으로서의 역설적 말하기 방식이다. 이는 체제 순응을 거부하고 진실을 드러내려는 의지인 동시에, 말로 표현할 수 없는 슬픔과 모순을 함축하고 있다는 의미이기도 하다.

그러므로 시대의 상처를 담은 잿빛 언어, '침묵'은 인간에 의해 자행된 형용할 수 없는 잔인함이 "말 없음"으로 표현되며 역사의 어둡고 잔인한 면모를 고발한다. 그 '침묵'을 통해 드러내야 할 말들은 의지할 데 없는 사람들의 말, 죽은 자들이 던졌던 말들로서 그것에 대한 반성과 성찰이 요구된다. 또한 그것은 인간에 대한 핍박과 어두운 역사에 대한 증언으로서 불구가 되어버린 상실의 말들을 끝까지 기억하는 것이다. 그런 점에서 최승자의 시에 나타나는 '침묵'이라는 메타포는 끊임없이 그 가장자리에서 왜곡되고 억압된 현실에 대한 이의 제기로서의 헤테로토피아적 사유에서 비롯된 것이다.

"침묵은 죽음으로서가 아니라 살아있는 태고의 짐승처럼" 때로 말보다 더 큰 힘을 가진다. 삶과 죽음 사이에서 존재하는 '침묵', 한 글자와 한 글자 사이 존재하는 '침묵'은 존재하지만 감지할 수 없는 공허한 고백이기도 하다. 결국 시인에게 시는 우리가 잃어버린 그 '침묵'의 언어를 찾아가는 과정이며 '최후의 말'이기 때문이다.

> 말하지 않아도 없는 것은 아니다
> 나무들 사이에 풀이 있듯
> 숲 사이에 오솔길이 있듯
>
> 중요한 것은 삶이었다
> 죽음이 아니었다
> 중요한 것은 그 거꾸로도 참이었다는 것이다 (중략)
>
> 중요한 것은 죽음도 삶도 아니었다
> 중요한 것은 삶 뒤에 또 삶이 있다는 것이었다
> 죽음 뒤에 또 죽음이 있다는 것이었다
> -「중요한 것은」부분

때문에 말하지 않는다고 해서 '없는 것'이 아니다. 나무들 사이에 풀이 있고, 나와 너 사이 무수한 나와 너가 또 있는 것처럼.

삶에서 중요한 것은 '죽음'이 아니라 '삶'이라는 것. 그리고 더 '중요한 것'은 '삶 뒤에 또 다른 삶'이 있고, '죽음 뒤에 또 다른 죽음'이 있다는 사실이다. 그 진실을 '침묵'의 언어를 찾으러 가는 과정에서 깨닫게 된다는 것. 그 너머에 도래할 또 다른 '침묵'에 대한 희망을 버리지 못하는 그 '모순'적인 아이러니가 바로 '시'라는 것이다.

'침묵'이라는 탈장소의 언어는 해체와 전복으로서의 헤테로토피아로서 무질서와 의사소통의 실패를 불러오지만, 그 단절의 틈에서 새로운 언어를 불러온다. 때로는 절규에 가까운 바람이나 희망이 예언적인 물음으로 전회하며 현실과 상상의 경계를 무화시킨다.

*

1980년대식 최승자의 시적 언어는 의미와 형식 그리고 행위와 말의 간격. 글쓰기를 부정하는 말하기, 말하기를 부정하는 글쓰기 등 언어의 개방성과 폐쇄성을 동시에 추구하는 헤테로토피아적 특징이 강하게 드러난다. 검열과 억압적 현실에 대한 이의 제기로서의 헤테로토피아는 언어에 포섭되지 않는 혼종적 목소리들을 재전위한다. 이는 일종의 관습화된 언어에 대한 저항이며 제도화된 언어로부터 탈출을 의미하며 사회 공동체적 경험과 소통이 불가능한 시대 현실에 대한 시적 대응이라 할 수 있다.

어떤 공간을 헤테로토피아로 만드는 결정적 요소는 그 공간이 한 사회에서 수행되는 여타 다른 장소들과 다른 이질화의 기능이다. 탈주와 정착, 해방과 억압, 자유와 숙명 그리고 개방과 폐쇄와 같은 대립적 힘들이 서로 길항하는 현실의 장소이자 비현실적 장소인 헤테로토피아는 혼돈과 분열적 언어를 통해 통사적 질서와 기존의 서정을 벗어나고자 한다. 최승자의 이 시기 시적 언어는 이질적이고 불안정한 헤테로토피아를 통해 시대에 대한 저항과 부정적 시선을 중얼거림, 언어 해체, 그리고 침묵을 통해 드러내고 있었다. 시적 주체들은 결여와 상실의 경험 속에서 내면의 정서와 외부 세계가 혼재된 혼종적 공간을 형성한다.

그런 측면에서 '서정의 시대는 끝났어'(「날이 흐리고」)라고 단언했던 1980년대 최승자의 시에는 부정적 시대 현실에 대한 저항과 해체적 언어로서 개인의 기억과 집단의 기억이 공존하는 다양한 말하기 방식으로 드러난다. 무엇보다 절망과 분노, 자학과 공격이라는 팽팽한 현실적 긴장 속에서 최승자가 절대적으로 굴복하지 않았다면, 그러한 현실적 모순과 역사의 비극에 대한 절망을 시적으로 재현했기 때문이다. 황현산이 "최승자가 어디에 있건 그는 이기는 자이다. 그는 한 번도 항복한 적이 없다"고 한 것처럼 '불확실한 희망'보다 언제나 '확실한 절망'

을 택했던 그의 시가 지금 우리 시대에 여전히 뜨겁게 존재하는 이유이다.

'아무도 없는' 집이나 방과 같은 '부재'의 장소에서는 폭압적인 현실의 질서 속에서 '정상적인' 관계를 맺지 못하는 주체들의 독백과 같은 중얼거림이 되풀이 된다. 또한 통사법뿐만 아니라 어떤 장소로도 규명하기 불가능한 언어는 기존 의미와 서정을 해체하며 새로운 담론을 생성한다. 무엇보다 언어의 탈장소성을 추구하는 헤테로토피아는 세계의 모순과 비이성적 질서를 무화시키며 합리적인 구성이나 논리적인 구조로는 설명할 수 없는 부조리한 세계에 던지는 오랜 '침묵'의 실천이기도 하다.

최승자가 시대의 부당한 권력이나 억압과 끊임없이 불화했지만 이것은 역설적으로 시와 삶에 대한 희망이나 기대의 방식이기도 하다. 그리하여 그는 말한다. "상처받고 응시하고 꿈꾼다. 그럼으로써 시인은 존재한다"고. 모순의 시대에서도 그가 일말의 가능성을 포기하지 않았던 이유는 그 '가능성'의 중심에 '시와 사랑'이 있었기 때문이다. 비록 사랑의 실패로 상처받고, 그 부재를 응시하고 좌절하지만 그는 또 다시 사랑을 꿈꾼다. 도처에 항상 죽음이 도사리고 있는 그 절망적 시대의 한가운데에서도.

그처럼 그에게 '시'는 가난과 빈곤의 현실에서 눈을 돌리지 않고 그 '없음'을 뚫어지게 바라보는 힘이다. 그 '없음'의 현실을 부정하고 나아가 '없음'에 대한 '있음'을 꿈꾸는 것 그것이 시이고 시인이 존재하는 이유라는 것. '부정'이 아무리 난폭하고 파괴적인 형태를 띤다 할지라도 그것은 동시에 꿈꿀 수 있는 힘이라는 것을. 그러므로 최승자가 고립과 억압의 1980년대라는 시대 한 가운데서 저항의 방식이자 탈출구로서 헤테로토피아를 선택한 것은 어쩌면 필연적 선택이었을지 모른다.

개 같은 가을이 쳐들어온다
매독 같은 가을,
그리고 죽음은, 황혼 그 마비된
한 쪽 다리에 찾아온다

− 『개 같은 가을이』 부분

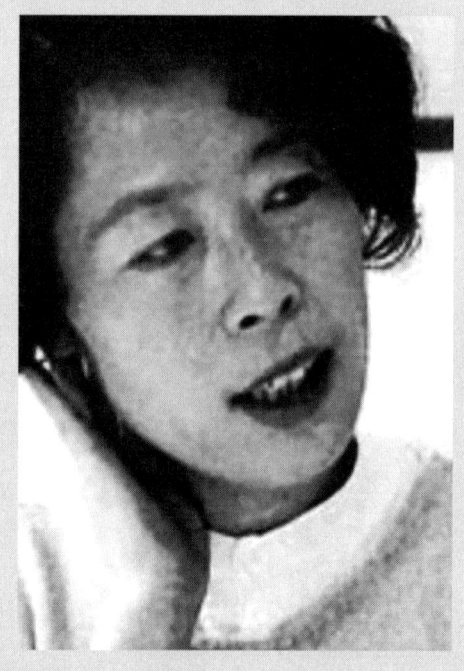

칠십년대는 공포였고
팔십년대는 치욕이었다.
이제 이 세기말은 내게 무슨 낙인을
찍어줄 것인가.

― 「세기말」 부분

'뛰기 싫어 내 인생은 지각했고, 걷기 싫어 내 인생은 불참했다.'고 말하는 최승자 시인
(한국일보. 2010. 8. 29. 이훈성 기자)

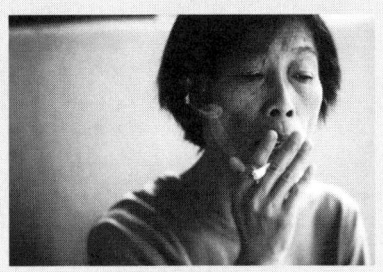

'시를 왜 쓰냐'는 질문에 시인은 "나는 나를 쓸 뿐"이라고 답한다.
(경향신문, 2021. 12. 21. 사진 안규림)

황지우 시의 헤테로토피아 장소성 연구

1970년대 유신과 산업화에 이어 1980년대 신군부의 정치권력을 노정하면서 문학은 그 현실에 대항하기 위해 새로운 변화를 필요로 했다. 역사는 언제나 문학과 정치가 불가분의 관계임을 증명해 왔다. 황지우[1]의 1980년대 시는 파격적인 형식과

---

1   황지우는 1980년 「沿革」이 중앙일보 신춘문예에 입선하고 「대답없는 날들을 위하여」라는 시를 『문학과 지성』에 발표하면서 등단하였다. 첫 시집 『새들도 세상을 뜨는구나』(1983)으로 제3회 김수영 문학상을 수상하며 문단의 주목을 받기 시작했다. 이어 『겨울-나무로부터 봄-나무로』(1985), 『나는 너다』(1987), 『게 눈 속의 연꽃』(1991), 『저물면서 빛나는 바다』(1995), 『어느 날 나는 흐린 酒幕에 앉아 있을 거다』(1998) 등을 출간했다. 산문집으로 『사람과 사람 사이의 신호』

해체주의적 실험을 통해 이러한 기존의 정치와 왜곡된 권위주의에 대한 저항과 변화의 특징을 뚜렷하게 보인다. 무엇보다 이 시기 그는 시를 '시적인 것'으로 전환함으로써 문학과 사회의 새로운 지평을 조망할

황지우 시인(1952~)

수 있게 해주었다. 그러한 과정에서 드러나는 헤테로토피아적 사유는 현실의 진실을 드러내기 위해 세계를 해체하고 새롭게 조립하는 과정에서의 시적 전략이었다. 등단작인「沿革」에서는 자신의 고향 바닷가를 배경으로 한 가족의 비참한 내력[2]이 드러나는데 무엇보다 그가 '광주' 출신이라는 점이 그의 시세계 형성에 많은 영향을 미친다. 그는 1972년 서울대학교 문리대학 미학과에 입학하여 이성복, 김정환, 이인성 등과 교류하면서 현실

(1986), 시선집으로 『聖가족』(1989), 『구반포 상가를 걸어가는 낙타』(1991) 등이 있다.

[2] 황지우는 자신의 유년의 기억과 가족사를 다음과 같이 증언했다. "저의 아버지는 일본 제국주의가 강점한 식민지의 땅에서 빈농으로 소작 쟁의에 연루되어 고통받았고, 그의 동생인 나의 삼촌은 1948년 여수 순천 반란 이후 빨치산이 되어 1950년 경찰에 의해 비참한 죽임을 당했습니다. 아버지가 노 저어 숭어를 잡아오시곤 했던 앞바다에 경찰은 총알을 아끼기 위해 삼촌과 그의 동료들을 고기 잡는 그물로 묶어 수장시켜버렸던 것입니다"(황지우, 『사람과 사람 사이의 신호』, 한마당, 1983)

참여적 시세계를 주고 받게 된다. 1973년에는 유신 반대 시위로 연행되어 강제 입대하고 제대 후 광주항쟁의 참상을 알리는 유인물을 배포하다 구속되어 심한 고문을 받기도 하였다.

그 후 황지우는 『시와 경계』(1981)와 『르뽀시대』(1983) 등의 무크지 창간에도 참여하였다. 시와 문학이 정치적 격변과 혼란에 필연적으로 저항할 수밖에 없다면, 이러한 분위기 속에서 문학 또한 필연적으로 혼종적 성격을 띠게 될 수밖에 없다. 첫 시집 『새들도 세상을 뜨는구나』는 자신이 직접 경험한 80년대라는 시대의 환멸에 대한 저항으로 '그렇게라도 시를 쓰지 않으면 미쳐버릴 것' 같은 광적인 필연성의 기록이었다. 그는 이러한 80년대 한국 사회를 "쑥굴헝의 가시 덩굴"(「만수산 드렁칡 2」)의 땅에서 '갈 봄 여름 없이, 처형받은 세월'(「대답 없는 날들을 위하여」)로 기억했다. 이처럼 파국의 시대에 대항하여 그는 표현할 수 없는 것, 표현하지 못하는 것을 표현해야 하는 것이 시의 역할이자 시인의 임무임을 강조했다.

또한 그의 시적 명제라고 할 수 있는 "나는 말할 수 없음으로 양식을 파괴한다. 아니 파괴를 양식화한다"는 것은 이러한 시대에 대한 저항이자 시적 진실에 대한 갈망이었다. 현실 인식의 반영으로써 '형식 파괴'는 형태적 해체와 시적 의미가 서로 밀접하다는 것을 의미하며, "개인의 산물이면서 동시에 시대의 산물"임을 의미한다.[3] 벽보나 사진, 신문 만화 등을 병치시키거나 몽타주한 혼종적 텍스트들은 지배 담론에 균열을 내는 동시에 권력에 대한 저항과 이의 제기로서 헤테로토피아적 사유에서 연유된 것이다.

문학은 '진정한 의사소통'을 전제로 하고, 그러한 문학이 가능하기 위해서는 폭압적 현실에서 벗어나 누구나 무엇이든 자유롭게 말할 수 있어야 한다. 황지우는 문학과 정치는 동시대의 말을 공유하는 것이며, 어떤 정치든 문학이 작동하지 못하도록 막는다면 문학은 그러한 정치와 싸워야 한다고 했다. 그런 점에서 '현실에 있는 유토피아'는 현실과 무관한 추상적인 관념이 아니라 실제적 삶의 장소를 기반으로 한 비판적 의식의 구조물이자 저항과 탈경계로서의 반反장소이다.

공간을 복합적인 배치와 구성으로 본 푸코는 사회와 문화 속에서 생성된 공간의 권력화가 바로 근대의 역사임을 강조했다. 그러므로 인간은 서로 상이하게 위치하는 장소들의 관계 속에서 살아가며, 이러한 사회적 현장의 공간에는 언제나 권력이 작동하는데 이 '권력의 공간'에 대항하는 대안 공간으로 '헤테로토피아'가 있다. 이는 사회의 지배 질서를 교란시키며 일상으

---

[3] 정효구, 「우리 시의 해체주의 –1980년대 시를 중심으로」, 『현대시사상·2』, 고려원, 1988, 70쪽.

로부터 일탈된 타자적 공간을 재생산한다.

특히 '헤테로토피아'는 권력과 지식 그리고 모든 공동체적 삶에 관계하며 개인의 기억뿐 아니라 공동체의 기억이 대립하고 소멸하는 과정을 보여주는 개념으로 일상적 장소들을 분산하고 재구성한다. 그러므로 실재적인 장소에서부터 인간의 몸 그리고 언어와 문학 등 다양한 방식으로 재현되는데 이러한 장소의 허기와 갈증은 시인의 현실 인식과 직결된다. 이처럼 헤테로토피아적 질서가 한 시대의 특성을 담아낸다는 점을 고려하면 그것은 그 시대의 현실과 주체에 대한 이해로 이어진다.

무엇보다 문학에 드러나는 헤테로토피아는 근대화의 과정에서 빚어진 역사의 비극과 그에 대한 저항으로서 '알레고리'와 밀접하다.[4] 유토피아는 인류의 보편적인 희망이자 한 사회의 내적 모순에 대한 인식의 척도로써 사회의 불평등이 심화될수록 그것에 대한 염원이나 저항도 커진다. 그런 점에서 현실에

---

[4] 첫 시집 〈새들도 세상을 뜨는구나〉에서는 '극장'이라는 권력과 밀착된 훈육의 장소가 나온다. 극장으로 들어간 사람들은 질서에 따라 영화가 시작되기 전에 일어나 '애국가'를 제창하고 자리에 앉는다. 이러한 무의식화된 행동으로 '애국'이라는 의례에 자연스럽게 행동한다. 현대에 드러난 이러한 보정의 장소는 주체의 행동과 의식을 하나의 방향으로 흘러가도록 규제한다. 그 공간들은 고정된 것과 가변적인 것들을 교차시켜 질서를 부여하고 환상적인 질서를 만들어 낸다. 이러한 장소들은 양립 불가능한 가치와 장소에 환상의 질서를 부여해 일탈과 전복의 계기들을 말소하는 훈육적 장소로 현실화된다. 학교, 군대, 극장, 매음굴, 감옥 등이 그러한 예라고 할 수 있다.

서 가해지는 문학의 억압과 검열에 대한 전복적 사유로서의 헤테로토피아는 장소 점유의 불평등과 관련하여 알레고리적 특성이 강하게 드러난다. 알레고리[5]는 '다른'을 뜻하는 그리스어인 'allos'와 '공공장소에서 말하다'를 뜻하는 'agoreuein'의 합성어로 단순한 수사적 기교가 아니라 '공공의 장소'에서 '다르게 말하는 방식이자 세계관'을 의미한다. 벤야민이 이러한 "알레고리는 유희적인 수사 기법이 아니라 표현"이라고 말한 것은 알레고리가 역사적 기억뿐 아니라 그 기억에 대한 정념을 표현하는 세계관임을 의미했던 것이다.

1980년대 황지우 시에 드러나는 시대적 폭력과 탄압에 대한 이의제기로서의 헤테로토피아는 현실에 대한 환멸과 이탈의 욕망을 드러내며 기존과 다른 이종적인 시적 공간을 형성하고 있다. 김현은 이 시기 황지우 시에서 느껴지는 강한 도피 심리에 의한 낭만주의는 '도피와 일락의 낭만주의'라기보다는 '새

---

5   알레고리는 그리스어 동사 'allegorein'에서 유래하며, 다시 이것을 'allos(other)'와 'agoria(speaking)'의 형태로 결합되어 나타난다. 모든 비유법이 그러하듯이 알레고리 역시 "추상적인 관념을 구체적인 비유로 표현하는 기법"의 적용을 받는다. 즉 '다르게 말한다'고 하는 것은 그 의미 속에 이미 "A를 말하면서 B를 말하는 것"이 내포되어 있다.(홍문표, 『현대시학』, 양문각, 1995, 258쪽) 알레고리는 '다르게 말하다'의 의미로 표면적으로는 인물과 행위와 배경 등 통상적인 이야기의 요소들을 가지고 있으나, 그 이면에는 이야기 배후에 정신적, 도덕적 또는 역사적 의미가 전개되는 등의 이중구조를 가진다. 이러한 현실에 대한 고발, 인간과 사회의 부정에 대한 폭로와 파괴를 통해 새로운 구조의 구축을 그 목적으로 한다.

로운 삶을 찾으려는 남성적 낭만주의'이며,[6] 그것은 현실의 속악(俗惡)함을 넘어설 어떤 이상향에 대한 확신을 전제로 한다고 하였다. 이때 황지우식의 낭만주의는 목표 지점이 정확히 설정된 확고함이라기보다 여기가 아니면 어디라도 좋은 '또 다른 유토피아'의 모색으로 실존을 부여받을 현실적 장소가 그 어디에도 없다는 암울함이었다.

이처럼 황지우 시는 현실과 환상, 일상과 비일상의 경계를 허물며 익숙한 것들 속에 숨겨진 비일상성을 새로운 시각으로 드러낸다. 그것은 현재 그리고 미래의 혼종적 시간의 흐름을 왜곡하여 현실적 질서를 벗어나, 언어를 자유자재로 변형하여 새로운 의미를 부여하려는 헤테로토피아적 시적 전략이다. 그럼으로써 불안정하고 분열된 시적 주체의 모습을 통해 관습화된 주체 개념을 해체하고 다양한 정체성을 실험한다. 안과 밖이 끊임없이 교차하고 현실과 단절되지 않고 상호작용하는 이질적 장소의 사유는 현실 사회의 모순과 부조리를 날카롭게 비판하며 이의를 제기함으로써 비판적 성찰과 상상력을 새롭게 자극한다.

정끝별[7]은 황지우의 알레고리의 시적 방법론은 이데올로기

---

[6] 김현, 「타오르는 불의 푸르름」, 『새들도 세상을 뜨는구나』, 문학과지성사, 1990, 122쪽.

[7] 정끝별, 「현대시에 나타난 알레고리의 특징과 유형」, 『한국문학이론과 비평』 21, 한국문학이론과 비평학회, 2003, 306-332쪽.

적 대립을 기반으로 하는 정치적 현실에 대한 비판과 계몽을 목적으로 한 것이라고 보았다. 또한 권혁웅[8]은 알레고리를 평가절하했던 기존 논의들과 다르게 그것을 강조하며 80년대 시인들의 '광주' 체험과 관련하여[9] 그것에 대한 '숨은 기표'로서의 알레고리를 강조했다. 이러한 기존 논의 들은 그의 초기 시가 대체로 말할 수 없는 것을 말하려는 의지로써 불가능성에 대한 가능성의 절박함이며 그 과정에서 드러나는 소통의 욕망과 수많은 죽음에 대한 시적인 상상력이라고 밝혔다.

현실과 현실 너머에 있는 '시적인 것'을 드러내기 위한 과정과 폭력이 지배하는 현실 공간으로 개인과 집단의 기억, 현실과 환상이 혼재하는 장소들은 당대의 억압적 현실에 대한 대항 담론으로서 윤리적 공간의 의미를 보다 명확하게 규명할 수 있을 것이다. '일상의 거의 모든 프로토콜들을 마치 처음 본 것처럼 아주 '낯설게' 느끼도록 하는 효과'로 시를 쓸 것이라고 했던 황지우의 시적 전략이 잘 드러나는 이질적 장소들의 특징들을 밝힘으로써 그의 시가 가지는 문학적, 사회적 의미를 재정의할 수 있을 것이다.

---

8 권혁웅, 『시론』, 문학동네, 2010, 415쪽.

9 권혁웅, 「1980년대 시의 알레고리 연구-'광주'의 시적 형상화를 중심으로-」, 『한국근대문학연구』 19, 한국근대문학회, 258-259쪽.

'시적인 것'의 알레고리적 해체와 언어의 '비非장소성'

황지우가 '시적인 것'을 강조한 것은 이처럼 양분된 시적 패러다임 속에서 자유로운 전환을 포기한 채 묵시의 압력과 폭력으로 규제되던 문학 공간에 대한 저항적 의미였다. 정치와 문학 그리고 예술적 전위가 통섭될 수 있는 가능성을 '시적인 것'을 통해 증명하고자 한 그는 시대의 대항 담론으로서 '알레고리적' 해체의 방법론을 모색하였다. 즉 정치와 사회적 현실에 대항하는 전복적 상상력은 기존 시의 형식과 규범을 해체하는데 이러한 실험적 양상을 '시적인 것'이라 명명하고 일상적 텍스트를 시 속으로 끌어들였다. 그는 개인적, 시대적 산물로서의 시가 현실과 자기 의식의 모순적 충돌 속에서 언어의 재현 불가능성을 실험하며 전통적인 시 형태를 해체할 수 있다고 보았기 때문이다. 현실과 부재의 위계가 역전되고 중심 또한 '부재'하는 사회에서는 현실과 자기 의식의 모순적 충돌로 인해 언어의 본질과 현상이 뒤틀리거나 자기 검열을 반복하게 되는데 이러한 시도는 억압적인 문화 지배에 대한 균열적 담론이자 비판으로서의 전위적인 글쓰기로 이어진다.

이처럼 황지우에게 '시적인 것'은 단순한 미학적 개념을 넘어 그의 시학과 윤리학을 아우르는 핵심적인 개념이다. 그에게 '시적인 것'은 대기 속의 공기처럼 잘 드러나지 않지만 실재하는 것으로 텍스트와 침묵, 이미 씌어진 것과 아직 씌어지지 않은 것 사이에 자리한다. 문학을 혁명 그 자체로 보기보다는 혁명의 조짐을 알리는 '징후'로 인식함으로써 시대의 정치와 경제 그리고 문화적 폭력을 전복하는 헤테로토피아는 파격적인 형식과 난해한 기법을 통해 혼종적 의미의 공간을 창출한다. 또한, 윤리적 주체의 끊임없는 자기 검열을 통한 현실적 비판은 이질적이고 낯선 형식을 통해 새로운 정체성에 대한 가능성을 공유한다.[10]

시대적 증상에 대한 응답이자 미학적 방법론으로서 '시적인 것'의 추구는 알레고리적 해체를 통해 모순적 현실을 면밀하게 드러낸다. 그가 자신의 시를 스스로 '형태 파괴'라 명명한 것 또한 단순히 시의 형식만을 파괴하는 것이 아니라, 형태 파괴를 통해서 기존의 형식과 질서를 재구성하고 세계를 갱신하려는 시적 인식이다. 그런 측면에서 알레고리는 현실비판, 자아성찰, 사회 문제 제기 등 시대의 복잡성과 부조리를 상징적으로 드러낸다. 이처럼 시대의 모순과 현실적 장소에 대한 알레고리

---

[10] 푸코는 헤테로토피아가 거울과 같이 작동한다는 점을 예로 들어, 언어라는 거울을 통해서 구성되는 문학의 헤테로토피아를 거론하였다. 이러한 문학적 헤테로토피아는 현실 공간의 반영, 재현, 전복, 혼종, 해체, 중첩을 통해 이질성을 드러낸다. 이것은 언어를 전복하고, 말과 사물의 통사법을 무너뜨리는 방법을 토대로 한다. 그리하여 문학작품에 구현되는 헤테로토피아는 기존 관습과 고착화된 공간에 균열을 내는 전복적 수사나 해체와 결부된다.(미셸 푸코, 『말과 사물』, 이규현, 민음사, 2012, 11쪽)

화는 언어와 사고의 해체로 이어진다. 발터 벤야민[11]이 알레고리가 근대의 장소를 드러내는 사유 방식이자 방법론이라 했던 견해는 '추방'과 '이질'적 장소인 헤테로토피아를 부각시킨 푸코의 주장과 일맥 상통한다. 이는 궁극적으로 대립과 해체의 방법이자 언어를 전복하고 통사적 질서를 와해시키는 두 개념의 공통적 특성으로 역사적 사건과 기억 그리고 현실을 총제적으로 재구성하기 때문이다.

> 그때는 뭐가 뭔지 모르게, 그냥 '견딜 수 없어서' 시를 썼습니다. 그때나 지금이나 문학이란 "나, 당신과 통하고 싶다"는 의사 소통의 인류적 본능에 의해 저질러지는 것이라고 나는 생각합니다. 제 이야기가 여러분에게 통했다면 인간은 지옥 속에서도 사는구나, 어쩌면 지옥 속의 삶에도 따뜻함이 있고 그 따뜻함이란 서로 통한다는 것이겠구나 하는 감이 전달되었다는 것입니다.

---

[11] 벤야민의 알레고리는 수사학적 층위를 넘어서 세계 인식과 역사철학 그리고 사물과 주체, 초월과 내재의 문제, 이미지와 글쓰기 등과 관련하고 있다. 그는 기존의 알레고리론을 파괴적으로 재구성하였는데, 특히 몽타주적 알레고리는 수집과 분산의 원칙에 따라 사물들이 배열된 공간 속에서 알레고리적 이미지 주의로 무수한 의미들이 모여들고 흩어지면서 조각모음 작품이 만들어지고 그 구도 속에서 새롭고 다층적으로 읽힌다. 파편화된 것들을 모아 변증법적으로 구제함으로써 새로운 세계로의 진행을 도모하는데, 파괴를 통해 새로운 세계로의 방향을 제시하는 것이 벤야민의 알레고리적 특징이라 할 수 있다.

대표적인 그의 두 편의 시론 중에 「사람과 사람 사이의 신호」(1982)는 문학과 의사소통에 관한 견해를 질문과 대답 형식으로 서술하고 있다. 또한 「시적인 것은 실제로 있다」(1985)는 '시적인 것'의 개념과 범주 대한 설명으로 '시적인 것'이 실재한다는 것을 강조하고 있다. 그의 시론에 관해 이광호는 '황지우는 뛰어난 시인일 뿐만 아니라 산문가이자 이론가이며 특히 「사람과 사람 사이의 신호」와 「시적인 것은 실제로 있다」는 서정시의 절대적 주관성의 미학적 규범을 전복하는 데 바쳐지고 있다'고 했다. 신형철 또한 황지우의 글은 특유의 '문학적' 발랄함을 동반하면서도 궁극적으로는 촘촘한 '논리적 그물로 짜여진 직물'의 형식을 갖춘, '말의 바른 의미에서의 시론'에 가깝고 그의 시론에 드러나는 논리적 균열은 의사소통의 가능 조건으로서의 공동체에 대한 상정에서 비롯되었다고 밝혔다.[12]

그리고 황지우는 황석영과의 대담에서 문학의 형식적 실험은 전형의 파괴와 파괴의 전형화로써 그러한 형식은 이미 내용 안에 있다고 했다. 또한 삶의 변혁을 바라는 것은 그것을

---

[12] 황지우는 〈시적인 것〉의 존재론적 지위로 대한 보증을, 칼 포퍼의 논의에서 많은 도움을 받았다. 그는 "포퍼의 '객관적인 정신'에 관한 문제틀 즉 물리적 대상이 자리하는 제1세계와 인간의 주관적인 의식이 자리하는 제2세계로부터 구별되는, 객관적인 의미에서의 아이디어들이 자리하는 제3세계에 관한 문제틀에서 찾을 수 있으리라 기대합니다. 특히 그의 『객관적 인식』 3, 4장 여기저기를 참조하고 있습니다."라고 하였다.(황지우, 「시적인 것」, 앞의 책, 219쪽)

담은 형식의 변혁을 말하는 것이고, 그 형식의 변혁은 '실험'이 아니라 '선택'으로서의 실존을 받아들이는 것이라고 했다. 이것은 문학의 당연한 명제처럼 보이지만, 시와 문학을 규정하는 어떤 본질적인 요소가 존재한다는 일반화에 대한 '이의제기'이기도 하다.

'시적인 것'은 도대체 무엇인가? 묻고 싶을 것이다. 그러나 그렇게 물으면 안 된다. 왜냐하면 아무도 그것을 '확정적 기술'에 의해 답할 수 없기 때문이다. 답이 없다고 나는 말하지 않았다. 그것은 모든 그때그때의 시 속에 있다. 다시 말해서 모든 시는 임재해 있는 '시적인 것'의 테를 그때그때 그리고 있다고 볼 수가 있다.

'시적인 것'은 그것을 받아들이는 이가 부여한 가치가 아니죠. 그것은 시 안에서든 밖에서든 발견되는 어떤 아이디어와 같은 것입니다. 중요한 것은 '시적인 것'을 우리가 인식하기 때문에 그것이 존재하는 것이 아니라 그것이 존재하기 때문에 우리가 인식한다는 데 있습니다(……) '시적인 것'은 주체에 대해 객관적으로 존재합니다. 그것은 실제로, 자율적으로 존재합니다.

그에 의하면 '시적인 것'은 시를 쓰는 순간순간 '시 속에' 다양한 방식으로 존재한다. 따라서 '시적인 것'은 정확히 정의할 수 없지만, '언제 어디서나' 존재하기 때문에 물음표나 벽보 그리고 신문의 '심인란尋人欄'이나 공소장 같이 현실의 다양한 곳에서 다양한 방식으로 나타날 수 있다는 것이다. 이렇게 '시적인 것'의 존재론적 지위나 가치를 문제 삼는 그의 논점은 사실상 시론이 도달할 수 있는 최대치이자 궁극의 물음이기도 하다.

또한 그는 시의 지시적 기능은 정치성으로부터 촉발되며, 그것으로부터 야기되는 시의 '새로운 기법'은 자유로움이 전제되는데 그것이 풍부할수록 현실을 더욱 면밀하게 보여줄 수 있다고 보았다. 정치적이고 미학적인 전략을 위한 '실험'과 '전위'는 브레히트의 '소격 효과'처럼 일상적이고 낯익은 것을 더욱 낯설게 함으로써 새로운 충격과 인식의 중요성을 일깨운다는 것이다.[13] 그러므로 익숙하고 당연한 사실들과 은폐된 현실을 더듬으며 그것을 '시'라는 낯선 형식으로 변모시키는 시적 방법론이 바로 '해체'로서의 '양식의 파괴'인 것이다.

---

[13] "내가 의도하는 것은 일상적인 것, 낯익은 것들을 낯설게 함으로써, 즉 당연하게 주어진 것으로 보이는 현실을 부호로 놓음으로써, 침묵에 싸인 현실의 끝을 더듬을 수 있게 한은 것이다. 나는 시를 쓰면서 나중에야 이것이 브레히트가 연극에서 시도했었던 '소격효과'와 유사하다는 것을 알았다"(황지우, 위의 책, 23쪽)

나는 시에서, 말하는 양식의 파괴와 파괴된 이 양식을 보여주는 새로운 효과의 창출을 통해 이 침묵에 접근하고 있다. 눈에 보이는 텍스트를 눈에 보이지 않는 콘텍스트 속에 잡아넣어 우리에게 낯익었던 것들, 이를테면 신문의 일기예보나 해외토픽, 비명碑銘, 전보, 연보年譜, 광고 문안, 공소장, 예비군 통지서 등 일상의 거의 모든 프로토콜들을 마치 처음 본 것처럼 아주 '낯설게' 느끼도록 하는 효과에 나는 치중한다. 이런 고리타분하고 지저분한 것들이 시 특유의 고상하고 고결하고 고요한 영역을 점유했을 때 독자들이 받아드리라고 기대되는 당혹감, 불쾌감을 나는 노리고 있다.

'파괴된 양식'은 기존 시의 문법을 해체하는 '새로운 효과'를 통해 일상 속의 은폐된 진실을 드러낸다. 시의 전위前衛적 맥락과 그 실천으로서의 형식의 파괴는 일종의 '운동'으로서 기존 예술의 관념과 형식에 대한 부정을 통해서 예술과 정신의 새로움을 그 목표로 한다. 그것은 예술의 자율성을 기조로 한 기존 모더니즘에서 나아가 예술과 삶 그리고 현실이 겹치는 자리에서 발견되는 '전위'와 '해체'의 본질로서 그 스스로가 또 다른 전통으로 자리하지 않는 것이기도 하다.

이러한 '시적인 것'을 위한 '파괴의 양식화'는 비非시적인 문법, 혼종적인 장면과 언술, 다른 시의 구절을 일상성과 병치하는 등의 해체를 통해 문학은 '범주'의 문제이자 '문학적인 것' 혹은 '시적인 것'으로의 전환적 문제와 관련시킨다. 그런 측면에서 가장 현저하게 드러나는 '해체'의 단면은 비시적인 것들을 텍스트 안으로 끌어들이는 것이다. 문학과 현실, 상상과 이데올로기, 좌절과 욕망의 간극과 긴장을 최대치로 뽑아냄으로써 시가 어떤 정형화된 관념이나 형식에서 벗어날 수 있기 때문이다. 그러므로 '시적인 것'은 '언제 어디서나 있다'는 말은 그것이 불능不能이 아닌 부정不定의 문제임을 의미한다. 시의 언어나 소재가 고상하고 조탁된 것 혹은 특별한 이데올로기를 담고 있지 않더라도, 관념이나 형식으로부터 동떨어진 것이 오히려 더 '시적인 것'일 수 있다는 것이다. 이처럼 시를 기존의 '시적인 것'에서 해방시키고 시를 '어떻게 쓸 것인가'와 관련 지은 방법론은 다양한 '형식적 실험'을 통해 드러난다.

예비군편성및훈련기피자일제자진신고기간
자: 83. 4. 1. …~ 지:83. 5. 31.

— 「벽」 전문

뉴욕, 흐림, 0℃, 레이건 국방비 증액
런던, 짙은 안개, 4~2℃, 무가베, 엔코모 비난

파리, 비, 미테랑 무기 판매 결정

본, 눈, -5℃, 波 계엄 위반자 14만 5천명

모스크바, 폭설,-5~-11℃, 행정 조직에 黨통제 중요

동경, 흐림, 11~5℃, 波 수천 명 검거

리오데자네이로, 폭우, 37~20℃, 美, 엘살바도르
파병 부인

－「그대의 표정 앞에」 부분

「벽」의 내용은 실재 벽에 붙은 공고문을 그대로 옮긴 것이다. 시적 주체는 예비군 공고문이 붙은 '벽' 앞에서 '불안감'을 느낀다. 그 '불안감'은 국가의 법을 위배하거나 거부해서는 안 된다는 것을 개인들이 스스로 인지하고 스스로 자신을 검열하고 감시함에서 비롯된 것이다. 무엇보다 훈련 기피자들에게 '자진신고'를 하게 함으로써 언제 어디서나 국민들을 감시하는 체제가 있다는 것을 인식시킨다. '예비군편성및훈련기피자일제자진신고기간'이라는 '벽'의 공고 내용이 그대로 '시'의 장소로 이동됨은 시를 '시적인 것'에서 개방시킴으로써 시쓰기의 내용과 형식에 대한 지평을 확장시킨다. 또한 공고문이 붙은 '벽'이 감시의 장소가 됨으로써 누구도 권력의 시선에서 자유로울수 없음을 암시하고 있다.

「그대의 표정 앞에」 역시 시에 차용된 일기예보나 해외 토

픽 기사들은 '시적인 것'과 '시'의 간극을 해체시킨다. 세계 각국의 도시 날씨들이 모두 흐리고 폭우나 폭설의 상황을 통해 무기 판매와 파병과 같은 당시 냉전과 독재 그리고 쿠데타로 어지러운 국내·외 정세를 주지시키고 있다. 황지우에게 문학과 시는 파편화된 세계와 현실의 부조리를 형상화하기 위해 기존 문법들과 과감하게 결별하고 '비시적인 것'을 끝없이 소환하여 미적 응전과 정치적 갱신을 그 목표로 한다는 점에서 '전위'와 '해체'적 의미를 동시에 지닌다.

> 나는 시를, 당대에 대한, 당대를 위한, 당대의 유언으로 쓴다./ 上記 진술은 너무 오만하다(   )/ 위풍 당당하다(   )/ 위험천만하다(   )/ 천진난만하다(   )/ 독자들은 (   )에 ○표를 쳐 주십시오./ 그러나 나는 위험스러운가(   )/ 과연 위험스러운가(   )에 ?표 !표를 분간 못 하겠습니다./ 不在의 혐의로 나는 늘 괴로워했습니다./ 당신은 나에게 감시당하고 있는가(   )/ 당신은 나를 감시하고 있는가(   )/ 독자들이여 오늘 이 땅의 시인은 어느 쪽인가(   )/ 어느 쪽이어야 하는가(   )/ ○표 해주시고 이 물음의 방식에도 양자택일해주십시오.
>
> —「도대체 시란 무엇인가」 부분

나의, 문학, 행위는 답이 아니라, 다, 속, 없는 질문이, 며, 덧, 없는, 의, 문이, 다, 끝, 없는 의혹이, 며 회의, 이며 ······끝없는의혹이며회의일까? (중략)

아버지, 어머니, 죄송합니다. 그 맨 가슴에다 못을 박습니다.

거 봐! 그러니까 내가 뭐래든.

이번 대형금융부정사건은 정부 고위층과 아무런 관련이 없다고 검찰총장이 발표한 이상, 이번 대형금융부3정사건은 정부 고위층과 아무런 관련이 없?

이런 부호 하나 찍을 줄 모르는 신문이 신문이냐? 관보냐?

뭐 말이 많아, 짜식들 말야! 조져! 무조건 먼저 조져놓구 보라구!

하하하하하하하하하하하하하하하하하하하하하하하하하하하하

- 「버라이어티 쇼, 1984」 부분

「도대체 시란 무엇인가」는 어쩌면 '시'라기보다 '설문'에 가까운 형식이다. 각 문장의 마지막 괄호는 독자로 하여금 그 문장의 의미에 대해 스스로 생각하고 답을 구하게 한다. 이러한 시의 형식은 이 문제에 대해 시인뿐 아니라 독자도 함께 고민하고 해결해나갈 것을 촉구한다. 또한 시의 한 행, 한 행은 실존적 물음으로 이어지고 이 물음을 통해 기존의 언어가 담지하지 못한 것을 모색하게 한다는 언급도 놓치지 않는다.

「버라이어티 쇼, 1984」에서는 다중 주체들의 저항적 목소리들을 다양하게 들려준다. 대부분 무의식에서 흘러나온 이들의 말은 현실에서 포착된 '시적인 것'에 대해 확신과 의혹을 되풀이한다. 물음표가 많은 것은 시는 '답이 아니라 질문'이며 그 '덧없는 의문'과 '끝없는 의혹' 사이에 있는 말들, 진정한 대화의 의미를 해체하고 서로 인과성을 가지지 못한 말들, 맥락이 끊어진 그런 말들이 곧 '시'이고 그것이 더 '시적인 것'임을 명시하고 있다.

황지우는 '어떻게 문학의 소통이 가능한가'라는 질문에 그것은 '존재하기 때문에 가능하다'고 답한다. 문학과 시가 소통되지 않는 현실에서 그것을 억압하는 사회적 현실에 저항하기 위해 또 그러한 시를 필요로 하는 사람들을 위해 시를 써야 한다는 것이 그가 추구하는 문학적 가치이다. 때문에 '문학은 징후이지 진단이 아니다' 라는 그의 말은 '시적인 것'이 실재적인 것이고, 그 실재적인 증상을 통해 현실로 귀환한다는 측면에서 '문학은 현실을 묘사하지, 처방하지 않는다'고 한 것이다.

환멸과 모순의 80년대를 온몸으로 헤쳐 나온 황지우는 자신만의 언어와 형식으로 그 시대를 기록했다. 진정한 의사소통을 방해하는 모순된 정치와 현실에 대한 시적 전략으로서의 알레고리적 해체는 이데올로기화된 기존 시형식에 대한 저항일 것이다. 인간에게 고통을 주는 모든 것들과 싸우는 투쟁의 장이 문학이고, 어떤 경우든 문학이 이 현실에 이미 참여되어 있다면 더욱이 그 현실이 고통으로 가득 차 있을 때, 시인은 상처받은 현실을 '시'로 증언해야 한다. 그런 측면에서 그것을 사회적 행동의 연장선상으로 이어 나간 것이 이 시기 황지우의 '시적인 것'의 진정한 의미이다. 또한 그것은 안과 밖의 경계가 흐려진 언어의 '비非장소성'을 통해 시를 쓰는 사람과 읽는 사람 모두가 함께 만들어 나가는 것이다.

삶과 죽음의 공존 혹은 경계, '광주'라는 애도의 헤테로크로니아

황지우 시에서 '광주'는 역사적 사건의 배경적 의미를 넘어 "화해할 수 없는 지상"의 어두운 시대를 상징하는 명제로써 네 번째 시집까지 지속되었던 화두였다. 한 인터뷰에서 그는 '광주'의 기억에서부터 자유롭지 못하며 그것에 대한 지속적인 의미 부여에 대한 중요성을 말했다.[14] 그가 끝까지 증언하고 싶었던

---

14   황지우는 5·18 광주민주항쟁 당시 광주의 참상을 알리는 데 참여했다는 이유로 많은 고문을 당했는데, 그 당시 자신의 상황을 다음과 같이 말했다. "1980년 5월, 광주의 참상은 계엄사의 보도 관제로 일절 알려지지 않았습니다. 다만 '공수부대가 여학생 유방을 도려내고 임산부의 배를 갈랐다는 오열의 악성 유언비어에 현혹되지 말라'는 계엄 당국의 역선전 속에서 그 참상의 실재성을 유추할 따름이

'광주'는 폭압적 권력이 극명하게 드러난 장소이자, 개인의 트라우마와 집단의 기억이 혼재하는 헤테로크로니아^{heterochronia}적 경험을 함축하고 있다.

'헤테로크로니아'는 '시간의 분할$^{découpages\ du\ temps}$'로서 유토피아 공간의 대칭적인 위치에 자리 잡은 공간이기도 하다. 특히 헤테로토피아가 전통적인 시간과 단절된 '다른 공간들'로 기능한다면, 헤테로크로니아는 서로 다른 시간성이 공존하는 공간이다. 즉 그것이 차별과 억압, 상실과 절망 등을 포괄한 고도로 응축된 헤테로토피아의 한 단면을 보여준다는 점에서 '광주'는 예술이 정치적 영역과 연결되어 있다고 본 랑시에르의 '미학적 헤테로토피아'와도 밀접하다.[15] 랑시에르는 이 사회에서 보이는

> 었습니다. 아, 너무나 원시적인 이 해부학적 비극이 우리의 '현대'였던 것입니다. …… 공포에 질려 침묵에 싸여 있는 서울의 한가운데 종로로 나는 유인물을 만들어 가지고 나갔습니다. 체포되었고, 계엄합동수사본부가 지휘하는 밀실에서 그해 여름 '지옥의 계절'을 보냈습니다. …… 이 지옥의 체험은 나의 고문의 체험을 말합니다. 고문은 그 수단이 아무리 단순한 것일지라도 사람의 뇌피질에 영원히 지워지지 않는 트라우마의 멍 자국을 남깁니다. 나는 지금도 머리 감다가 물이 코로 조금만 들어와도 숨이 헉 하고 멈춰버리고, 금방 그 지긋지긋한 고문실에 거꾸로 매달려 있는 자신에게로 돌아갑니다."(황지우, 「끔찍한 모더니티」, 『황지우 문학앨범』, 앞의 책, 157–158쪽)

[15] '미학적 헤테로토피아$^{Aesthetic\ Heterotopia}$'는 자크 랑시에르가 푸코의 헤테로토피아를 미학과 정치, 그리고 공간에 대해 재해석한 것이다. 그는 정치적 경험과 미적 경험이 어떻게 연결되는지를 기존의 미학에서 '자율성'을 의미하는 오토노미^{autonomy}와 '타율성'을 의미하는 헤테로노미^{heteronomy} 개념을 비판적으로 분석한다. 오토노미가 공동체 내부 구성원들만을 주체로 인정하고 외부의 타자를 배제하는 반면, 헤테로노미는 외부의 타자를 절대적인 타자로 규정하여 공동체 내부와

1987년 대선이 끝난 후 광주에서 칩거했던 황지우 시인이 광주의 문인들과 함께 한 어느 날. 왼쪽부터 곽재구, 황지우 시인, 임철우 소설가, 최하림 시인, 리명한 소설가.

것과 보이지 않는 것을 결정하는 권력의 구조를 분석하며 문학과 예술이 사회적 불평등과 권력을 드러내고 새로운 형태의 공동체를 구성하는 데 기여한다고 보았다. 말하자면 예술 작품이 과거, 현재, 미래의 시간성을 교차시키고 재구성함으로써 헤테로크로니아적인 경험을 가능하게 한다는 것이다.

그런 측면에서 '광주'로 상징되는 '5·18민주화운동'은 왜곡된 근대와 파시즘적 독재가 적나라하게 노출된 하나의 사건이었다. '광주'는 '이질적 시간' 속에서 국가 폭력의 참상을 고발하고 희생자들을 애도하는 동시에 삶과 죽음, 폭력과 저항, 절망

의 관계를 단절시킨다. 즉, 오토노미와 헤테로노미 모두 '감각의 분할', 즉 사회 구성원들이 세상을 보고 느끼고 행동하는 방식을 규정하는 틀을 고착화시켜 타자가 주체로 인정받을 가능성을 차단하는 것이다. 이러한 문제의식에서 랑시에르는 '미학적 헤테로토피아'를 통해 새로운 가능성을 제시한다. 그것은 공동체 내부의 자율성도, 외부의 타자에 의한 타율성도 아닌, '윤리적 분할'에 기반한다. 즉, 그것은 기존의 공동체에서 배제되었던 '몫 없는 이들'인 타자가 공동체 내부로 편입되어 주체로서 인정받고, 이를 통해 새로운 공동체적 경험이 가능해지는 공간이다.

과 희망의 양가적 속성이 공존한다. 그 때문에 그는 '광주'를 개인의 기억과 역사적 진실이 끊임없이 충돌하고 재구성되는 시적 공간으로 그려낸다. 즉 과거의 상처를 현재의 시점에서 재해석하며 시간의 흐름 속에서 변화하고 재구성되는 이러한 역동적 장소는 푸코가 헤테로토피아를 '시간의 축적'이 이루어지는 장소로 규정한 것과도 연결된다.

문학과 시는 '말할 수 없음'의 장소를 '말할 수 있음'의 장소로 옮겨놓는 일이라면 황지우에게 '광주'는 그 가능성과 잠재성을 함축하는 곳이다.[16] 그는 국가 이데올로기에 의해 절망하고 좌절된 당대를 〈오월의 신부〉 희곡을 통해 '재앙 속에 떨어진 인간의 모습'을 생생하게 구현했다. '해방! 한세상 물러가니 이렇게 좋을까?/ 해방! 그 세상에서 어떻게 살았는지 몰라!/ 해방! 그 세상 텅 비어 이렇게 좋을까?'에서 처럼 돌아갈 길이 없는 곳, 단 한 번뿐인 목숨의 마지노선을 넘어 찾은 그곳에서 그는 또 다른 '시적 혁명'을 꿈꾼 것은 아닐까. 그가 이처럼 오래도

---

16 권혁웅 또한 이러한 '광주'를 체계의 바깥에 있지만 언제나 그 체계 내부의 모든 요소들을 배열하는 강력한 알레고리의 핵심 요소라고 했다.(권혁웅, 「1980년대 시의 알레고리 연구 – '광주'의 시적 형상화를 중심으로」, 『한국근대문학연구』 19, 2009, 259쪽) 그리고 이기성은 황지우가 근대성을 폭력적으로 인식하게 된 원인을 "광주라는 원체험"과 "파시즘적 권력의 횡포"로 보고 이러한 지점은 비정상적인 육체의 묘사를 통해 선명하게 보여주고 있다고 진술했다.(이기성, 「수원水源을 향한 속인의 시쓰기 – 황지우론」, 『우리, 유쾌한 사전꾼들』, 소명출판, 2009)

록 매달린 '광주'는 필연적으로 터져 나왔던 민중의 욕망과 시인으로서의 증언의 윤리가 겹치는 '헤테로크로니아'이다. 균일한 동일성의 장에 이질적인 틈을 열어 놓는 혼종적 기억들은 이 시기 전후로 쓴 시들에서 생생한 현장성을 유지하고 있다.

> 발자국 소리, 자물쇠 속의 긴 낭하로/ 사람이 온다/ 사람이 무섭다// 자물쇠 콧속으로 흐린 山 물이/ 흘러 들어온다 腦膜에 아득하게/ 떠 있는 어린 시절 소금쟁이/ 물풀들, 물소리가/ 귓바퀴를 두어 바퀴/ 맴돌다 우뚝 멈추고/ 요구한다/ "말해!"/ 자물쇠의 食道를 타고 뜨겁게/ 다시 전화벨이 울린다/ 목구멍으로 꿀떡/ 시린 칼자루가 들어온다/ 칼에 꽂힌 채/ 묻는 말에 대답하기/ "우리가 사람이란 걸 그만둡시다"// 자물쇠 구멍으로 부는 聽覺的인 바람/ 느티나무잎들이 흔들린다 누가/ 멱살을 잡고 흔든다 가지가지에/ 양면종이들이 펄럭이고/ 마지막 한 잎이 손에서/ 지문을 앗아간다/ 잠들고 싶다/ "아 몸이 왜 있을까"// 밖에서 닫아 주는 문 소리, /발자국 소리, 자물쇠 속의 긴 낭하로/ 사람이 나간다/ 쓰러지면서/ 용서를 빌면서 비로소 파리/ 에게 말한다. "ONLY WAY TO FLY"
>
> ―「자물쇠 속의 긴 낭하」 전문

그때 거기서 나는 웃었다 거기서/ 이름을 대고 나이와 직업을 대고/ 꽝 내리치는 주먹/ 떨어지는 국화꽃잎 아래서/ 그때 거기서 나는 웃었다/ 컵의 물이 근엄한 近影에 튀었다/ 쓰레기통에서 자기 그림자를/ 파먹는 미친 개 같애/ 나는 속으로 생각했다/ 默示의 물 우에 꽃잎 몇 개가/ 혓바닥처럼 떠 있었다

　　　　　　　　　　　　　－「대답 없는 날들을 위하여 3」 전문

내 등짝에 들어있는 부서진 각목들
내 흉부에 들어온 무수한 정권들,
불붙은 곤봉, 뜨거운 워커발, 바께스 통,
욕설, 침, 피, 멍,
그 불빛, 불빛
김홍식, 너! 김진기, 너! 이민국이 너, 너!
벌거벗은 채 벽에 붙어 내가 너희를 부르던 날,
그날의 아픔은 묘사되지 않는다
야근하는 젊은 인턴이 아무리 청진기를 갖다대 봐도
그날의 아픔은 들리지 않는다
이 아픔 앞에서 나는 완전히 나뿐이다. 아픔 앞에서 내가 내가 아니다

　　　　　　　　　　　　　－「밤 병원」 부분

그는 1980년 5월 청량리역에서 광주항쟁을 알리는 유인물을 배포하다 계엄합동수사본부에 끌려가 심한 고문을 당했다. 거듭되는 고문 속에서 친구를 고발하는 허위자백까지 했는데, 그로 인해 친구 또한 그가 보는 앞에서 같은 고문을 당해야 했다. 이러한 고통은 "아 몸이 왜 있을까"라는 육체적 절망뿐 아니라 정신적 외상으로 이어진다. 당시 그는 모든 희망을 포기한 채 고문 기술자의 의도대로 '김대중 내란음모 사건' 가담자라고 말해야 했는데, 그때의 기억을 떠올리는 것을 '지옥으로 들어가는 문'과 같다고 했다.

시에서 고문으로 의식이 혼미한 '나'는 가물가물한 어린 시절의 기억으로 환상 공간을 만들어낸다. '자물쇠'에 갇혀 제대로 보거나 인식할 수 없어 타자의 얼굴을 혼동하기도 한다. "말해"라고 강압적으로 요구하는 폭력 앞에서는 거짓도 진실이 되기에 결국 "우리가 사람이란 걸 그만둡시다"라고 일축한다. 이러한 고문의 모습들은 시의 표면에 드러나기도 하지만 자물쇠의 안을 들여다보는 것처럼 숨겨져 있거나 상상을 통해 드러나기도 한다. 폭력과 공포의 취조실에서 물 위에 떨어진 "꽃잎"처럼 힘없이 치욕을 겪는 주체는 "꽝 내리치는 주먹" 앞에 끝내 무너져버리고 만다. "쓰레기통에서 자기 그림자를/ 파먹는 미친 개 같은" 자신의 모습에 대한 수치심이 오랜 고통이 된 것이다.

"이 지옥의 체험은 나에게 고문의 체험을 말합니다. 고문은 그 수단이 아무리 단순한 것일지라도 고문당한 사람의 뇌피질에 영원히 지워지지 않는 트라우마의 멍자국을 남깁니다. 나는 지금도 머리 감다가 물이 코로 조금만 들어와도 숨이 헉 하고 멈춰버리고, 금방 그 지긋지긋한 고문실에 매달려 있는 자신에게로 돌아갑니다."

어제 나는 내 귀에 말뚝을 박고 돌아왔다
오늘 나는 내 눈에 철조망을 치고 붕대로 감아 버렸다

내일 나는 내 입에 흙을
한 삽 처넣고 솜으로 막는다

날이면 날마다
밤이면 밤마다
나는 나의 일부를 파묻는다
나의 증거 인멸을 위해
나의 살아 있음을 위해

―「그날그날의 현장 검증」 전문

황지우는 80년 5월 당시를 "자국의 군대가 인류 보편의 권리인 민주주의를 요구하는 자국의 국민을 무참하게 깔아뭉개버린 우리의 현대 그러나 많은 시인, 작가들이 총을 들고 달려갔던 에스파냐 내전 때와는 달리 광주는 고립되어 있었습니다"[17]라고 진술했다. '불 속에서 울부짖는' 참혹한 경험으로 '사람이란 걸 그만두려는' 충동을 느꼈고, 자신을 고문했던 세상은 여전히 광고와 TV 연속극에서 그 화려함을 자랑하며 그를 이중 고문한다. 그러므로 "살아 있음"을 위해 행하는 자신의 모든 모습들이 비루하고 엽기적이기에 "내 입에 흙을/ 한 삽 쳐넣고 솜으로 막"으며 스스로를 "생매장"시킬 수밖에 없다. 또한 "증거 인멸"이라는 알레고리적 언술을 통해 폭압적인 권력의 두려움 앞에 자신의 몸을 숨기는 스스로의 비열함 또한 놓치지 않는다.

이때 80년대 문학의 진정성이 5월 '광주'에 대한 기억과 그것을 애도하는 방식과 긴밀하게 연관된다면 황지우의 초기 시는 '광주'의 미해결 문제에 대한 책임론이 정치성과 역사성의 상실이라는 문제로 확장된다. 즉 '살아 남은 자의 슬픔'은 스스로가 무사히 살아남았다는 수치와 슬픔에서 나아가 그 생존이 부끄러움으로 감응될 때 이 시대의 문학의 진정성이 확보된다는 것이다. 또한 그것에 대한 부채감과 윤리적 책무, 지속적인 애도를 통한 문제 의식이 바로 '애도의 헤테로크로니아'로 귀결되는 것이다.

한나 아렌트는 우리 인간이 '망각'의 위험에 처해 있고 그

---

[17] 황지우, 『황지우 문학앨범』, 앞의 책, 157쪽.

'망각'은 '인간의 실존적 깊이'라는 박탈을 의미한다고 했다. 그런 점에서 '기억'과 '인간의 실존적 깊이'는 동일한 것이고, '망각한다'는 것은 존재의 실존적 깊이를 상실하는 것이다. 즉 '광주'라는 역사적 트라우마 속에서 그는 과감하게 기존의 시적 질서를 뛰어넘으며 '말하지 않는 것', '말할 수 없는' 것을 형식적 실험을 통해 끊임없이 드러낸다.

산

절망의 산

대가리를 밀어버

린, 민둥산, 벌거숭이산

분노의산, 사랑의산, 침묵의

산, 함성의산, 증인의산, 죽음의산

부활의산, 영생하는산, 생의산, 희생의

산, 숨가쁜산, 치밀어오르는산, 갈망하는

산, 꿈꾸는산, 꿈의산, 그러나 현실의산, 피의산,

피투성이산, 종교적인산, 아앙너무나너무나 폭발적인

산, 힘든산, 힘센산, 일어나는산, 눈뜬산, 눈뜨는산, 새벽

의산, 희망의산, 모두모두절정을이루는평등의산, 평등한산, 대

지의산, 우리를감싸주는, 격하게, 넉넉하게,

우리를감싸주는어머니

−「無等」전문

─「묵념 5분 27초」전문

관 번호 104: 실현 불가능한 이 증오가 실현 가능한 사랑이 될 때까지
검시 번호 A-13: 그 비가시적 사랑이 비로소 가시적 부활이 될 때까지
묘지 번호 115: 이름 없는 그대여
이름 없는 그대여 이름 없는 그대여
(중략)
이름 없는 그대여 이름 없는 그대여
이름 없는 그대여 이름 없는 그대여

─「호명」부분

「무등」은 활자들을 삼각형으로 배치하여 무등산의 형상을 시각적으로 표현하고 있다. 시행이 점층적 확장됨에 따라 무등산의 의미 또한 확장되고 변화된다. 단순한 미적 효과를 넘어 무등산이 지닌 역사적 의미와 민중의 삶의 모습을 상징적으로 드

러낸다. 절망과 죽음의 공간에서 희망과 포용의 공간으로 변모하는 무등산은 5월 광주의 아픔과 민중의 끈질긴 투쟁 그리고 궁극적인 승리에 대한 믿음을 말없이 품고 있다. 시각적 효과와 함축적인 언어를 통해 '무등산'을 '역사의 증인'으로 바라본다.

「묵념 5분 27초」는 공백으로 이루어진 시이다. 제목인 '5분 27초'는 '5월 27일'을 의미하는데, 이날은 광주 전남도청과 시내에 있었던 시민 항쟁이 군부정권에 의해 무력으로 진압된 날이기도 하다. 곳곳에 죽음이 넘쳐나고 살아남은 자들은 죄책감과 수치심 사이에서 '침묵'을 되풀이할 수밖에 없었다. 수많은 죽음 앞에서는 어떤 말로도 위로가 되지 않기에 그들의 모든 일상이 흔들린다. 그러므로 그날, 수많은 죽음에 대한 '묵념'은 시대의 폭압에 대한 저항적 발화이다. 그 죽음 앞에서는 어떤 말도 할 수 없기에 공백적 언어로서의 '침묵'은 '말하지 않음'으로써 '말해야 함'을 역설적으로 보여주고 있다.

「호명」은 광주민주화운동에서 희생한 이들에 대한 신원 확인이 불가능하여 그들의 묘지에 이름 대신 일련번호를 붙인 것에 대해 결국 그들이 이름 없는 존재로 남을 수밖에 없음을 상기시킨다. '이름 없는 그대'를 반복적으로 부르는 것은 상실된 대상을 잊지 않으려는 다짐이다. 시간과 함께 역사 속으로 사라지는 이들, 잊히는 이들을 기억하고 호명함으로써 실현 불가능한 증오를 사랑으로 전환하고자 함이다.

황지우는 적어도 1980년대 문학과 시가 공동체의 가치와 지향점으로 재탄생하기 위해서는 과거와 현재의 기억들이 혼재하는 '광주'가 역사적인 실증의 공간이 되어야 한다고 보았다. 결국 그것이 어떠한 잔여도 남아있지 않은 '亡國'의 현실에서 과거와 현재, 삶과 죽음 그리고 기억과 망각의 경계로서 '애도적 헤테로크로니아'가 부각되는 이유이다. 세계의 결핍과 시대의 모순 속으로 직접 뛰어드는 것이 이 시기 그가 선택한 시인으로서의 윤리적 책무였다면 역사적 기억과 망각, 이데올로기의 모순이 얽혀있는 혼종적 시간의 장소는 현실 너머의 또 다른 세계와 장소로 그 지평을 확장해 나간다.

**부재의 유토피아,
'솔섬'과 '율도국'이라는 영원성의 헤테로토피아**

시대 현실에 대한 환멸과 부정은 시인으로 하여금 삶을 재구성하며 이곳이 아닌 대체적 장소를 모색하게 한다. 무엇보다 황지우는 1980년대라는 시대를 헤쳐 나가며 현실이 고통스럽더라도 삶이 현실을 떠나서는 성립될 수 없다는 것을 인식하게 된다. 그런 측면에서 '솔섬'은 그의 할아버지와 아버지의 고향이자 그의 시적 원형으로서의 장소이기도 하다. 즉 현실적 좌절과 결핍으로부터 떠남과 돌아옴의 장소이자 상처를 치유하는 곳으로 시간의 단절과 축적, 과거와 현재가 공존하는 영원성의 헤테로토피아이다.

이-푸 투안은 이런 '고향'을 가리켜 '깊숙하면서도 고요한 애착의 장소'로서 '세상의 중심'이라고 했다.[18] 그러므로 '고향'은 존재가 태어나고 자란 지리적 장소라는 일차적인 의미 외에도 개인의 정서와 내밀한 체험 그리고 한 인간의 정서적 근원이 되는 장소로 시인에게는 작품 창조의 모태가 된다. 이처럼 '솔섬'이 단순한 지리적 공간을 넘어, 시인의 내면과 외부 현실이 교차하는 상징적인 장소라면 그곳은 가난과 죽음, 이별 등의 현실적 고통에서 벗어나 시인의 정체성과 뿌리를 확인할 수 있는 원형적 의미가 부여되기 때문이다.

朔望이 불어왔습니다. 그러나 바람 속은 저의 死後처럼 더 이상 바람 소리가 나지 않고 木船들이 빈 채로 돌아왔습니다. 해초 냄새를 피하여 새들이 저의 무릎에서 뭍으로 날아갔습니다. 물가 사람들은 머리띠의 흰 천을 따라 內地로 가고 여인들은 還生을 위해 저 雨期의

---

[18] 이-푸 투안, 『공간과 장소』, 윤영호·김미선 옮김, 사이, 2021, 78–81쪽.

靑苔밭 넘어 재방삼천 흰 떡을 던졌습니다. 저는 괴뢰하는 바다의 內心으로 내려가 땅에 붙어 괴로워하는 모든 물풀들을 뜯어 올렸습니다.

내륙에 어느 나라가 망하고 그 대신 자욱한 앞바다에 때아닌 배추꽃이 떠올랐습니다. 먼 훗날 제가 그물을 내린 子宮에서 燐光의 항아리를 거져올 사람을 누구일까요

- 「沿革」 일부

그의 등단작이기도 한 이 시의 주된 장소인 '솔섬'은 유년의 기억이 닿아 있는 곳으로 현실적 삶의 터전이다. 시에는 빈 목선이 돌아오는 황량한 바닷가와 언제나 "내지內地"로 떠나려는 사람들, 죽은 누군가의 환생을 기원하는 여인들의 모습 등 솔섬이 지닌 상실과 고통의 기억들로 가득하다. 특히 "내지"는 가난한 일가의 삶을 뿔뿔이 해체시키고, 평온한 '솔섬'을 파괴하는 '섬' 바깥의 또 다른 세계이다. "나"는 언제나 그곳으로 탈출하려는 갈망을 포기하지 못하고 그런 나를 붙들고 있는 어머니와 그 경계의 어디쯤에서 살고 있다. 바다로 떠났던 "木船"이 "빈 채로 돌아오"는 광경은 그런 결핍에 대한 상실의 이미지이지만, 바다로 그물을 던지는 것은 이와 대조적으로 탄생과 환생의 의미이다. 다시 말해 '솔섬'은 현실에 존재하지만 존재하지 않는

곳이며 언제나 기다림의 장소이다. 이런 '기다림'이 어떤 대척점으로 이어지거나 마주 봄을 전제로 한다면 '물가에 앉은 사람들'은 죽음 속에서 삶을 발견하고, 실재와 비실재가 혼재된 이미지들 속에서 존재하지 않는 유토피아의 한 단면을 보기도 한다. 그러므로 '솔섬'을 기억하고 또 그곳으로 가려고 하는 것은 현실에서 벗어나 영원성의 헤테로토피아로 되돌아가려는 일종의 제의적 의식이기도 하다. 역사의 기억과 산업화로 훼손된 삶의 터전을 떠나 자연과의 합일 통해 잃어버린 가치들을 되찾고자 한다. 그리하여 가족의 가난과 죽음을 기억하는 장소는 자신의 뿌리가 있는 "연혁"의 장소로 남을 수밖에 없다.

"집은 어디 간다요?"
"어란."
"어란 어디?"
"솔섬."
"거기 누구 있고?"
"아냐, 아무도 살지 않아."

— 「233」 부분

눈 받는 어란항.
솔섬은 보이지 않는다.

솔섬은 없다.
선창에 밧줄을 대고 저만치 떠 있는 빈 木船들,
흰 상여들.

이 明堂에 묻히고 싶다.

-「234」 전문

    자신의 집이 어디냐고 묻는 이에게 시적 주체는 "솔섬"이라고 말하지만 이내 그곳엔 아무도 없다고 답한다. '섬'이라는 공간은 대개 '내지'를 떠나 배를 타고 바다를 건너야 하는 장소이다. 그 '섬'은 육체적, 물질적 세계를 떠나 "바다"라는 통과 의례적 장소를 건너 도착하는 곳이다. 그러한 "솔섬"은 오래전 할아버지와 아버지를 묻은(「旅程」) 곳이기에 '나' 또한 그 "明堂"에 묻히고 싶다는 발언에서 시원에 대한 그리움을 엿볼 수 있다. 이처럼 절망적 현실의 장소에서 벗어날 수도 그곳에 안착할 수도 없는 시적 주체는 불안하고 허무한 현실 어디쯤에서 언제나 '솔섬'을 그린다. 그것은 현실적 불안이 틈입할 수 없는 온전한 안식처이자 원형적 장소로의 재귀에 대한 염원을 포기하지 않음을 의미한다.

    날개를 접으며 나는,/ 새벽 바다는 향해// 날고 싶

은 아침 나라로/ 머리를 눕혔다/ 日出을 몇 시간 앞둔 높은 窓을 향해

—「飛火하는 불새」부분

　독수리 밤이 되기 위해 끌려가는 지아비, 제 새끼들/ 무엇을 지켰고, 이제 무엇이 남았는지.
　흙으로 빚은 성곽, 다시 흙이 되어/ 내 손바닥에 서까래 한 줌./ 잃어버린 나라, 누란을 지나
　나는 사막을 건너간다/ 나는 이미 보아버렸으므로/ 낙타야, 어서 가자./ 바람이, 바다 같다, 길을 모두 지워 놨구나.

—「126」부분

　율도국에 가고 싶다/ 내 흉곽의 江岸을 깎는/ 波瀾萬丈/ 물결 하나가/ 수만 겹의 물결을 데리고 와서/ 나의 애간장 다 녹이는/ 조이고 쪼이는/ 내 몸뚱어리 빨래가 되고/ 오 빨래처럼/ 屍身으로 떠내려가도/ 저 율도국으로 흘러가고 싶다

—「파란만장」전문

현실에 연연해하지 않고 '이 지상의 가장 靜寂한 땅', 그 탈속의 공간에 대한 열망이 「비화하는 불새」와 「126」에서 잘 드러난

다. 현실의 부정성이 '다른 장소'의 모색으로 드러난다면, 이것은 "날개를 접"을 수밖에 없는 현실적 제약과 '날고 싶은 아침 나라'의 이상적 공간의 대비를 통해 더 선명하게 부각된다. "日出을 몇 시간 앞둔 높은 窓"은 다가올 미래, 즉 새로운 시작과 희망을 상징한다면 "날고 싶은"과 "높은 창"이라는 상승 이미지는 현실의 한계를 넘어서는 초월적 욕망을 표출한다. 또한 "독수리 밤", "흙으로 빚은 성곽", "잃어버린 나라" 등은 과거의 역사적 상처와 억압을 상징하는 데 시적 주체는 이를 극복하고 새로운 미래를 향해 나아가고자 한다. "길이 모두 지워"졌다는 것은 역설적으로 과거의 상처를 잊고 앞으로 나아가려는 의지이기도 하다.

그러므로 「파란만장」에서는 "율도국"이라는 영원성의 헤테로토피아적 특징이 여러 국면으로 드러난다. 시의 초반부는 "흉곽의 강안을 깎는 파란만장한" 시적 주체의 육체적, 정신적 고통을 통해 암울한 시대 상황과 억압적인 현실의 '파란'이 물결치는 어수선한 상황을 보여주고 있다. 이것은 시인이 의도한 어지러운 세상의 알레고리적 표현이기도 하다. 이와 대조적으로 "율도국"은 시적 주체가 갈망하는 장소로 현실의 고통을 벗어나 자유와 평화를 찾을 수 있는 해방의 공간이다. 하지만, 이 "율도국"은 죽음을 통해 도달할 수 있는 공간으로 제시됨으로써 현실의 부조리함을 역설적으로 강조한다. 자신의 몸이 "屍身이 되어 떠내려"가는 극단적인 상황에서도 그곳에 도달하고자 하는

"나"는 죽음마저 초월하려는 의지를 보인다. 이것은 "율도국"이 단순한 현실 도피처를 넘어 원형적 안식과 해방을 상징하는 영원성의 공간임을 암시한다.

'솔섬'과 '율도국'은 단순한 지명 이상으로 현실에서 벗어난 존재의 시원이자 영원성을 향한 시인의 열망과 안식처로서의 원형적 장소이다. 또한 피폐한 현실에 대한 반反공간인 동시에 존재의 완전한 안식처로서 재귀의 장소적 역할을 한다. 이러한 공간들은 현실에 존재하지만 동시에 현실에 존재하지 않는 공간을 통해 억압적 시대의 한계를 넘으려는 영원성의 특징을 잘 보여주고 있다.

*

황지우는 1980년대라는 격동의 시대 한가운데서 부조리한 현실을 차라리 '亡國조차 아름답다'고 선언하며 해체와 전복의 헤테로토피아적 시적 전략을 고수하였다. 시는 결여된 존재로서의 타자와 그 존재들의 공백을 발견하는 것이며, 나아가 현실과 자기의식의 모순적인 충돌 속에서 언어의 한계와 가능성을 동시에 탐구하는 것이라고 한 그는 역사적 트라우마와 공동체적 죽음과 같은 환멸적 세계 속으로 끊임없이 걸어 들어갔다. 언어의 '비장소성'와 '광주', '솔섬과 율도국'은 이분법적 논리에서 벗어나 시대의 폭압적 현실을 체현하는 '이질적 장소'로서, 지배 질서에 저항하는 이질적 양상이 잘 드러내고 있다.

시대적 증상에 대한 응답이자 미학적 방법론으로서 '시적인 것'은 알레고리적 해체를 통해 주체와 세계의 모순적 현실을 면밀하게 드러내고 있었다. 그가 자신의 시를 스스로 '형태 파괴'라 명명한 것 또한 단순히 시의 형식적 파괴만을 의미하는 것이 아니라, 그것을 통해 기존의 형식과 질서를 재구성하고 세계를 갱신하려는 시적 인식이었다. 일상적 텍스트와 기존 문법의 해체를 통한 '비장소'로서의 헤테로토피아는 알레고리적 해체를 통해 와해된 언어와 통사적 질서 너머, '시적인 것'의 의미를 새롭게 갱신해 나가는 것이었다.

또한 삶과 죽음의 공존 혹은 경계로서의 '광주'는 국가 권력이 관통했던 곳이었다. 시대적 폭력의 참상과 그에 대한 저항으로서 개인의 트라우마와 집단의 기억이 혼재하는 '광주'는 폭력과 저항, 절망과 희망으로부터 결여된 존재들의 공백을 발견하는 '애도의 헤테로크로니아'였다. 황지우는 '광주'라는 큰 역사적 트라우마를 견디기 위해 그곳이 안고 있는 수많은 이질적 기억을 시적으로 형상화하였다. '5·18'과 근접한 시기에 쓴 많은 시에서 그 현장의 체험들이 생생하게 그려지는데 이것은 '말하지 않는 것'과 '말할 수 없는' 것에 대한 형식적 실험이자 윤리적 책무였다.

'솔섬'과 '율도국'은 억압적이고 피폐한 현실에서 벗어나 시와 존재의 시원을 추구하는 영원성의 장소였다. 감시와 폭력의 현실에 대한 환멸과 부정은 시인으로 하여금 지금 이곳이 아닌 새로운 장소를 모색하게 하는데 그곳은 현실의 유한성에 대한 초월적 의지가 투영된 장소였다. 단순한 현실의 도피처를 넘어 해방과 영원성을 향한 열망과 피폐한 현실에 대한 반反공간으로 존재의 완전한 안식처이자 재귀적 장소로 억압적 시대의 한계를 넘으려는 영원성의 헤테로토피아적 특징을 잘 보여주었다.

　살핀 것처럼 황지우가 1980년대 환멸적 현실에 대한 문학의 대항 담론으로서 이질적 장소의 경험을 끊임없이 시에 호출한 것은 자기 검열의 반복적인 수행이자 어떤 경계에서 발생하는 시대의 윤리가 그 근간이 되었기 때문이다. 이러한 '이질적 장소'는 기존의 상징적 질서의 '금지선'을 넘어서는 '역동적 장소'로서 획일성과 억압에 저항하고 다양성을 추구하는 헤테로토피아적 사유에서 비롯되었다. 그의 시에 드러나는 이질적 장소들은 이데올로기적인 국가 공동체에 저항하는 실존 의식이자 동일성의 장에 끊임없이 이질적인 틈을 만드는 시적 전략으로 이 시기 황지우 시의 지향점이며, 그의 시세계가 도저한 해체와 형식적 실험에만 갇히지 않았다는 근거이기도 하다.

　무엇보다 그의 헤테로토피아에 관한 장소성 연구는 80년대 그의 시가 가지는 서술과 해체시의 특징을 포스트모더니즘이나 탈구조주의적 관점에서 다루는 기존 논의에서 나아가 그의 시가 가지는 미학적 특징을 새롭게 접근하는 방법이 될 것이다. 또한 그의 시를 미학과 정치 그리고 장소와 연계하여 해석할 수 있으며 무엇보다 90년대 이후 우리 문단에 대두된 '도시시'에 나타난 이질적 장소의 특징을 해명할 수 있는 근거가 될 것으로 본다.

"나는 지금도 머리 감다가 물이 코로 조금만 들어와도 숨이 흑 하고 멈춰 버리고/ 금방 그 지긋지긋한 고문실에 거꾸로 매달려 있는 자신에게로 돌아갑니다"

– 「끔찍한 모더니티」 부분

"아무도 사랑해 본 적이 없다는 거/ 언제 다시 올지 모를 이 세상을 지나가며/ 내 뼈아픈 후회는 바로 그거다"

– 「뼈 아픈 후회」 부분

나무는 자기 몸으로
나무이다
자기 온몸으로 나무는 나무가 된다
(중략)
두 손을 올리고 벌 받는 자세로 서서
아 벌 받은 몸으로, 벌 받는 목숨으로 기립하여
　　　　－「겨울-나무로부터 봄-나무에게로」 부분

5부

경계를 가로지르는 이질적 공간
: 1990년대 이후 포스트 모던과 탈중심의 헤테로토피아

비-장소는 통과하는 공간이다.
그곳에는 머무름의 흔적보다 스쳐 지나감의 익숙함만이 존재한다.

— 마르크 오제, 『비장소』

포스트 모던과 경계를 가로지르는 탈脫장소들, 1990년대 현대시의 헤테로토피아

　　1990년 전후의 동구권 사회주의 붕괴는 근대적 거대 담론이 더 이상 자본주의의 현실적인 대안이 되지 못함을 보여주었다. 이러한 전환은 인간을 이해하고 설명하는 근본적인 방식에서의 변화 즉 근대modern에서 탈근대post-modern로의 전환을 의미한다. 이 시기 한국 사회는 혼란과 상실의 시대였으며 박정희-전두환 군사 정권의 몰락과 사회주의 진영의 붕괴로 인해, 전통적 리얼리즘 현상들이 쇠퇴하였다. 이에 따라 기존의 현실 검증이나 계몽적 메시지 대신 개인의 내면적 고뇌와 불안, 그리고 사회적 혼란 속에서 끊임없이 변화하는 개인들의 모습이 부각되었다. 이와 같은 급변의 흐름은 세계화의 물결과 함께 군사 정권의 퇴진과 민주화의 진전이 맞물리면서 사회 전반에 기존 가치관과 질서가 흔들리고, 새로운 가능성과 불안감이 교차하는 분위기를 조성했다.

이와 같은 사회적 변화는 현대시의 양상에 크게 영향을 미쳤다. 이광호는 정치적 상상력이 약화된 가운데 정보 사회, 자본주의적 일상, 문화산업의 팽창 등 새로운 변화를 맞이하며 1990년대라는 시대적 맥락 속에서 시인들 역시 새로운 미학적 정체성을 탐구해야 했다고 보았다. 그 때문에 도시적 감수성을 보여주는 시, 서정시의 전통을 현대화한 시, 민중시의 전통을 이어가는 시와 더불어 여성시의 문학적 성장을 1990년대 가장 큰 특징으로 꼽았다.

즉 이것은 현대시가 전반적으로 탈이념화와 개인의 내면 탐구에 집중하게 되었음을 의미한다. 80년대까지 한국 사회를 지배했던 이념의 대립은 이 시기에 들어서면서 점차 완화되었다. 냉전 종식과 민주화 이후 분위기는 이념적 갈등보다는 개인의 자유와 다양성을 중시하는 방향으로 변화되었다. 이러한 탈이념화의 경향은 1980년대 강렬했던 민중시의 영향력이 약화되고 개인의 내면세계와 일상생활에 관한 관심이 높아졌음을 의미한다. 무엇보다 포스트모더니즘의 영향으로 기존의 틀을 깨고 새로운 것을 창조하려는 실험 정신이 예술 전반에 확산되었다. 시와 소설, 수필 등 장르 간의 경계가 허물어지며 문학의 다양한 형식적 실험이 시도되었다. 무엇보다 여성의 사회 참여가 확대되고 여성 인권에 대한 관심이 높아지면서 페미니즘 담론이 활발하게 전개되었다. 이에 여성 시인들의 활동이 두드러졌으며 여성의 경험과 시각을 담은 작품들이 대거 등장하였다. 또한 급격한 산업화와 도시화로 환경 문제가 심각하게 부각되었다. 이에 생태계 파괴에 대한 반성과 생명 존중 의식이 확산되며, 자연과 인간의 조화로운 공존을 추구하는 생태주의 담론이 대두되었다. 이렇듯 1990년대의 현대시는 복잡성과 다양성의 시대였을 뿐만 아니라, '이후'의 시대라는 언표 아래서 '혼란'과 '상실'의 시대를 겪으며 새로운 전환점을 맞이하였다.

> 1990년대 시의 흐름은, 비유하자면, '강江'과 같은 지속성 또는 순리順理의 표상으로 나타나지 않는다. 그것은 오히려 '역류'나 '혼류' 또는 수많은 지류 같은 불확실성투성이의 형상을 내장하였고, 나아가서는 수많은 흐름이 한데 모여 흐름 자체가 소멸되어 버린 '소용돌이'로 비유될 수 있다. 이는 전대前代의 시를 발전적으로 계승하여 우리 시의 난숙기爛熟期를 이루었던 1930년대나 1970년대와는 전혀 다른, 1990년대만의 독자적인 특성으로 손꼽힐 만하다. 이 점에서 1990년대는 어떤

절정의 시대를 지난 뒤의 정체성 재구축에 임한 일종의 '이후以後'의 시대라 할 만하다.[1]

이 시기 시의 흐름은 '역류'와 '혼류' 또는 수많은 지류와 같은 불확실성의 '소용돌이' 속에 있었다. 그러므로 절정의 시대를 지난 뒤에 정체성을 재구축하기 위한 '이후以後의 시대'는 90년이라는 시대적 상황을 잘 함축하고 있다. 당대 시인들이 겪은 '혼란'과 '상실'은 환멸, 공황, 고독, 불안 등으로 드러나며 이는 곧 죽음, 우울, 불행 등의 징후로 표현되었다. 따라서 이 시기 시인들이 현실을 어떠한 방식으로 대응하고 수용하며 극복하였는지는 중요한 부분이다. 여기서 '어떠한 방식'이라는 것은 시인마다 '나'의 '혼란'과 '상실'을 수용하고 극복하는 방식이 다르기 때문에, 여러 시적 방법론의 양태를 톺아보아야 할 것이다.

하지만 이러한 변화는 시적 표현의 다양성과 자유로움을 확장시켰음은 분명하다. 90년대 후반부터 인터넷과 스마트폰의 보급으로 인한 정보화 사회, 가속화되는 세계화, 신자유주의의 심화 등은 2000년대 이후 시인들에게 새로운 감수성과 소재를 제공했다. 이에 도시문명 생활로부터의 신서정 시들이 등장하

---

[1] 유성호, 「탈냉전의 시기(1990-2000)」, 오세영 외, 『한국 현대시사』, 민음사, 2007, 590쪽.

였고, 시의 실재와 가상의 공간이 모호해지기 시작했으며, 무엇보다 '미래파'로 불리는 시인들이 등장하였다.

특히, 1990년대를 페미니즘 리부트 이후 대체로 여성 문학의 근기원으로 두는 데 기반하여 이 시기 김혜순, 김언희 그리고 이원의 시에는 '몸'이라는 헤테로토피아 양상들이 뚜렷하게 드러난다. 권력의 역학관계와 젠더 불평등이 재현되는 대표적인 장소가 여성의 '몸'이라면 이들은 이에 저항하는 시적 전략이자 미학적 실천으로 '반反장소'로서의 여성의 '몸'을 알레고리화 하였다. 김혜순 시의 '몸'은 무한대의 '프랙탈'처럼 내 안에 새겨진 누군가의 기억과 경험을 끝없는 '이야기'로 생성하는 '코라chora'의 몸이 등장한다. 그리고 김언희 시에 드러나는 '금기'에 저항하고 억압을 전복하는 '위반'의 몸은 가부장적 사회의 상징질서에서 이상화된 여성상을 전도하며 남성적 질서공간을 전복한다. 또한 이원 시의 '전자 사막'이라는 가상 공간을 살아가는 '사이보그의 몸'은 기존의 이원론적 질서를 해체하고 현실의 물리적인 장소를 넘어 언제 어디서든 새롭게 태어나며 나이와 성별, 인종 그리고 인간과 비인간 사이의 새로운 연대를 부각시켰다. 세 시인의 시에 드러나는 헤테로토피아로서의 '몸'은 여성의 경험적 실존으로 남성 중심적 질서에 저항하는 이소성의 장소로서 성적 경계를 뛰어넘는 '저항'과 '해방'의 공간 위상학이다. 또한 여성의 몸을 타자화하거나 게토화하려는 기존 공간 질서에서 나아가 타자와 공존하는 새로운 담론의 장소이자 시대와 상황에 따라 다양한 형식으로 변화하는 가능성의 장소로 열어놓기 위함이었다.

또한 기형도의 원체험에서 비롯되는 비가시적이고 폐쇄적인 공간 인식은 '절망과 희망의 교차점'으로서 '안개'라는 알레고리적 장소를 형상화한다. '안개'는 헤테로크로니아적 시간과 타자들이 부유浮遊하는 장소로서 거대 권력과 자본에 의해 획일화된 세계에 대한 저항으로서 이질적인 정동들이 움직이는 장소이다. 그곳은 뿔뿔이 흩어진 개인의 익명적 삶을 지배하며 그 속에서 벌어지는 폭력성을 노출하는 탈영토화의 장소이다. 또한 유토피아의 부재와 복합적 정동이 혼재하는 '사이 공간'으로 거리와 정류장, 빈방과 같은 장소는 자신을 응시하고 타인과 관계를 맺음으로써 불안과 우울과 같은 '정동'이 야기되는 이소성의 장소이다. 특히 '빈 장소'들의 '비어있음'은 주체들의 고통과 회환, 미련과 슬픔 그리고 기다림 등의 혼종적 정동이 결합되고 충돌하는 역동적인 공간으로 개인의 기억뿐 아니라 복잡한 시대 정서를 구축한다. 이처럼 기형도 시에서 현실의 유토피아로서의 장소들은 출구가 없는 미로처럼 '장소 바깥에 있는 장소'이자 '뿌리 내릴 수 없는 장소'로써 무한 반복되는 길 위에 있다. 기억과 환상이 교차하는 '자기 은신처'로서의 이러한 장소들에는 대체로 낙관적인 전망보다는 불안이나 우울과 같은 부정적 정동이 부각된다. 어쩌면 그것은 '유한'을 사는 인간이 겪는 '무한'한 헤맴 속의 감정들로 사라진 것들, 억압된 것들 그리고 추방된 것들이 '사이' 틈을 만들고 작고 연약한 것들의 내면적 장소로 작용하는 '공간-정동'의 불가분의 관계를 말해주는 것이다.

고정희 시에는 '지리산'과 같은 물리적 장소에서부터 '마당굿'과 '여성해방공간'과 같은 시의 담론적 공간까지. 그러한 장소들은 부조리한 현실에 이의를 제기하는 반(反)장소로써 시적 주체의 '파레시아'가 구현된다. 즉 그곳은 권력에 '저항'하며 자유와 평등을 갈망하는 '민중 해방'의 장소이자, 가부장제 사회에서 벗어나 여성들이 자신의 억압을 '고백'하는 '여성 연대'의 장소이며, '자기 성찰'을 통해 자연과 조화롭게 공존하는 생명 회복의 장소이다. 이처럼 민중과 여성 그리고 생명이 뚜렷이 부각되는 고정희 시의 '파레시아'와 '헤테로토피아'는 언어(말)와 장소(공간)의 관계를 넘어 타자와 공존 가능성 을 추구하는 중요한 시적 장치이다. 또한 그것은 진실을 말하려는 주체들의 용기를 통해 현실 너머를 상상하며 그 가능성을 마지막까지 포기하지 않으려는 의지로 읽을 수 있을 것이다. 나아가 오늘을 사는 우리에게 희망과 연대의 가능성에 대해 지속적으로 성찰할 것을 요구한다.

또한 유하와 장정일의 시에 드러나는 억압된 욕망과 일탈적 상상력이 추동하는 탈중심적 공간은 기존 이데올로기나 권력 구조를 넘어선 저항과 자기 정체성의 확립에 중요한 역할을 한다. 유하는 '압구정동', '경마장' 그리고 '세운상가' 등의 장소를 중심으로 자본주의적 욕망과 환멸, 그리고 탈근대적 주체의 불안정한 내면을 환멸의 헤테로토피아적 시선으로 짚어내고 있다. 이러한 장소들은 소비사회의 허상과 인간 소외, 그리고 정체성 위기와 같은 근대적 가치관이 해체되는 과정을 명확하게 보여준다. 반면, 장정일의 '강정'과 '길안'과 같은 주변 공간은 중심 이데올로기에 대한 풍자적 헤테로토피아로, 기존의 '중심-주변'의 이분법적 구도에 대한 저항적 기능을 가진다.

마지막으로 허수경 시에서는 트랜스로컬리티^{translocality}로써 '고향'이라는 헤테로토피아의 이동에 따른 변모 양상과 그 장소에서 드러나는 서발턴의 특징들이 두드러진다. 그가 태어난 고향 '진주'는 힘없는 주체들의 슬픔이 대물림되는 공간이자 부정의 장소였다. 또한 타향인 '서울'이라는 대도시는 욕망과 단절의 장소로 도시 빈민이나 타향민과 같은 서발턴들을 절대적인 타자로 만들었다. 그 후 독일로 건너가 만난 '글로벌'이라는 새 고향은 이방인이나 전쟁의 난민들과 같은 서발턴들이 함께 모여 연대를 꿈꾸는 장소였다. 이처럼 '고향-타향-새고향'으로 이어지는 장소 변화의 궤적을 거치며 그 스스로가 '서발턴'으로서의 말하기를 실행하며, '몫 없는 자들'의 희망과 절망같은 이중적 감정을 잘 드러내고 있다.

이와 같이 1990년대 들어서면서 현대시는 탈이념화와 주체의 내면 탐구가 중심이 되어 급격한 자기 변화의 담론들을 보여주기 시작했다. 장르 간 경계가 허물어지고, 여러 형식적 실험과 함께 여성의 사회 참여와 페미니즘 담론이 활발히 전개되었다. 또한, 산업화와 도시화가 대두되며 현대시는 복잡성과 다양성 속에서 '상실'과 '혼란'의 시대를 겪으며 '이후'의 시대를 맞이하였다. 즉 새로운 세계에 대한 변혁 열망이 좌절로 끝난 이후의 시대이면서 동시에 하나의 중심에서 벗어나 일상과 욕망, 육체를 발견하고 근대 타자들의 목소리를 새롭게 발견하기 시작했다.

여성시에 드러나는 '몸'이라는 혼종적 장소

> 여성은 여전히 장소다.
> 그녀가 자신을 바로 자기 자신으로서 가질 수 없는 그 장소 자체다.
> – 뤼스 이리가레, 『다른 여성의 검시경』

1990년대를 넘어서면서 우리 사회에는 동구권의 몰락과 문민정부의 출범 등으로 인해 탈중심적 세계관이 확산되었다. 이에 80년대 거대 담론과 사회변혁의 이론과 실천이 힘을 잃어갔고 주변화되었던 개인들의 일상과 내면에 대한 성찰적 문제가 제기되었다. 성별, 계급, 종교, 취향 등의 범주들이 인식론의 중심으로 들어왔으며 성, 몸, 문화, 생태 등을 둘러싼 다양한 담론이 등장하였다. 이러한 변화 속에서 현대시 또한 새로운 가치와 질서를 모색하였는데 여성시에서 '몸'이 중요한 쟁점으로 대두된 것도 그와 연장선에 있다.

이 시기 여성시는 가부장제의 억압과 근대의 욕망으로 점철된 특정 이데올로기에서 벗어나 '몸'에 대한 자신의 경험과 사유를 바탕으로 다양한 현실적 억압에 새로운 문제를 제기하였다. 이에 여성 시인들은 외부로 향하던 시선을 돌려 자신의 '몸'을 성찰하고 내면의 목소리에 귀 기울이며 시의 본질적인 의미를 탐색하기 시작했다. 무엇보다 프랑스 포스트모던 페미니즘의 '여성적 글쓰기'는 남성과의 '차이성' 특히 '여성의 몸'을 통해 '존재성'을 부각하는 등 한국 여성시에 다양한 관점을 촉발시켰다.[1] 또한 그동안 주변부에 머물렀던 여성들의 목소리들이 '또문(또 하나의 문화)', '여연(한국여성연합)', '성폭력연구소' 등의 활동[2]을 통해 확산되었다. 이들은 새로운 담론의 장으로

---

[1] 줄리아 크리스테바, 엘렌 식수, 뤼스 이리가레 등 급진적인 사유를 보여주었던 프랑스 포스트모던 페미니스트들은 프로이트와 라캉의 정신분석학에서 드러나는 생물학적 본질주의에 대응하여 '여성성의 복원'과 '존재로서의 여성 주체'의 목소리를 부각하며 '여성적 글쓰기'의 가능성을 제시하였다. 즉 여성은 '보이지 않기 때문에 없는' 혹은 '결핍'의 존재가 아니라, '다르게 존재'하는 혹은 '충만'한 존재라는 점을 강조하였다. 그들이 주장하는 '복수적 주체'는 '이질성'과 '차이'를 바탕으로 다양성과 탈중심성을 특징으로 하는 주체로서, 여성의 몸은 유연성을 극대화하는 데 최적인 주체이자 둘 혹은 그 이상으로 변화될 가능성을 가진 '과정 중의 주체'이다.(뤼스 이리가레, 이은민 옮김, 『하나이지 않은 성』, 동문선, 2000, 25-65쪽)

[2] 임지연은 80년대 중반 이후에 형성된 여성해방 문학은 『또하나의 문화』와 여성사연구회 문학분과의 『여성』, 『여성과 사회』의 두 그룹은 이념의 대립을 전제로 90년대 여성문학이 발화되었다고 보고 있다. 『또하나의 문화』 동인은 여성문제의 해결을 위해 가부장제의 타파와 여성 고유한 체험을 바탕으로 '여성문화'의 창조를 강조했다면 『여성과 사회』는 진정한 여성문학은 계급적, 민족적, 성적 억압의 삼중고에서의 시달림에서 벗어나는 것이라고 보았다. 이처럼 두 그룹 간의 이

서 '또 다른 공간'을 만들어내며, '남녀차별금지법', '성폭력범죄의 처벌 등에 관한 특례법' 등 정치와 문화 그리고 사회 전반에 걸친 페미니즘적인 '새로운 연결망'을 만들어나갔다. 이처럼 여성들은 그동안 욕망의 대상이던 '몸'에서 스스로를 해방시킴으로써 그 '몸'에 새겨진 기억과 경험들을 사회적 변화와 연대를 이끌어내는 발화의 동력으로 만들어나갔다.

  '몸'은 지각을 통해 의식을 형성하며 현실적 장소에 존재함으로써 실존을 증명한다. 우리는 공간과 시간 속에 거주하는 '몸'을 매개로 하지 않고서는 다른 장소로 이동할 수 없다. 메를로 퐁티[3]는 공간이 인간의 '몸'을 중심으로 의미화되는데, 이것이 개인의 경험을 초월하는 보편적인 실존의 양상이라고 했다. 그런 '몸'은 특정 시대나 장소의 문화적·사회적 요소들로 구성되며 담론과 권력이 작동되고 각인되는 장소로 작용한다.

념적 차이는 90년대 여성문학의 복잡한 사정을 보여주고 있다. 그들은 계급이냐 젠더냐로 두 그룹의 특징을 대립시키면서 이 시기 여성 문학의 내용과 형식의 다양성을 제기하였다.(임지연, 「1990년대 여성시의 이상화된 판타지와 역설적 근대 주체 비판」, 『한국시학연구』 53, 한국시학회, 2018, 86쪽)

3   메를로 퐁티는 서양 철학의 오랜 이원론적 사고, 즉 정신과 육체, 주체와 객체, 내면과 외면을 구분하는 전통적인 사고방식을 극복하고자 했다. 그는 데카르트적 주체, 즉 '나는 생각한다, 고로 존재한다'는 명제에 기반한 순수한 정신적 존재로서의 주체를 비판하고, 몸을 통해 세계를 경험하고 의미를 구성하는 '체화된 주체 **embodied subject**' 개념을 제시했다. 그러므로 퐁티에게 몸은 단순한 물질적 객체나 정신의 도구가 아니라, 세계와의 관계 속에서 의미를 갖는다.(심귀연, 『몸과 살의 철학자 메를로-퐁티』, 필로소픽, 2019, 174-184쪽)

푸코 또한 규율화된 권력이 개인의 '몸'을 길들임으로써 그 자신이 스스로를 감시하고 다스리는 주체가 된다고 보았다. 그는 이런 권력이 작동하는 '이질적 장소'의 전형적인 예로 '유토피아적 몸'을 제시하고 인간의 '몸'을 관계 속에서 현상학적으로 탐구하였다. 그런 측면에서 '몸'은 세상의 다른 곳들과 연결되어 특정 장소를 점유하고 그 공간 속에서 사회적 관계망을 재구성하는 대표적인 '헤테로토피아'이다. 유토피아와 다른 불완전하고 고정된 현실적 장소로서, 이소성의 '몸'은 단순히 물리적 특성뿐 아니라 세계와의 관계 속에서 의미를 창조하고 현실의 경계를 넘는 역동적인 장소가 된다. 그런 '몸'은 자기 결정권이 이루어지는 지배와 저항이 맞물리는 이소성의 공간이자 통제화된 코드들에서 벗어나려는 '다른 위상학'의 장소이다.

> 내 몸, 그것은 유토피아의 정반대이다. 결코 다른 하늘에 있지 않은 그것은 절대적 장소이며, 말 그대로 내가 일체가 되는 공간의 작은 조직이다. 내 몸, 이 가차 없는 장소. 내 몸, 그것은 나에게 강요된 어찌할 수 없는 장소다. 결국 나는 우리가 이 장소에 맞서고, 이 장소를 잊게 만들기 위해 그 모든 유토피아를 탄생시켰다고 생각한다.

우리는 자신의 '몸'에 대한 감각을 새롭게 형성하는 주체적 존재로서 권력 관계로 이어지는 모든 '관계적 공간'에 노출된다. 특히 '반反장소'로서의 '여성의 몸'은 기존 질서에 대한 '이의 제기'의 장소이다. 또한 언어로 규정되기 이전의 사유와 감각을 스스로의 '몸'을 통해 상징적 질서로 만들어간다. 물리적인 인간의 '몸'은 이 현실의 장소를 벗어날 수 없다. 하지만 이러한 장소에 부여된 기존 의미에 이의를 제기할 때 '몸'은 반反장소와 반反공간의 의미로 전도된다. 그것은 '몸'이 경계와 다양성, 그리고 끊임없이 변화하는 공간으로 과거와 현재, 주체와 객체, 권력과 저항 등이 교차하고 충돌하는 장소의 특성을 보이기 때문이다. 이때 여성의 '몸'은 다양성과 복합성을 바탕으로, 획일화된 규범에서 벗어나 몸과 권력의 관계를 사회적 의미로 재전유하는 위상학적 장소가 된다.

1980년대 여성 시인들에게 '몸'은 근대적 '아버지'의 광기, 가부장적 폭력성과 가학성에 대한 공포와 각성의 장소로서[4] 병든 몸, 찢어진 몸 혹은 우울증의 몸으로 현실의 허구성을 폭로하고 저항하는 '몸'이었다. 하지만 1990년대 이후 여성 시에 드러나는 '몸'은 더 이상 지배 권력에 침해당하거나 그것에 무력

---

4 김승희, 「상징질서에 도전하는 여성시의 목소리, 그 전복의 전략들」, 『한국여성문학 연구의 현황과 전망』, 소명출판, 2008, 269-70쪽.

한 몸이 아니라 새로운 정체성으로 억압된 현실에 '저항'하고 '해방'을 추구하며 타자의 목소리를 새로운 담론으로 구축하는 장소였다. 그러므로 '여성 몸으로의 글쓰기'는 다양하고 이질적인 목소리를 통해 새로운 감각과 미적 영역을 구축하는 방법론이자 전략이었다.

말하자면, 여성시의 '몸'은 스스로의 '몸'을 장소화하거나 환상적인 공간을 만들며 유동적이고 변화하는 실체로서 기존 질서를 해체하는 주체가 된다. 1990년대 이후 여성시가 남성 중심적 사유와 상징 질서에 저항하며 새로운 '차이'를 드러내기 위해 여성의 '몸'을 부각했다면, 이때의 '몸'은 다양한 맥락으로 재해석되어야 할 것이다. 왜냐하면 '몸' 자체보다는 그것을 둘러싼 사회적 맥락, 젠더적 권력 관계 그리고 주체의 내면세계에 대한 탐구로 이어진 여성의 '몸'은 생물학적 의미를 넘어 사회·문화적 억압에 저항하는 위상학적 장소로서의 특징이 두드러지기 때문이다.

주디스 버틀러는 주체를 고정된 것이 아니라 끊임없이 반복적으로 수행되어 생산되는 비결정적 특성을 가진 존재로 보았다. 크리스테바 역시 탈중심적이고 분열적이며, 과정 중에 있는 비체abjection로서 여성의 '몸'을 부각시켰다. 이런 관점으로 보면 이 시기 여성 시에 드러나는 '몸'은 자기 분열을 체험하는 주체로 사회문화와 남성적 공간 질서에 저항하는 이질적인 타자성을 구현하는 장소로 작용한다. 1990년대 이후 여성시가 선취한 중요한 것 중의 하나는 다양한 측면의 '몸'을 발견하고 사회·문화적 차별의 문제들을 극복해나가려고 했다는 것이다. 하지만 이렇게 해서 얻어진 여성의 '몸'이 지금, 이 시대에 어떤 실천성을 담보로 하고 있는지는 여전히 되물어야 할 것이다.

그런 점에서 1990년대 이후 김혜순과 김언희 그리고 이원의 시는 각자 새로운 방식과 개성적인 목소리로 여성의 '몸'을 재현하였다. 이 시기가 여성적 글쓰기의 실험과 도전의 시기[5]라면 그들의 시는 여성의 몸, 섹슈얼리티, 젠더 폭력 등의 주제를 과감하게 다루며 사회의 억압과 가치관에 이의를 제기하며 스스로의 경험적 실존을 부각했다. 일상의 변화에 대한 갈망의 장소가 헤테로토피아라면 현실적 장소이자 비현실적 공간으로서의 여성의 '몸'이 가지는 헤테로토피아적 의미를 추적하는 것은 역설적으로 공간 젠더의 실존성이 가지는 기존 연구의 한계를 극복하기 위함이다.

---

5 이경수는 여성시문학사를 서술방법론에 따라 다섯 시기로 나누었다. 1기(1910-1920년대)는 근대 여성 주체의 선언과 좌절의 시기, 2기(1930-1960년대)는 국가주의 페미니즘과 여성성의 축소 시기, 3기(1970-80년대)는 글쓰기 주체로서 여성의 정체성 확립과 여성주의 미학의 발견 시기, 4기(1990년대)는 여성적 글쓰기의 실험과 도전 시기, 5기(2000-2010년대)는 젠더적 인식의 확산과 다양한 목소리의 출현 시기로 각각 나누었다.(이경수, 「여성시문학사 서술 방법로 고찰」, 『한국여성문학』 48, 한국여성문학학회, 2019, 161쪽)

그렇다면 여성의 경험적 실존을 통해 남성 중심적 질서에 저항하는 이소성의 장소로서 여성의 '몸'에 드러나는 위상학적 장소의 특징을 살피는 것은 여성의 '몸'을 타자화하거나 게토화하려는 기존 공간 질서의 논의에서 벗어나고자 함이다. 아울러 타자와 공존하는 새로운 담론의 장소이자 시대에 따라 다양한 형식으로 변화하는 가능성의 장소로 여성의 '몸'을 열어놓기 위함이다.

김혜순의 경계를 넘어 이야기를 생성하는 '코라chora'의 몸

김혜순 시에 드러나는 여성의 '몸'은 가부장제의 억압과 다양한 폭력에 노출되었던 현실을 반영한다. 그동안 침묵을 강요당했던 여성의 '몸'을 '이야기'의 원천이자 주체로 보고 그 '몸'에서 나온 언어로 자신이 겪은 월경, 임신, 출산 등의 실제적인 경험을 은유적으로 재해석하여[6] 새로운 이야기를 생성한다. 1980년대부터 '또하나의 문화' 동인으로 활동했던 김혜순은 여성시 창작에 누구보다 힘을 쏟았으며 90년대 이후에는 '여성으로서의 글쓰기'를 더 활발하게 이어 나갔다. 특히 여성의 '몸으로의 글쓰기'는 남성적 언어와 시선에서 벗어난 탈영화로서

---

6 김미현, 「육체의 글쓰기」, 『우리 문학의 여성성·남성성』, 월인, 2001, 104쪽.

김혜순 시인(1955~)

의 시쓰기를 의미한다. 김혜순에게 '몸'은 "관념의 선행 없이, 스스로 욕망"하며 '몸이 바로 경전'이 되는 장소이다. '몸으로의 시쓰기'는 나의 몸과 타자의 몸이 만나 무한한 이야기를 생성하는 '코라'적 말하기의 방식이다.

크리스테바에 의하면 '코라chora'[7]는 가부장제 아래 억압된 모성이 복원될 때 유동하는 원초적인 힘이다. 고대 그리스어로 '자궁' 또는 '품는 공간'을 의미하는 '코라'는 상징질서 이전의 의미 작용의 장소로서 상징계를 변화시킬 수 있는 에너지이자 언어 이전 혹은 언어의 경계를 넘어서는 장소이다. 일례로 임신한 여성의 몸은 '하나이면서 둘'을 체험하며 새로운 세계를 품는다. 자신의 분열을 경험한 후, 논리와 이

---

[7] 줄리아 크리스테바Julia Kristeva는 언어학, 정신분석학, 철학 등을 통해 여성의 정체성과 모성의 사회적 의미 작용에 대한 독창적인 이론을 발전시켰다. 그에 따르면 '코라chora'는 상징계가 형성되기 이전 아직 의미가 고정되지 않은 유동적인 상태로 어머니의 몸, 특히 자궁과 같은 모성적 공간과 유사하다. 이 공간에서 유아는 어머니와의 일체감 속에서 리듬, 억양, 감각적 경험을 통해 의미를 형성하기 시작한다. 또한 '코라'는 언어 이전의 리듬, 억양, 신체적 감각 등으로 이루어진 기호계의 영역으로 이는 상징계와 달리 고정된 의미를 갖지 않고, 끊임없이 변화하고 움직인다. 그러므로 '코라'의 경험은 무의식 속에 남아 주체의 정체성과 의미 작용에 영향을 미치게 된다.(줄리아 크리스테바, 김인환 역, 『시적 언어의 혁명』, 동문선, 2000, 35-45쪽)

성으로 설명할 수 없는 지점을 표현하며 억압된 감정과 욕망을 드러내기 위해 '말하는 주체'를 상정한다. 때문에 크리스테바는 '여성의 글쓰기'가 '코라'의 의미 작용을 드러낼 수 있는 중요한 방식이라고 보았다. 이에 여성 작가들은 자신의 신체적 경험과 욕망을 스스로의 몸 언어를 드러냄으로써 상징계의 질서에 균열을 내며 새로운 의미를 창출해 낸다. 심층의 내적 자아와 대면하는 장소로서 여성의 '몸'은 기억과 자기 정체성 속에 각인된 남성 중심적 가치관을 무화시키고 관습적 규범에 '이의 제기'를 함으로써 열린 공간의 새로운 가능성을 창조해 나간다.

그동안 다양한 주제로 논의된 김혜순 시의 연구 중 특히 '몸'에 대한 담론은 '가부장제와 여성의 몸', '젠더 의식', '모성과 여성성' 등 페미니즘적 시각과 결합하여 폭넓고 심도 있게 진행되었다. 그러한 '몸'은 단순한 생물학적 객체가 아닌 사회적 억압과 규범에 저항하는 주체적인 공간으로 시의 독창성과 문학적 성취를 드러내는 데 중요한 역할을 했다. 여기서 나아가 '헤테로토피아'로서의 여성의 '몸'은 끊임없이 이야기를 생성하는 주체로서 열려 있으면서 닫혀있고, 붙잡았다가 어느 순간 놓쳐버리는 장소로써 이야기를 만들어내는 텍스트의 장소가 된다. 발화發話 장소로서의 '몸'은 근대의 욕망과 가부장제의 억압과 사회적 통념에 도전하며 자신의 몸을 탈영토화하여 새로운 주체를 형성한다.

그 부정을 부정해야 하는 이중, 삼중의 언어적 질곡 속에 있다. 그러나 나는 이 모든 혼돈과 결합한 몸으로 이데올로기 밖에서, 변두리 안에서, 안도 아니고 밖도 아니고, 주관도 아니고 객관도 아닌, 미메시스도 할 수 없는 그런 세상을 향하여, 그런 언어로 관습적이고 상투적인 묘사에 도전해야 한다. 그런 나에게 찾아온 것이 열려진 스타일, 안에서 안으로 열리는 텍스트성에 대한 관심이었다. 텍스트 스스로 쾌락에 젖는 텍스트 말이다. 찰나에 붙잡았다가 놓쳐버릴지라도 끝없이 열려지는 스폰지 같은 텍스트로서의 몸.[8]

여성은 자신의 몸 안에서 뜨고 지면서 커지고 점점 줄어드는 자신의 정체성을 본다. 그러기에 여성의 몸은 무한대의 프랙탈 도형이다. 이 도형을 읽는 방법으로 여성인 나는 생명이 흘러들고 나아가는 길을 느끼고 그것에 따라 산다. 나는 사랑하므로 나 자신이 된다. 나는 사랑하므로 내 몸이 달의 궤적처럼 아름다운 만다라를 이 세상에 그려나가기를 바란다.[9]

---

[8] 김혜순, 「어머니와 처녀라는 허구」, 『오늘의 문예비평』 35, 오늘의 문예비평, 78쪽.
[9] 김혜순, 「프랙탈, 만다라, 그리고 나의 시 공화국」, 『현대시사상』, 1997년 봄호.

여성 시인이 현실의 억압으로부터 스스로의 '몸'을 탈영토화[10]하려는 것은 역설적으로 그 '몸'의 언어가 세계를 읽어내는 해석의 가능성을 동시에 열어놓기 때문이다. 여성의 '몸'은 에로스를 드러내는 동시에 사회적 통념에 저항하는 즉 여성에 대한 부정적 시선들을 감당해야 하는 이중적 모순 속에 있다. 이러한 '몸'은 쾌락과 미끄러짐 속에 있는 공간이지만 동시에 영토화와 탈영토화 사이에 있는 다중 주체의 목소리들을 전복, 부재, 침묵, 광기의 목소리로 담아낸다. 그러므로 고정된 '나'가 아니라 분열되고 혼종화된 '나' 심지어 상상의 '나'는 새로운 발화와 담론의 주체가 되기를 희망한다. 말하자면 스스로 움직이고, 욕망하는 실존적 자아의 '목소리'를 가진 '몸'은 '프랙탈'처럼 순환하며 여성들의 과거와 현재 그리고 미래의 이야기를 창조해 낸다.

그런 점에서 김혜순 시의 주체들은 내면의 황폐한 세계와 왜곡된 욕망을 담은 '코라'적 몸으로 남성적 세계와 다른 독자적 세계로 확장해 나간다. 기존의 언어를 재구성하고 가부장적 상

---

[10] 질 들뢰즈와 펠릭스 가타리의 '탈영토화'는 기존의 질서나 체계에서 벗어나 새로운 질서를 형성하는 과정으로, 고정된 의미나 가치에서 벗어나 자유롭고 유동적인 상태를 의미한다. 김혜순 시에서 여성의 몸은 가부장제 사회에서 남성의 시선과 욕망에 의해 객체화되고 규정되는 대상에서 이것을 해방시킨다. 즉 여성의 몸을 '탈영토화'하려는 시도는 남성의 시선에서 해방하고 스스로가 자신의 몸을 주체적으로 인식하고 표현하는 과정이라 할 수 있다.(질 들뢰즈·펠릭스 가타리, 김재인 역, 『천 개의 고원』, 새물결, 2001, 575-585쪽)

상계를 전복시키는 시적 주체는 정형화된 언어 질서를 넘어서고 있다. 즉 여성 주체의 몸을 '무한대의 프랙탈 도형'으로 읽어 나가며 그 몸에서 들리는 실존적 목소리에 귀 기울인다. 그러한 몸은 '늘 순환하지만, 그러나 같은 도형은 절대로 그리지 않는' 부재가 충만한 새로운 이야기를 끝없이 창조한다.

그는 "여성 시인이 시를 쓸 때, 그녀는 어머니이다. 그녀는 어머니 되기를 실현해야 하는 어머니이며, 버려지고 상처받은 여자아이로서 자기 안의 어머니를 발견해야만 하는 어머니이다"라고 했다. 그리고 "여성이 쓰는 시는 씌어진 것이 아니라 행해진 것이다. 그것은 경험한 것이고, 몸으로 한 것이다"라고 했다. 나아가 기존의 남성 중심적인 언어 체계가 여성의 경험과 감각을 온전히 담아내지 못함을 부각시키며 여성의 '몸'에서 비롯되는 새로운 언어와 이야기의 중요성을 강조하였다.

그러므로 '몸'의 언어는 이성적이고 논리적인 언어가 아닌, 감각적이고 직관적인 언어이다. 이는 여성의 '몸'이 고유한 경험과 감각을 표현하는 데 적합한 장소이면서 동시에 기존의 언어 체계를 전복하고 새로운 가능성을 만드는 장소가 되기 때문이다.

이처럼 '몸'의 억압과 비극성을 뚫고 돌파하는 '코라'의 몸은 '거울을 열고 들어가니/ 거울 안에 어머니가 앉아 계시고/ 거울을 열고 다시 들어 가니/ 그 거울 안에 외할머니 앉으셨고'(「딸을 낳던 기억」)처럼 핏줄의 대물림 속에 있던 여자들이 겪은 억압의 내밀한 이야기들을 폭로한다. '딸'을 잉태하는 순간, 그 딸에게서 보이는 자신의 과거와 현재 그리고 미래의 모습. 그들의 몸에 각인된 기억이나 무의식은 어느 순간 통제되지 않고 터져 나온다. 이러한 '코라'의 몸은 내 안에서 태어난 무수한 '나'를 통해 부재와 균열의 이야기들을 멈  추지 않는다. 어머니의 이야기, 그 어머니의 어머니 이야기, 그 어머니의 어머니의 어머니 이야기들. 고통과 폭력, 죽음과 삶 속에서 인내한 그들의 이야기들. 수많은 '타자'를 잉태하고 출산한 장소로서 그 '몸'의 언어로 쓴 가장 아픈 '절망'과 '사랑'의 이야기는 그러므로 계속 되풀이된다.

최근 『죽음의 자서전』 독일 출간을 앞두고 한 인터뷰에서 김혜순은 '우리나라는 억울하게 죽은 사람이 많아서 유령의 밀도가 높은 나라'라고 했다. 그에게는 억압받는 이들, 억울하게 죽은 이들이 하고 싶었던 '말'을 '이야기'로 만들어내는 것. 그것은 '시'가 생성되는 원리이기도 하다. 그 '이야기'는 지금과 전혀 다른 '몸'이 되려는 존재론적 실천이며 '시인'은 그 몸을 새롭게 만들려는 몸부림을 사는 자로서, 그러한 '이야기'를 위해 스스로를 뚫고 나가서 과감하게 '타자'가 되어야 한다.

이 몸의 스크린만 찢고 나면/ 내 몸에서 홀로그램이 터져나온다/ 그리고 나는 너에게 갈 수 있다/ 내가 직접 가지 않아도/ 나는 여기 있고, 또 거기 있을 수 있다 (중략)/ 바닷속에서 물방울이 하나 터져나오려고/ 바다 전체가 일렁이며 몸부림치듯/ 몸통 속에서 눈물 한 방울 터져나오려고/ 수천의 거북이 떼 뱃속에 알을 품고/ 바다를 급히 달려나와 모래 언덕을 까맣게 오르고/ 차창 밖으로 빗방울 하나 툭 떨어졌다
　　　　　　　　　　　　　　　　　-「타락천사」부분

　"몸의 스크린"이 찢기고 화려한 "홀로그램"이 터져 나오는 '몸'은 모든 경계를 넘어서 새롭고 이질적인 이야기를 거듭 시도한다. 그것은 '시간의 주머니'에 담긴 '말할 수 없는 것들'의 이야기이고 기억 속 어딘가에 숨겨져 있는 심층적 자아와 마주하는 이야기이기도 하다. 한 번도 '주어'나 '목적어'가 되어본 적 없는 이들의 이야기는 때로 단절된 대화나 내가 원하지 않는 혹은 연관성 없는 인물들을 등장시킴으로써 상대적으로 위축되고 억압된 주체의 '이야기하기' 욕망을 부추기기도 한다. 이러한 과정에서 '나'는 이 모든 상황을 연출하는 주체이자 수많은 역할을 연기하는 배우이기도 하다. 즉 '몸'의 장소화는 젊음과 노화, 삶과 죽음 등 인간 경험의 극단적인 대비를 통해 몸이 단

순히 생물학적 실체를 넘어 역사적, 사회적 맥락 속에서 다양한 이야기와 정체성이 중첩되는 장소로 기능함을 시사한다.

특히, "바닷속에서 물방울이 하나 터져나오려고/ 바다 전체가 일렁이며 몸부림치듯" 그러한 '몸'에서 터져나오려는 말들을 받아 적는 것은, '몸'에서 새로운 이야기가 탄생되는 과정을 상징적으로 보여주는 것이다. 즉, 나의 '몸'은 경계를 넘어 다양한 목소리를 수용하며 '이야기'를 창조한다. 여성의 욕망에서 비롯된 개방성과 복수성 그리고 환희에 들뜬 이야기들이 '몸'을 찢고 나온다. 이처럼 내 '몸' 안에서 죽고 살면서 끊임없이 이야기를 만드는 '나'는 스스로를 사랑하기도 하지만 또 스스로를 끝없이 혐오한다. 그러한 이중적 감정은 내 속에 있는 나와 어머니의 이야기를 '나'의 밖에 있는 또 다른 '나'와 '우리'의 이야기로 재현된다.

> 물동이 인 여자들의 가랑이 아래 눕고 싶다/ 저 아래 우물에서 동이 가득 물을 이고/ 언덕을 오르는 여자들의 가랑이 아래 눕고 싶다// (중략)/ 가파른 계단을 다 올라/ 더 이상 갈 곳 없는/ 물동이들이 줄기 끝/ 위태로운 가지에 쏟아 부어진다/ 허공중에 분홍색 꽃이 한꺼번에 핀다// 분홍색 꽃나무 한 그루 허공을 닦는다/ 겨우내 텅 비었던 몇 나절 찬찬히 닦인다/ 물동이

인 여자들 치켜든/ 분홍색 대걸레가 환하다

-「환한 대걸레」 전문

　나는 한 여자와 동행한다. 침대에서 방바닥으로 두 발을 내려 놓으며 정말 이렇게 아침 일찍 일어나 세상으로 나가기 싫다고 중얼거리는 여자. 직장에 다니지 않았으면, 세상에서 몸을 숨기고 싶을 때 금방 잠적하기 좋을 텐데 하고 늘 생각하는 여자. 그러다 직장이 없었으면 벌써 온전한(?) 정신이 어디로 가버렸겠지. (중략) 달리와 엘뤼아르와 에른스트에겐 갈라, 슈만에겐 클라라, 남성 예술가들에겐 재능을 약탈당한 여성 뮤즈들, 여성 시인에겐 게토의 문지기 가죽 장화 뮤즈들, 그리고 나에겐 저 방치된 터널의 구겨진 종이들, 나의 쓰레기들, 찌끼기들, 죽은 고양이들, 쥐들

-「〈작가편지〉 나의 지옥, 나의 뮤즈」 부분

　「환한 대걸레」에서는 여성의 몸과 노동을 모티브로 '걸레'라는 다소 파격적인 이미지를 통해 헤테로토피아적 공간을 만들어낸다. '걸레'는 일반적으로 더럽고 천한 것으로 여기는 대상이지만, '환한'이라는 수식어와 함께 아름다운 '꽃나무'로 변모되어 기존의 사유를 전복시킨다. 즉, '환한 걸레'는 가부장제 사회에서 억압받던 여성이 자신의 힘으로 만든 새로운 공간이

다. '물동이', '가랑이', '우물', '땅' 등으로 비유되는 여성의 '몸'은 생명을 보존하고 세상을 정화하는 장소가 된다. 이러한 두 장소와 공간이 만나는 여성의 '몸'은 생명력과 창조력의 근원이 된다.

두 번째 시 「〈작가편지〉 나의 지옥, 나의 뮤즈」에서 '나'와 동행하고 있는 '여자'는 환상 속의 존재이다. 집과 직장만을 오가는 '여자'는 '상징계'에서 밀려나 현실의 억압과 결핍을 경험하는 소외된 주체다. 차별화가 반복되는 일상에서 완전한 자아의 충족은 불가능하기에 때로 환유의 방식으로 자신의 경험과 기억을 무정형의 이야기로 만든다. 질서와 무질서, 변혁과 현상유지 사이에서 자유롭게 이동하는 '코라'의 몸은 상징질서를 전복시키고 대타자의 기능을 무력화시킨다. 이 지루한 일상이 내가 바란 삶이 아니듯, 부재가 넘치는 주체의 결핍에 관한 이야기는 결국 '코라'적 몸으로 새롭게 재현된다.

> 나는 또 내가 모두 등장인물인 그런 소설도 지을 수 있지. 실연당하고 미친 듯이 농약을 구해온 열아홉 살 나와 네가 싫어 그랬다고 우리집 담을 도끼로 부수던 남자를 바라보는 스무 살의 내가 함께 나오는 그런 소설도 지을 수 있을 거야. 이런 소설은 어때? 열 살의 나와 예순 살의 나에게 겸상으로 우리 엄마가 밥상 차려주는 그런 소설. 결혼 전의 내가 공원에 앉은 지금 나의

뺨을 때리고, 일흔 살의 내가 뺨맞은 나를 위로해주는 그런 소설 말이야.// 불 다 꺼진 한밤중의 공원 벤치/ 나는 지금 가방을 열었어/ 일 년 삼백육십오 하고도 곱하기 삼/ 밥상 당번하는 거 지겨워 사춘기 소녀 식모처럼/ 징징거리면서 오늘밤 나는 가출했거든/ 그런데 무심코 가방을 열자/ 수많은 나와 가출해 추위에 떠는 내가 동시에 만나지는 거야(중략) 일흔 살의 내가 마흔인 나를/ 위로하느라 가로수 사이 붙어채지네/ 흰 머리칼 다 풀어지고 나의 할머니들과/ 나의 딸들이 달로 뜨고 별로 뜨고/ 나뭇잎 잎잎마다 바람으로 불어제쳤어
— 「내가 모든 등장인물인 그런 소설1」 부분

'나'는 가출을 통해 상징계의 억압에서 벗어나 무의식 속에 갇힌 어머니에 대한 그리움과 마주한다. 하지만 실제 어머니는 부재하고, '나'는 상상 속에서 어머니의 유사 이미지들을 불러들인다. 어머니와의 원초적 일체감, 생명의 근원에 대한 갈망이 이루어지지 않자 마침내 나는 '가방'이라는 딜레마적 공간에 들어간다. 그곳에서 나는 일흔 살의 '나', 마흔의 '나'를 만나고, 할머니와 딸들은 다시 '달', '별', '바람'으로 태어나, 태초에 하나였던 '코라'의 분열된 존재들을 마주한다. '나'는 이들과의 이야기를 통해 어머니의 부재를 극복한다. 그런 측면에서 '가방' 속은 상징계의 규칙이 미치지 않는 '나'만의 공간, 나의 '헤테로토피

아'이다. 이곳에서 '나'는 시간과 공간을 초월하여 다양한 '나'와 만나고 '코라'의 에너지를 공유하며 상처들을 치유한다.

이때 여성의 '몸'은 타자이면서 여러 개로 분열된 '나'의 모습이다. '나'는 유아기의 '나'이기도 하고 어른인 '나'이면서 아직 늙지 않은 '나'이며 어머니의 배 속에서 있는 '나'이기도 하다. 수많은 기억 속의 '나'를 불러내어 그 모든 소설과 이야기의 등장인물이 되고자 함은 '여성으로서의 글쓰기'와 '몸으로 시쓰기'의 주체가 되고자 하는 욕망에서 비롯된 것이다.

> 시인은 밤이면 밤마다 어둠 붙들고 아픔 맞으러 산에 오르는 사람이다. 그러나 시인은 제 아픔의 신은 뼛속에 감춰두고 다른 사람의 아픔을 얼르는 사람이다. 누구의 눈에도 보이진 않지만 시인의 눈에는 빠안히 보이는 병든 귀신들을 얼르고 놀아주다 저 멀리로 보내는 사람이다. 아픈 자였으니 아픔을 감춰두고 핏발선 눈으로 아픔의 핵인 입술로 사람의 아픔을 위로하고 어루만지며 책망하고 갈망하는 사람이다. 그것을 노래로 하는 사람이다.

김혜순은 '시인의 몸'은 아픔을 모시고 밤마다 '축제를 벌여주며' 때맞춰 '제사 지내는' 공간이라 말한다. 죽음과 고통 그리고 언제나 가족으로부터 '아픈 자'인 '시인의 몸'은 타인뿐 아니라 세상의 고통을 노래(이야기)로 탄생시킨다. 아픔을 '귀히' 여기고 자신의 상처와 은밀한 삶을 노래(이야기)로 창조하는 그의 '몸'은 살아 있는 사람과 죽은 '귀신'들이 서로 말을 하는 장소이다.

그런 점에서 '여성으로서의 글쓰기'는 남성 중심적 질서에서 억압받고 소외된 '몸'을 되찾고 자유와 해방을 위한 투쟁이다. 김혜순 시의 '코라^{chora}'적 몸은 '버려지고 쓸모없는 것', '보이지 않는 결핍'의 대상으로 여겼던 여성의 '몸'에 새겨진 기억과 경험을 무한대의 '프랙탈'처럼 끝없는 이야기로 생성해 내는 이소성의 장소로 기능한다.

김언희의 변방의 블랙홀과 '호랑말코'들의 '위반'의 몸

김언희 시인(1953~)

'김언희'라는 고유명사는 으레 불온함, 불편함, 여성주의 등의 키워드를 떠올리게 한다. 이수명 시인의 말에 따르면, 김언희의 첫 시집 『트렁크』는 "동시대의 포자를 거느리지 않"는 "그야말로 독자적이고 독보적인 존재"로서, 90년대 문학사의 예외적인 트랙을 점유하는 "가장 이상한 시집 중의 하나"이다. 이후 『말라죽은 앵두나무 아래 잠자는 저 여자』, 『뜻밖의 대답』, 『요즘 우울하십니까?』를 거쳐 『보고 싶은 오빠』 그리고 최근의 『호랑말코』에 이르기까지 특유의 혐오와 능욕의 시어들은 현실의 금기를 위반하고 전복한다는 평가를 받아 왔다. 그의 시에는 안식도 위안도 구원의 끝도 존재하지 않는다. 그는 자아와 주체 모두를 '블랙홀' 속에 집어넣고 자신의 시를 '어둠 속의 마지막 농담'이라고 말한다. 또한 젠더, 이종, 계층 등의 차이로 정상성의 범주에 소속될 수 없었던 여성의 '몸'이 욕망하는 탈규범적이고 전위적인 모습들을 도발적으로 보여준다.

그의 시에 드러나는 '몸'은 일상적 질서와 체계를 위반하고 '공간-존재'의 한계를 전복하는 이질적이고 혼종적인 장소이다. 욕망과 좌절, 탄생과 죽음, 현실과 상상의 경계를 넘나들며 현실의 장소를 끊임없이 분산시키고 재구성하는데 때로 이러한 몸의 장소화는 '거울'의 헤테로토피아 특징과 맞물려 서사를 추동시킨다. '거울'은 시적 주체로 하여금 자신의 물리적 존재를 가상으로 위반하게 함으로써 새롭게 배치된 몸으로 나아가게 한다.

첫 시집 『트렁크』에서부터 최근 시집 『호랑말코』에 이르기까지 그는 시의 금기를 깨는 파격적인 언어와 형식을 유지하는

데 흔들림이 없다. 터부시된 여성의 '몸'을 억압과 해방의 공간으로 재현하며, '몸'의 경험과 실험을 통해 남성 중심적 체계와 상징 질서에 도발적인 질문을 제기한다.

즉사의 현장, 피 웅덩이에 떠 있는 피거품들이 두리번거린다. 뭐 더 볼 게 없나?
— 「호랑말코」 부분

내 인생은 모종의
어질리티야

개와 사람이 짝이 되어 벌이는 장애물 경기

내 짝은 검은 핏불
핏불 테리어

우린 미증유의 게임 체인저가 될 거야

핸들러가
개거든
— 「어질리티」 전문

"즉사의 현장"과 그 현장의 "피 웅덩이 떠 있는 피거품들"을 두리번거리는 이들, 사회의 규범이나 예절에 눈치 보지 않는 '무법자'나 '위반자'를 '호랑말코'라 이름한다. 그들은 유령처럼 떠돌아다니며 현실에 동화될 수 없는 이질적인 타자이다. 그렇다면 부정적 낙인이 찍힌 이 단어를 시인이 자신의 이미지로 재전유하는 이유는 무엇일까. 역설적으로 부정적이고 이질적인 이들의 힘은 현재의 '몸'이 가 닿을 수 있는 '공간-존재'의 한계에 대한 저항적 전략으로 전통적인 시선을 전복하고 기존 질서를 해체하며 현실의 '다른 시공간'을 창출하기 때문이다.

'어질리티'는 장애물을 정확하고 빠르게 통과해야 하는 게임이다. 스스로 자신의 인생이 '어질리티'라고 말하는 시적 주체는 연이어 자기 인생의 짝이 '핏불 테리어'였다고 고백한다. '핏'과 '불'에서 파생되는 원초적인 야생성은 역동적 에너지를 형상화함과 동시에 불온한 욕망의 운동성을 시사한다. 시에서처럼 '핏/불/테리어'로 분절해서 읽으면 단어 내부의 연쇄 작용으로 이미지가 더욱 강렬해진다. 억압된 욕망이 핏방울처럼 터져 나오는 역동성을 느끼게 한다. 핸들러가 조종하는 '핏불테리어'는 단순한 동물이 아니라, 헤테로토피아를 상징하는 기호로서 이질적 욕망이 분출되는 '또 다른 몸'이라는 것을 주지시킨다. 즉 몸의 해방, 억압된 몸에서 뿜어져 나오는 강렬한 에너지의 흐름을 감지하며 미학적인 해방감과 통렬함을 느끼게 되는 것이다.

하지만 김언희의 시가 불편하고 파격적인 것은 우리가 속한 현실이 여전히 고통스럽다는 증거이다. 때문에 그는 여성의 육체와 정신에 가해져 온 폭력의 역사를 고통과 위반의 에너지로 대체한다. 그 몸의 고통의 흔적을 적나라하게 드러내며, 언어적 유희와 역설을 통해 '다른 공간'으로 나아간다. 그 또한 세계의 거대한 폭력성에 맞서 그것을 사물화 전략으로 그려내기 위함이지만[11], 현실과 비현실, 내면과 외부, 주체와 객체 등 여성의 몸에 각인된 기존 이데올로기의 허상이나 다양한 경계를 해체하기 위함이다.

> 이 가죽 트렁크/ 이렇게 질겨빠진, 이렇게 팅팅 불은, 이렇게 무거운// 지퍼를 열면/ 몸뚱어리 전체가 아가리가 되어 벌어지는// 수취거부로/ 반송되어져 온/ 토막난 추억이 비닐에 싸인 채 쑤셔 박혀 있는, 이렇게// 코를 찌르는, 이렇게/ 엽기적인
>
> —「트렁크」전문

> 탈수중엔 뚜껑을 열지 마시압/ 몸체를 격렬히 떨며/ 회전 수축하는/ 기계 질膣/ 손대지 마시압 나는 지금/

---

[11] 신용목,「1990년대 한국 여성시의 탈범주화 과정 연구 – 나희덕, 김언희 시를 중심으로」,『국어문학』75, 국어문학회, 2020, 217-240쪽.

탈수중/ 탈수중/ 탈수중/ 혈관 속을 흐르는 전기 피/ 전
기 욕정으로/ 요분질/ 중/ 혀를/ 빼어 물도록 쥐어 짜
인/ 쭈글쭈글한 껍데기 세상을/ 퉤,/ 뱉어버리기 위하여
-「탈수중」전문

「트렁크」에서 '가죽 트렁크'는 가부장제 사회의 억압과 폭력에 노출된 수동적 여성의 '몸'을 의미한다. '토막난 추억', '팅팅 불은'과 같은 부정적인 묘사는 삶의 수동성과 회의를, 육체의 과장과 왜곡의 그로테스크한 이미지는 억압되고 좌절된 몸의 고통을 노출하며 남성 중심적 사회에 대한 혐오로써 여성의 공격적 목소리를 분출시킨다. 이러한 김언희의 시를 최승호는 '도살장'으로, 남진우는 '지옥도'라고 명명하였다.

'트렁크'가 억압된 주체의 저항과 해방으로서 사물화된 여성의 '몸'을 비유한 것이라면 그것은 남성 중심의 지배 질서에 순응하지 않는, 그들의 문화로부터 '수취 거부'되어 반송된 시체의 '몸'이다. "몸뚱어리 전체가 아가리가 되어 벌어지고" 결국 썩은 시체가 되어 "코를 찌르는" 악취의 '몸'이다. 그 '몸'으로 모든 것을 안과 밖, 여성과 남성, 지배와 피지배 등으로 이원화하며 어느 한쪽을 "수취 거부"하는 상징질서를 전복한다. 또한 그것을 위반함으로써 고정된 여성의 정체성을 해체하며 자신의 실존과 물러설 수 없는 싸움을 감행하는데, 그 실존과의 싸움은

'시체로서의 몸', '천박한 몸' 그리고 '해체된 몸'을 불러들인다.

이처럼 젠더 불평등에 대한 분노와 혐오는 타자화된 존재의 '몸'을 그로데스크적이고 엽기적인 '트렁크'로 상징화시킨다. 부재와 죽음, 자기 파괴와 부정을 되풀이하는 이러한 '몸'이 두렵고 낯선 것은 자기이면서 자기가 아니라고 여겼던 것들을 자기 내부로 끌어들여 인정하고 받아들이는 과정에서 불안과 공포가 발생하기 때문이다.

「탈수중」에서는 세탁기의 탈수 과정으로 비유된 여성의 성적 '몸'을 묘사하고 있다. '껍데기'를 안고 회전 수축하는 탈수기의 모습은 가부장제가 금기시한 성적 이미지를 통해 여성의 몸에 대한 남성적 억압과 권력을 조롱한다. 시에서처럼 여성의 몸은 더 이상 수동적인 대상이 아니다. '격렬히 떨'고, '회전 수축'하며 남성적 몸을 위협하는 능동적인 주체로서, 성적 대상이나 남녀 관계에서 강렬한 저항과 주체성을 보여준다. 나아가 '쭈글쭈글한 껍데기 세상'을 '퉤 뱉어버'리며 남성의 몸과 권위를 거부하고 위반한다. 그럼으로써 기존의 '모성성'을 파기하는 공격성과 위협을 드러내는 '블랙홀'의 장소가 된다.

김언희 시에서 '성'에 대한 묘사는 일반적인 기준을 벗어나 충격과 불편함을 준다. 독자의 예상을 뒤엎는 엽기적인 표현은 남성성을 조롱하고 위협한다. 나아가 정상적인 가족관계를 뒤집어 놓음으로써(「가족극장, 이리와요 아버지」) 혼란스럽고 불편한 상황을 연출한다.

> 해부용이었니…나/는?//(마취 풀린 개구리 한 마리가 내장을 질질 끌며 달아/ 나고 있는 테이블 위) // 이렇게, 절개되기로 되어 있었니? // 오장육부까지/ 꺼내보여야만 했어?// 주르륵 흘러내리는 기억의 창자를 끌며 어기적거리는// 어기적거리는. 이게, 내, 인생이니…… 봉합/ 되지 않는?
>
> −「……」 전문

> 태어나보니/ 냉장고 속이었어요/ 갈고리에 매달린 엉덩짝이 나를/ 낳았다는데 무엇의/ 엉덩짝인지/ 아무도 모르더군요/ 지하 식품부/ 활짝 핀 살코기/ 정원에서/ 고기가 낳은/ 고기// …날 때부터 고기/ 였어요/ 육회와 수육/ 창창한/ 肉切機의 세월이 기다리고 있다고
>
> −「태어나보니」 부분

> 두드릴 필요 없는 門//열면, 열리는/냉장고 속에는//탱탱한 비닐 정조막을 덮어쓰고/비늘 친 알몸으로 당신의/식욕을/기다린다//마음 놓고 상할 수도 없는 몸이//거두절미//잘 장만된/가운데 토막으로
>
> −「거두절미」 전문

「……」에서는 "오장육부까지" 다 꺼내 보이며 어기적거리는 테이블 위 마취 풀린 "개구리"의 모습에서 "봉합" 되지 않는 여성의 모순적 삶을 예리하게 읽어낸다. 물속과 땅 위의 서식처를 넘나드는 개구리의 삶에서 사회적 질서와 가부장적 이데올로기의 경계를 넘나들며 '위반'의 욕망에 노출된 여성의 삶을 본다. '해부'는 이러한 욕망과 억압적 질서를 해체하는 작업으로 관습적 '마취'를 거부하고 자아 각성 상태의 주체성을 강조한다. "내장을 질질 끌며" 어기적거리며 "이게, 내 인생"라고 말하는 주체의 언술은 여성을 타자로 여기는 사회에 "오장육부"를 다 드러낸 채, "절개"되어 봉합되지 않은 비정상적인 '몸'을 가학적으로 노출시킨다.

「태어나보니」에서는 여성의 몸을 '고깃덩어리'로 비유한다. 이는 여성의 몸을 성적이고 식민화된 시선으로 보거나 모성성을 미화하는 시선에 대한 '위반'적 진술이다. '냉장고'로 상징되는 가부장적 세계에서 여성은 온전한 인간으로 인정받지 못한 열등한 존재로 그의 '몸'은 '트렁크'나 '통조림' 그리고 '냉장고'에 담기는 '고기가 낳은 고기'일 뿐이다. 즉 그것은 살아 숨 쉬는 생명체가 아닌, '육절기'에 들어갈 '고깃덩어리'에 불과하다.

여기서 '고깃덩어리' 역시 비천함과 수동성을 상징하는 여성의 '몸'으로 가부장제의 권위에 도전하고 금기를 역전시키는 '전복'의 의미를 갖는다. 또한 "탱탱한 비닐 정조막을 덮어쓰고/ 비닐 친 알몸으로"(「거두절미」) 당신의 '식욕'을 기다리는 몸의 수동성 즉 '거두절미'된 몸은 자본주의에 노출된 여성의 '몸'을 노골적으로 드러냄으로써 남성 중심적 시각에 순응하지 않고, 오히려 그들의 시선을 역이용한다.

> 보여주마/ 얼음답게, 몸 속을/ 드나드는 톱날들을 환히/ 보게 해주마/ 물이 되는 살의 공포, 나를/ 썰음질하는 실물의/ 톱니들을/ 만지게 해주마……얼음/ 톱밥, 물이 되는/ 시간의/ 닭살들을/ 얼음 톱밥에 삶은 피를 끼얹어 먹는 팥빙수/ 비벼 먹어라 겁내지 말고/ 무색무취가 무섭대서/ 색소로 물들인/ 노랑 주황/ 얼음 핏방울
> ―「얼음여자」 전문

> 나를 입고/ 나를 신고/ 나를 걸타고/ 한 입 또 한 입 나를/ 베어무는 당신/ 피 빨고 노래 빨고/질경질경 씹어 재떨이에/ 내뱉는 당신/ 온몸에 남은 푸른 이빨자국들을/ 사랑할께요 시퍼렇게/ 사랑할께요 가지 말아요/ 버리지 말아요 나의/ 기둥서방 당신/ 붙잡을 바짓가랭

이도 없는 당신/ 입에서 항문으로/ 당신의 음경에/ 꼬치 꿰인 채/ 뜨거운 전기오븐 속을/ 빙글빙글빙글/ 영겁회귀/ 돌고 돌께요 간도/ 쓸개도 없이
　　　　　　－「늙은 창녀의 노래2」 전문

「얼음여자」에서 '얼음'의 차갑고 단단한 이미지는 톱날에 썰리고 물이 되어 녹아내리는 과정을 통해 해체되고 변형된다. '톱날', '톱니', '썰음질' 등은 그 몸에 가해지는 물리적이고 심리적인 폭력의 은유이다. '물이 되는 살의 공포'는 폭력 앞에서 파괴되고 변형된 여성의 몸이 느끼는 두려움과 고통이지만, '보여주마', '보게 해주마', '만지게 해주마'와 같은 위협적 어조를 통해 금기에 저항한다. '얼음 톱밥', '물이 되는 시간의 닭살들', '얼음 톱밥에 삶은 피를 끼얹어 먹는 팥빙수' 등과 같이 엽기적이고 그로테스크적인 발화는 금기를 역전시킨다. '무색무취가 무섭대서/ 색소로 물들인/ 노랑 주황 얼음 핏방울'을 가진 여자의 고통과 저항은 그래서 더욱 처절하다.

나아가 「늙은 창녀의 노래2」에서 처럼 남성의 가학적 행위를 '입고, 신고, 걸 타고, 베어 무는, 질겅질겅 씹어, 내뱉는' 잔혹한 이미지와 '음경을 꼬치에 꿰는' 그로데스크한 몸은 상징 질서를 교란하고 여성을 타자화함으로써 기존 성차의 역할을 비튼다. 이러한 여성의 '몸'은 폭력의 대상으로 '영겁 회귀'의 남성

적 질서에 대항하는 반反장소이다.

    분명 스스로의 몸을 훼손시키고 시체화함으로써 극단적인 상황으로 몰고 가는 김언희 시의 '몸'은 기존 질서와의 단절을 꾀하는 동시에 가부장적 사회의 금기와 억압에 대한 저항이자 전복이다. 「랄랄랄2」에서는 쥐가 고양이를 겁탈하는 반전의 '몸'이 등장하는데 이처럼 '피를 보고서야 멈'추는 즉 약자가 강자를 '겁탈'하는 그런 장면이 그의 시에서는 자주 등장한다. 특히 '자기 절단'이라는 극단적 행위의 서사는 폭력에 노출된 신체 훼손과 갇혀 있는 침묵의 육체를 해방시켜 새로운 출구를 모색하려는 것이다.[12] 그런 측면에서 김언희는 2020년 첫 시집 『트렁크』의 개정판에 다음과 같이 썼다.

    그때조차도 나는 내 불꽃 옷을 입고 춤추리라./ 그의 독재, 절대적 왕국에게/ 나의 최음제로/ 상처를 입히며,// 앤 색스턴을 빌려

—「개정판 시인의 말」[13]

---

[12] 백지연, 「포스트휴먼 시대의 젠더정치와 괴물-비체의 재현방식-김언희와 한강의 작품을 중심으로」, 『비교문화연구』 50, 2018, 90쪽.

[13] 김언희, 『트렁크』 개정판, 문학동네, 2020, 7쪽.

그는 먼 훗날 언젠가 도래할 '그때조차도' '불꽃 옷'을 입고 '그의 독재, 절대적 왕국'의 잔혹함에 끝까지 저항할 것이라 단언한다. '나의 최음제'로 남성과 여성, 인간과 비인간, 삶과 죽음, 성과 속의 경계를 해체해 나갈 것이라고 고백한다. 이처럼 김언희 시의 '위반'의 몸은 여성이 가부장적 사회를 위협하는 공포스러운 '블랙홀'의 몸이 될 수 있음을 혹은 극단적인 자기 파괴를 통해 억압적 현실을 전복하고 위반하는 헤테로토피아의 '몸'임을 보여준다. 그런 측면에서 시인 자신과 그의 시적 주체를 상징하는 '호랑말코'는 전체성의 경계를 허물고 여성의 '몸'에 대한 차별과 혐오 그리고 섹슈얼리티에 대한 균열로서 남성적 화자를 흉내 내는 미러링 기법을 실천하는 이질적 주체이다. 즉 상징질서 안에서 이상화된 여성의 이미지에 대한 도전이며 그것을 하나의 도구로 인식했던 남성적 질서를 조롱하고 위협하는 '위반'의 장소로 작동하는 것이다.

이원의 가상 공간과 물리적 몸의 경계 넘기, '사이보그'의 몸

1990년대 이후 과학 기술의 급속한 발달은 디지털화를 가속화시켰다. 문학도 이에 영향을 받았으며 특히 '가상 공간'이 문학 속으로 들어오기 시작했다. 이원의 시에 등장하는 '전자 사막'은 현실과 증강이 중첩되고 혼합된 장소로 열려 있으면서 닫혀 있는 헤테로토피아적 공간이다. 이러한 '가상 공간' 속의 '몸'은 행위자이면서 동시에 수용자로서의 장소이다. 현존하는 '다른 시간' 즉 헤테로크로니아의 시간이 흐르는 가상 공간에서의 존재에 대한 물음 또한 '몸'을 통해 새롭게 제기된다. 이때

이원 시인(1968~)

'몸'은 감각하고 의식하면서 현실이 아닌 다른 장소나 공간으로 이동하는 헤테로토피아이다.

현실에 있지만 현실에 존재하지 않는 가상 공간 속의 '몸'은 '디지털 정보의 선택적 처리 장소'로서 정보를 변형하거나 재구성하기도 한다. 그것은 감정과 욕망의 내면에 갇힌 현실적 몸의 물리적 한계를 넘어 새로운 유토피아를 구현한다. 이원의 첫 시집 『그들이 지구를 지배했을 때』 해설을 쓴 오규원은 이원의 시는 대상을 극단으로 치밀하게 또는 극적으로 확대하는 기법으로 밀고 나가는데, 이때 시적 주체의 정서와 관념을 병치시키는 기법을 통해 일상의 사물이나 기계들을 주체로 감각한다고 덧붙였다. 그렇게 본다면 이 '가상 공간'은 이성뿐만 아니라 감성 또한 깊이 관여되는 장소로서 이원 시인은 이러한 기술 문명에 대해 긍정적이고 능동적인 사유를 넓혀 나갔다.

> 실제로 로봇을 좋아해요. 로봇처럼 감정이 전혀 드
> 러나지 않은 사물을 바라보고 있으면 말할 수 없는 위
> 안을 느낀다고 할까요.[14]

이원 시인은 대학 다닐 때부터 마네킹을 좋아했고 감정을 전혀 드러내지 않는 로봇에 관심이 많았다고 했다. 그러한 취향이 첫 번째와 두 번째 시집에 그대로 드러난다. 그의 시에서 보이는 디지털의 가상 공간과 사이보그 '몸'은 더 이상 고정된 실체가 아닌, 가상 현실에서 상호작용을 하는 유동적인 존재이다. '사이보그'화 된 인공 육체는 물리적 육체와 디지털 세계가 결합한 새로운 형태의 몸이다. 이러한 '몸'은 실체적 '몸'의 분열을 의미하는 것이 아니라, 디지털 환경 속에서 인간의 정체성과 인지 기능 그리고 감각의 경험 등이 파편화되고 재구성되는 과정을 상징적으로 보여준다. 또한 현실의 이분법적인 차별이나 제약에서 벗어나 자유로운 표현과 소통을 가능하게 하지만, 동시에 자아 해체와 정체성 상실의 위험을 내포한다.

도나 해러웨이[15]는 이러한 '사이보그'를 통해 여성해방의 가

---

14 이원(2010), 「사이보그라서 괜찮아」, 『천년의 시작』 9.
15 해러웨이는 사이보그를 통해 여성의 몸을 둘러싼 생물학적, 사회적 경계를 해체하였다. 그는 도구와 과학 기술이 결합하면서 인간의 육체는 더 이상 자연적인 상태가 아니라, 어느 정도의 차이는 있지만 모두 사이보그로 보았으며 그러한 몸의

능성을 제시했다. 그는 '사이보그'는 기계와 유기체의 혼종적 결합체로서 전통적인 이분법적인 사고를 해체하고 새로운 정체성을 구축할 수 있는 가능성을 시사한다고 하였다. 그러므로 현대인들은 모두 "기술과학적 자궁의 자손들"로서 자연과 인공, 자연과 문화 그리고 주체와 객체, 기계

와 유기적인 몸, 서사와 실재 간의 충돌로 탄생한다는 것이다. 이런 '사이보그'는 '여성-타자'를 같은 궤도에 놓음으로써, 여성들이 과학 기술이나 초국가적인 자본주의를 주도하는 남성의 영역에 개입하고 그 이면에 놓인 여성과 소수자에 대한 윤리적 문제를 전유한다. 그런 측면에서 해러웨이의 '사이보그 선언문'

특징을 다음과 같이 논하였다. 첫째, 사이보그는 더 이상 고정된 실체가 아닌, 기술과 결합하여 끊임없이 변화되고 재구성되는 유동적인 존재이다. 둘째, 사이보그는 기술을 통해 몸의 기능을 확장하고, 자신의 욕망과 필요에 따라 몸을 변형시킬 수 있으므로, 여성이 자신의 몸에 대한 주체성을 회복하고, 자기 결정권을 행사할 수 있게 한다. 셋째, 사이보그는 여성에게 여성의 몸을 억압하는 사회적 규범과 권력 관계에 저항하는 수단으로써 혼종성과 유동성은 기존의 젠더 질서를 전복하고, 새로운 사회적 관계를 형성할 수 있는 가능성을 제시한다. 넷째, 사이보그는 여성들 간의 연대를 강화하고, 공동체를 형성하는 데 기여한다. 기술을 통해 여성들은 서로 연결되고, 정보를 공유하며, 공동의 목표를 위해 협력한다. 이는 여성들이 사회적, 정치적 변화를 이끌어 내게 하는 원동력이 되고 있다.(도나 해러웨이, 황희선 옮김, 『해러웨이 선언문』, 책세상, 2019, 23-98쪽)

에서 인간과 기계, 자연과 문화, 남성과 여성 등 이분법적인 경계를 허물고 유동적인 정체성 형성이 가능함을 밝혔다.

커뮤니케이션 기술과 생물공학으로 형성된 '사이보그'는 인간과 기계, 현실과 가상 세계의 경계를 허물며 기존 질서를 전복하고 새로운 관계의 장을 형성한다. 무엇보다 그것은 여성의 '몸'에 대한 사회적, 문화적 제약에서 벗어나 새로운 주체성을 확립하고 해방을 이룰 가능성을 제시하였다. 그런 측면에서 가상 공간은 '사이보그'를 만드는 대표적인 헤테로토피아로서 물리적 제약 없이 정보를 교류하며 새로운 문화를 구축한다.

과학기술이 만들어낸 '가상 공간'은 현실과는 다른 질서와 규칙이 지배하는 헤테로토피아로서 푸코의 개념을 빌리면 "현실에 존재하지만, 현실과 동일하지 않는 공간"이다. 이러한 공간은 현재 디지털 시스템이 생활 전반을 제어하고 인간의 인식과 판단 능력까지 좌우할 수 있으며, 현실보다 더 현실적인 공간이 된다. 특히 이원의 두 번째 시집 『야후!의 강물에 천 개의 달이 뜬다』에는 이러한 디지털 '가상 공간'으로서의 헤테로토피아가 부각되며 새로운 시적 상상력을 통해 젠더적 차이와 경계를 넘어선다. 또한 우리의 현실이 무릇 '가상 공간'에서 더욱 현실적으로 구현될 때, 인간은 현실과 가상 세계 사이에서의 혼란을 통해 실존에 새로운 의문을 제기하게 된다. 다시 말해 생물과 기계의 결합으로 인간이 사이보그화되는 가상 세계는 몸의 경계를 모호하게 만들거나 전통적인 자아 개념을 해체함으로써 양립 불가능한 것들의 관계를 새롭게 설정한다.

이원의 시에 등장하는 시적 주체는 인터넷에 접속된 존재로 '사이버 공간'[16]을 끊임없이 떠돈다. 컴퓨터-기계와 접속된 '사이보그' 몸은 탈젠더와 탈경계의 주체로서 가상 공간에서 새로운 관계를 구축한다. 이것은 남성/여성, 문명/자연. 주체/객체의 경계 그리고 현실의 장벽과 한계를 넘어 새로운 삶을 모색하는 시적 전략이기도 하다.

> 전자 사막에서 유목하며 살아남기 위해/ 노새를 살까 양을 살까/ 낙타 한 쌍을 살까/ 흰털이 고불거리는 양 열 마리에/ 양치기 개인 코리종도 함께 살까 외로움은/ 낙타의 육봉에 넣어둘까 양의/ 꼬리에 넣어둘까/ (중략)/ h의 DNA에 내 유전자의 일부를 잘라 붙인/ 복

---

[16] 랜들 윌서Randal Walser는 사이버 공간을 "통신 매체로 인해 존재하는 현상이며, 물리적 공간과 유사하지만 가상적인 물건들로 채워진 공간"이라고 정의했다. 그는 사이버 공간을 단순히 기술적인 개념으로만 보지 않고, 사람들의 상호작용과 경험을 통해 형성되는 사회문화적 공간으로 이해했습니다. 즉, 사이버 공간은 물리적 공간처럼 사람들이 모여 활동하고 관계를 맺는 공간이지만, 그 구성 요소가 물리적인 실체가 아닌 디지털 정보와 가상 객체라는 점에서 차이가 있다고 보았다. 또한 "사이버네틱 시뮬레이션"이라는 컴퓨터 기술을 통해 현실 세계를 모방하고, 사용자와 상호 작용하는 가상 환경을 구축하였는데, 이는 마치 자신의 육체가 가상 공간에 존재하는 듯한 느낌을 받으며, 현실과 가상의 경계가 모호해지는 경험을 하게 된다.(랜들 윌서, 『가상현실과 사이버 스페이스』, 세종대학교 출판부, 1994, 96-100쪽)

> 제아기 신청서를 낼까 오육칠정을 가진/ 키가 185cm
> 까지 자라는/ 사내애 하나와 검은 곱슬머리를 가진/ 쌍
> 둥이 계집애 둘을 주문할까/ 증발되기 쉬운 물질인 나
> 를/일몰 무렵의 안락사로 예약해 놓을까
> 　　　　　－「전자 사막에서 살아남기 위해」부분

> 나는 세계를 연속 클릭한다/ 클릭 한 번에 한 세계
> 가 무너지고/ 한 세계가 일어선다/ 해가 떠오른다 해에
> 도 칩이 내장되어 있다./ (중략)/ 검색어 나에 대한 검
> 색 결과로/ 0개의 카테고리와/ 177개의 사이트가 나타
> 난다/나는 그러나 어디에 있는가/ (중략)/따닥 따닥 쌍
> 봉낙타의 발굽소리가 들린다/ 오아시스가 가까이 있
> 다/ 계속해서 나는 클릭한다 고로 나는 존재한다
> 　　　　　－「나는 클릭한다 고로 나는 존재한다」부분

'전자 사막'은 비물질적인 가상 현실의 헤테로토피아로 현실적인 몸이 직접 경험하는 장소가 아니라 시뮬라르크를 통해 구현되는 곳이다. 물질적 상상력으로 전이되는 '전자 사막'은 하드웨어적 공간과는 다르지만, 마치 실제 공간처럼 존재하고 작동하는 현실과 유사한 효력을 발생시킨다. 이러한 장소에 접속된 시적 주체의 '몸'은 경계 위반의 상징성을 드러낸다. 이원은 현대인을 유목민에 비유하며, 물리적 공간에서의 유목과 전자 사

막에서의 유목을 대비시킨다. 유목민들이 현실의 물리적 공간에서 물과 풀을 찾아 떠돌아다녔듯 사이버 시대의 유목민들은 '전자 사막'이라는 비물질적 가상 공간을 떠돈다. 또한 누군가의 'DNA'를 잘라 만든 '복제아기'와 '안락사 예약'과 같은 새로운 문제와 직면하면서 현실과 다른 이질적 가치관과 생존 방식을 고민하게 된다.

이처럼 '전자 사막'에서 유목민으로 살아가는 사이보그 '몸'은 선형적인 시간과 고정된 공간 개념을 벗어나 시공간을 자유롭게 넘나든다. 현실과 환상의 경계가 모호한 '전자 사막'은 새로운 가능성이 존재하지만 동시에 존재의 불안정성이 야기되는 장소이다. 이곳에 접속된 사이보그는 실재하는 몸이 아니라 순간적으로 나타났다가 전원이 꺼지면 유령처럼 사라지는 말하자면 실제 몸으로 존재하는 '나' 대신 기호 혹은 사이트에 접속한 '나'로 존재한다. 시에서는 그것을 '나는 클릭한다. 고로 존재한다'로 서술된다. '플로그를 달고 다니는'(「사이보그1」) 나는 마우스의 클릭을 통해서 '나'의 존재를 확인할 수 있다.

그런 측면에서 '가상 공간'은 여성에게 현실의 구속이나 제약에서 벗어나 자유로운 표현과 소통을 가능하게 하는 해방의 장소이다. '177개의 사이트'에 동시에 존재하는 '가상 공간' 속의 '나'의 모습은 모두 다르다. '허공을 만질 수는 있어도/ 서로의 몸이 만져지지 않는' (「사막을 위한 변주」) 이곳의 사람들은

'머리를 떼어놓고/ 머리 대신 모니터를 달고'(「공중도시」) 다닌다. 그러므로 '몸 속에 웹 브라우저를 내장하고'(「몸이 열리고 닫힌다」) 있는 그들은 이미 '사이보그'화 된 몸이다.

> 텔레비전의 플러그를 빼고, 오디오의 플러그를 빼고, 가습기의 플러그를 빼고, 스탠드의 플러그를 빼고, 냉장고의 플러그를 한 번 더 꽉 꽂고 −중략−기계들에 기숙하는 나는 집을 나서자마자 주유소로 뛰어갑니다
> 　　　　　　 −「사이보그1− 외출 프로그램」 부분

> ······················P.M. 8:00∼8:30 P.M. 8:00∼8:30 학원 랩실 한 명씩 들어갈 수 있게 칸막이가 쳐진 랩실에서 고개를 숙이고 국제공용어 테이프를 듣는다.
> 　　　······························P.M. 12:00∼ P.M. 12:00∼ 방 불을 끄고 누워 창가로 들어오는 희미한 불빛을 올려다본다. 바다로 가고 싶다는 기억이 켜진다. 출렁이는 잠 속으로 빠져든다.
> 　　−「사이보그5 −메뉴얼(회사원97−01−pd038, 26세)」 부분

점점 '사이보그'가 되어가는 주체들의 자화상을 보여주고 있는 위 시들은 실존적 인간에 대한 존재론적인 성찰이 아니라 기

계화된 인간의 삶에 대한 성찰을 보여준다. 컴퓨터를 켜자마자 '나'는 기계의 부품처럼 접속되거나 해체되는 정체성의 혼란을 겪는다. '사이보그'화 된 몸의 해체적 상상력은 인간의 근원적인 정서나 감정까지도 통제될 수 있는 존재의 위기를 보여준다. 스스로 판단하고 인지하는 주체적 자아가 아니라 어디에서든 플러그가 뽑히면 해체되는 존재. 그러므로 '사이보그'가 되어가는 '나'는 '어느 곳으로나 접속하고'(「아이는 공을 두고 갔을까」)싶고, '누가 세팅해 놓은 프로그램'(「나는 클릭한다 고로 나는 존재한다」) 속에서 새롭게 태어난다. 그러므로 '클릭 한 번에 한 세계가 무너지고/ 한 세계가 일어서'(「나는 클릭한다 고로 나는 존재한다」)는 가상 현실 속에서 매일 눈을 뜨고 눈을 감으며 점점 사이보그적 삶에 익숙해진다.

하지만 '사이보그'화 된 '몸'에 대한 상상은 한편으로 디지털 시대의 주체적 자율성을 심각하게 훼손시킬 수 있음을 암시한다. 고도로 조직화한 디지털 세계는 성의 대립이나 불평등 그리고 인간의 정체성을 해체하고 기계화시킬 수 있기 때문이다. 이에 이원의 시는 디지털 문명이 초래할 수 있는 근원적 문제를 통해 여성과 남성, 현대의 주체적 삶과 주체에 대한 존재론적 질문을 새롭게 환기한다.

메뉴얼로 표현되는 현대인의 삶은 기계적이다. 인간의 존재 자체가 사이보그화 되어 정해진 시간에 따라 기계적으로 움직일 수밖에 없는 일상의 모습을 나타낸다. 즉 현실에서의 삶이 기계화된 몸을 통해 우리의 삶이 이미 사이보그화 되었음을 의미한다. 디지털 매체의 보급과 확산은 현대인의 주체성 상실의 위기를 인식하게 하며 이원의 시는 이런 위기의식을 사이보그화 된 몸을 통해 경고한다.(중략)

사이보그 010: 시와 평론 겸업 각종 지면에 시의 종말을 예언하는 글을 빈번하게 발표하면서도 낡은 서정시를 줄기차게 써낸다. 여성 사이보그 사이를 헤매며 쾌락을 사냥한다.
ㅡ「2050년/시인 목록」부분

나는 마우스 위에 오른손을 얹고 있다/ 내 몸의 일부는 적막에 묻혀 있고/ 내 몸의 일부는 바람에 붙어 있고/ 내 몸의 일부는 지워졌고/ 내 몸의 일부는 그가 떼어갔고/ 내 몸의 일부는 꺼진 모니터 속에 들어가 있다// 그러나 마우스가 여자의 얼굴 속에 들어가 있어도/ 여자의 한쪽 눈과 콧구멍 하나는 얼굴 밖의 세계를 벌름거리고
ㅡ「마우스와 손이 있는 정물」부분

컴퓨터를 켜자마자 17인치 모니터가 얼굴을 진공청소기처

럼 쭉 빨아 당겼다 눈코입이 딸려 들어가고 가죽만 책상의 모
서리로 흘러내렸다 미지근한 가죽을 들어 신년 달력 옆에 걸어
놓는다

-「자화상」부분

    초고속통신망이 연결된 컴퓨터를 켜두고 조용히 죽음으로 든 사람들(「적멸보궁」)을 마주하는 가상 공간 속 주체들. 그 몸의 일부는 적막 속에 있고 또 다른 몸의 일부는 지워지고 나머지 일부는 "꺼진 모니터 속"으로 들어가는 '사이보그'들은 디지털 시대의 현실을 살아가는 우리들의 가까운 "자화상"이다. 이처럼 안/밖, 비非물질성/물질성으로서의 가상공간의 주체는 마우스 위에 오른손을 얹고 가상 세계로 들어가는 순간 실재인 동시에 허구적 존재가 된다. 그 누군가와 접속하여 또 다른 자아가 된 '나'는 '나'이면서 '프로그램'이기도 한 혼종적 주체이다. 나는 수많은 네트워크를 통해 더 많은 사이보그와 연결된다. 현실의 차별적 경계를 넘어 가상과 실재의 경계를 뚫고 더 자유롭고 새롭게 변신할 수 있다.

    이처럼 이원 시의 '사이보그' 몸은 과학 기술과 자본이라는 현실적 조건에서 여성이 어디에 위치해 있는지 또 어떤 방식으로 저항해야 하는지를 생각하게 한다. 성별이 없는 '사이보그'는 현실의 성차별과 몸의 한계를 넘어 새로운 사유를 가능하게

한다. '사이보그' 몸은 언제 어디서든 해체되고 새롭게 태어나는 존재로서 모든 경계 너머로 증식하거나 분열하며 성별과 인종, 인간과 비인간 간의 모든 차별과 위계를 해체하는 새로운 연대의 가능성을 보여준다.

*

1990년대 이후 여성시의 '몸'은 지배적인 공간 질서에 저항하는 '반反장소'로서 타자들의 목소리를 새로운 담론으로 구축했다. 억압과 차별에 대한 이의 제기로의 여성의 '몸'은 새로운 정체성의 근간으로 모순된 현실에 '저항'하는 몸이자 '해방'의 몸으로 타자를 위한 새로운 담론의 장이었다. 그런 측면에서 1990년대 이후의 여성시는 여성성, 섹슈얼리티, 젠더 폭력 등 여성의 '몸'을 다각적인 측면으로 탐색함으로써 역동적인 주체의 가능성을 새롭게 타진하였다.

특히 김혜순, 김언희, 이원의 시에 드러나는 '몸'은 단순히 생물학적인 육체를 넘어 젠더 차별과 억압에 대한 저항인 동시에 해방 공간이었다. 인간의 '몸'이 가장 유토피아적이면서 헤테로토피아적 장소라면 여성에게 주어진 절대적인 현실 공간으로서의 '몸'은 임신, 수유, 낙태, 월경의 체험으로부터 나아가 남성과 다른 방식으로 말하고 사유한다.

김혜순 시의 '몸'은 무한대의 '프랙탈'처럼 내 안에 새겨진 누군가의 기억과 경험을 끝없는 '이야기'로 생성하는 '코라^{chora}'의 몸이었다. 나의 몸과 타자의 몸이 서로 만나 겪게 되는 고통, 억압, 쾌락의 이야기는 '코라^{chora}의 몸'을 통해 끝없이 생성된다. 또한 김언희 시에 드러나는 몸은 '금기'에 저항하고 억압을 전복하는 '위반의 몸'으로 가부장적 사회를 위협하는 타자로서 상징 질서 안에서 이상화된 여성의 몸에 정면으로 도전하며 그것을 하나의 도구로 인식했던 가부장적 질서를 조롱하고 전복했다. 그리고 이원 시의 '전자 사막'이라는 가상 공간을 살아가는 '사이보그의 몸'은 기존 남성 중심의 이원론적 질서를 해체하고 현실의 물리적인 장소를 넘어 언제 어디서든 새롭게 태어나며 나이와 성별, 인종 그리고 인간과 비인간 사이의 새로운 연대를 부각시켰다.

　　이러한 논의는 여성의 '몸'을 타자화하거나 게토화하려는 공간 질서에서 나아가 타자와 공존하는 새로운 담론의 장소, 시대의 상황에 따라 다양한 형식으로 변화하는 가능성의 장소로 여성의 '몸'을 열어놓기 위함이었다. 하지만 여전히 이렇게 해서 얻어진 여성의 '몸'이 지금 이 시대에 어떤 실천성을 담보로 하고 있는지는 계속 되물으며 다양한 변화의 가능성을 새롭게 타진해 나가야 할 것이다.

김혜순 시인

"시를 쓴다는 것은 상상적 공간,
문학적 공간에서 일어나는 '움직임'입니다"
(『김혜순의 말』, 마음산책, 2023)

**초등학교 입학식 날
엄마와 함께 한 김혜순 시인**

(『김혜순의 말』, 마음산책, 2023)

2015년 봉정사에서

"죽음이란 우리가 삶 속에서 무한히 겪어나가야 하는 것이고, 무한히 물리쳐야 하는 것이고, 살면서 앓는 것입니다"

(『김혜순의 말』, 마음산책, 2023)

2022년 스톡홀름 국제시축제에서, 김혜순 시인
"저는 문학보다 더 큰 예술의 영역은 없다고 생각합니다" (『김혜순의 말』, 마음산책, 2023)

2010년 로테르담 국제시축제에서, 김혜순 시인
(『김혜순의 말』, 마음산책, 2023)

"마침내 점 하나, 블랙홀의 중력을 가진 마침표 하나"
(『호랑말코』, 시인의 말, 문학과지성사, 2024)

5부 경계를 가로지르는 이질적 공간
: 1990년대 이후 포스트 모던과 탈중심의 헤테로피아

"문학, 살아서는 헤어나올 수 없는 덫"이라고 말하는 김언희 시인

그때조차도 나는 내 불꽃 옷을 입고 춤추리라.
그의 독재, 절대적 왕국에게
나의 최음제로
상처를 입히며.

앤 색스턴을 빌려
— 『트렁크』 개정판, 시인의 말

사막의 달은 차고 환해 내가 들여다봐도 내가 나오지 않는 거울이야
(...) 달의 사막은 미끄러워 숨차 당신의 그림자만 깔려 있는 거울이야
－「거울 속에서 낙타는 어디까지 갔을까」 부분

로테르담 세계시축제 번역 워크숍 시인으로 선정되었다. 우리는 한자리에서 같은 시를 각자의 모국어로 읽었다. 신기하게도 언어 속 리듬과 메아리가 닮아 있었다.

본 적 없는 아름다움은 끝내 모를 것인가
끝내 모를 것을 사랑하면 아름다움이 될 것인가

-『사랑은 탄생하라』, 시인의 말

시는 그 도시의 모든 곳에 있었다. 미용실 안에도 시를 위한 테이블이 차려졌고 쇼윈도에도 화가는 시를 위한 그림을 완성해 가고 있었다. 진행 중이어서 완성에 이르지 않음, 그것이 시였다. 나도 최대치의 기세를 꺼냈다.

사이보그 008: 고뇌하는 사이보그. 전복적, 불온적 언어를 꿈꾸는 이상론자. 일년에 반 이상을 지구 밖 별에 머물며

―「2050년/시인목록」 부분

신들은 얼굴이 없어 구별이 되지 않고 뼈만 남은 나는 신들 안에 숨어 춤다
— 「뼈만 남은 자화상」 부분

아마도 핀란드. 헬싱키는 예상과는 다르게 황량했다. 이른 아침 사람 없는 골목을 걸을 때 세계의 끝 같았다. 간단하고 자유로웠다.

> 내 발 속에 당신의 두 발이 감추어져 있다 (...) 당신의 두 발이 걸을 때면/어김없이 내가 반짝인다 출렁거린다/내 온몸이 쓰리다
> —「사랑 또는 두 발」 부분

기형도 시에 드러나는 '정동'과 '사이 공간'들

나는 거울로부터 내가 있는 장소에
내가 부재하다는 것을 발견한다

　한국 시문학사에서 기형도[1]라는 이름은 90년대 이후 뜨거운 '신화'로 남았다. 그는 1985년 동아일보에 「안개」로 등단했지만

---

[1]　기형도(1960-1989) 경기도 옹진 출생. 1985년 동아일보 「안개」로 등단. 그는 1979년 연세대학교 정법대학 정법계열에 입학하여 교내 문학서클 '연세문학회'에서 본격적인 문학 수업을 시작하였다. 1983년 작품 「식목제」로 교내 문학상인 윤동주 문학상을 수상함. 기형도의 유고시집은 『입 속의 검은 잎』(1989)을 시작으로 산문집 『짧은 여행의 기록』(1990), 미발표 시를 함께 묶어 추모문집 『사랑을 잃고 나는 쓰네』(1994), 『기형도 전집』(1990) 출간됨. 1989년 기형도의 유고 시집 『입 속의 검은 잎』이 발간된 이래로, 기형도의 시에 대한 독자들과 문학계의 반응은 뜨거웠다. 기형도 30주기였던 2019년 한 신문은 『입 속의 검은 잎』의 현재적 의미를 조망하며, "기형도는 왜 여전히 이토록 뜨거운 이름일까, 지금 그의 시를 읽는 다는 건 어떤 의미일까"라는 질문을 던지기도 했다.

1989년 홀연 젊은 나이로 세상을 떠났다. 그의 죽음에 대한 불분명한 사인과 1990년이라는 시대적 분위기 속에서 출간된 그의 유고시집 『입 속의 검은 잎』은 한국 문학의 새로운 '역사'가 되었다. 오늘날에도 '기형도가 지속적으로 소환되는 것은 부정할 수 없는 그 신화의 생명력'[2]으로 섬세한 시적 언어와 다채로운 상상력으로 점철되는 윤리적이고 미학적인 그의 시세계 때문일 것이다.

기형도 시인 (1960~1989)

1990년대는 신군부 정권에 대항하는 저항과 실천으로서의 헤게모니에서 벗어나 신자유주의의 범람과 사회적 윤리의 몰락 속에서 문학의 정당성을 찾으려는 노력이 그 어느 때보다 치열했다. 무엇보다 '도시적 공간과 감성'으로서 1980년대와 1990년대 한국시사를 새롭게 통합할 가능성에 대한 논의[3] 등은 그의 연구에 또 다른 가능성의 문을 열어주었다.

문학의 공간이 '문학 작품 속에 화자가 활동하는 무대이거나

---

2 이광호, 「기형도의 시간, 거리의 시간」, 박해현·성석제·이광호 엮음, 『정거장의 충고』, 문학과지성사, 2009, 83쪽.

3 송종원, 「기형도 시에 나타난 시대적 징후」, 『인문학연구』 제30집, 인하대학교 인문학연구소, 2018.

사상이 실체화되는 구체적인 현장'이라면 기형도 작품 속의 공간은 그 자체로 현실적 장소이자 주체의 내면이 반영된 공간이다. 그런 측면에서 기형도 시의 이질적인 공간과 '정동'의 양상을 추적하는 것은 그의 텍스트를 둘러싼 시대와 불안정한 개인의 내면적 탐구로 이어지는 것으로 기형도의 시세계를 이해하는데 또 하나의 중요한 방법론이 될 것이다.

헤테로토피아는 개인과 사회를 비춰주는 '거울'과 같은 장소로서 어느 사회, 어느 시대에나 존재했으며 생성과 소멸의 과정을 겪어왔다. 무엇보다 근대의 이질적 공간이 가져다주는 '불안정한 평온'은 개인이 현실의 공간과 관계 맺는 방식이자 그로 인한 신체나 사유의 변화를 의미한다. 공간과 장소는 몸을 통해서 경험되는 것이므로 인간이 살아가는 방식은 결국 '공간의 존재'를 입증하는 방식과 상통할 수밖에 없다. 그 때문에 공간이 개인에게 미치는 구조적 메커니즘은 실존적 주체가 느끼는 고독과 소외가 개인의 문제가 아니라 그것을 둘러싼 사회와 권력의 문제라는 것을 보여주는 중요한 열쇠가 된다. 즉 근대적 공간이 한 시대의 사회적, 정치적 맥락 아래 구조화되었다면 그것은 주체의 감정과 정동을 생성하는 이질적 장소와 밀접할 수밖에 없다는 것이다.

그런 점에서 기형도 시의 헤테로토피아적 상상력은 근대 욕망의 도시 공간 이면에 숨겨진 절망을 드러냄으로써 또 다른 희망의 가능성을 모색하는 것이다. 그것은 사회가 규정한 획일화된 장소에서 벗어나 '정상적인 것'과 '비정상적인 것'의 경계와 경계 '사이'에서 드러나는 시대 현실과 주체 내면에 대한 탐구이기도 하다. 기형도의 기존 연구가 대체로 '부정성, 죽음, 절망' 등에 집중되어 '그로테스크 리얼리즘'이나 '부정적 세계관'의 관점으로 해석되어 왔다. 하지만 표층적인 어둠과 절망이 역설적으로 시인이 추구하는 이질적 삶과 자유를 향한 갈망을 의미한다면 그의 시는 단순히 죽음 의식이나 부정성에 갇히지 않고, 현실 공간으로부터 탈주해 그 이면의 다양한 감정과 욕망을 내포하고 있다고 볼 수 있다. 문학 공간이 '문학 작품' 속의 시적 주체가 활동하는 무대이거나 사상이 실체화되는 구체적인 현장이라면 작품 속의 시적 공간은 현실적 공간뿐 아니라 시인의 내면이 반영된 장소로 그것을 명료하게 파악하는 것은 텍스트를 둘러싼 시대와 근대성을 확인하는 것이기도 하다.

그동안 기형도 연구에서는 장소 자체뿐 아니라 장소에서 발생되는 개인의 의식과 무의식의 영향 관계들까지 다양한 관점으로 읽어내고 있다. 하지만 공간에서 장소 그리고 무장소로 나아갔지만, 장소 너머의 다른 장소들 즉 이소성異所性의 장소에 관한 연구가 미진하며 그러한 장소가 '정동'과 어떤 관계를 맺고 있는지는 간과되었다. 한 개인의 고독과 소외가 근대화 과정에서 파생되었다면 헤테로토피아에서 드러나는 '정동'들은 근대적 장소들 속에서 사회·문화적 의미를 다각적으로 접근할 수 있는 중요한 논점이다.

그런 점에서 기형도의 시는 근대적 현실에서 '절대적으로 다른' 장소이자 현실에 없는 시간인 '헤테로크로니아'의 순간을 경험한다. 삶과 죽음, 과거와 현재 등 양립 불가능한 시간은 '아무 데도 갈 수 없음' 이자 '어디에도 정박할 수 없는' 장소를 통해 견딘다. 기억과 환상이 교차하는 '자기 은신처'의 장소들은 유토피아일 수도 있고 디스토피아일 수도 있다. 혼종적 시간이 존재하는 이소성의 장소에서는 주변 힘들의 마주침으로 어떤 감응이 일어난다. 그렇다면 '정동'은 다수의 힘들이 무한히 되풀이되는 감정들로 장소와 관계에 대한 성찰을 가능하게 한다. 이처럼 기형도의 죽음과 비극적 세계관은 80년대를 거쳐 세기 말적 시대를 반영한 '이질적 장소'에서 두드러진다. 90년대 유토피아적 상상력을 촉발하는 '구성된 장소'로서 이 시기 근대 사회의 모순과 개인의 삶이 어떤 관계를 가늠하게 한다면 그것은 자신의 죽음[棺]으로 이념 사회의 근대화를 읽는 통로[關][4] 구

---

4   정과리는 「죽음, 혹은 순수 텍스트로서의 시-『기형도 전집』에 부쳐」에서, 기형도의 공간은 그의 죽음으로서 빅뱅과도 같으며, 그의 죽음은 종말이 아니라 시적 공간의 창출이라는 시원에 해당한다고 말한다. 그의 시는 "순수-텍스트"로 현존하며, 시라는 이름으로 "관棺은 관關"이며, 그의 죽음으로 그를 읽어낼 수 있다고 말함으로써 죽음을 정서로 읽어내기보다는 관으로 여겨야 한다는 지적이다.(정과리, 「죽음, 혹은 순수 텍스트로서의 시-『기형도 전집』에 부쳐」, 『무덤 속의 마

실을 한다고 볼 수 있다.

그러므로 그의 시에 드러나는 공간이 물리적 개념을 넘어 정서적 공간임을 파악하는 것은 그를 둘러싼 사회와 문화에 대한 균형 있는 논의가 될 것이다. 그런 측면에서 정동은 '아직 아닌 것' 혹은 '무엇이 될지 모르는 것'의 형식이기도 하다. '아직 아닌' 감정과 '숨어드는' 혹은 '사이'의 공간은 그에게 일상적 삶의 자리에서 벗어난 도피처이자 현실의 유토피아적 공간이며 나아가 새로운 '삶'의 자리를 구축하기 위한 장소이다. 현실의 규율과 억압에서 해방되어 중심과 획일화된 장소의 경계를 넘는 주체의 정념은 이소성의 장소에서 비교적 명확하게 드러나기 때문이다.

무엇보다 기형도의 텍스트에서 시적 주체는 세상과 의미 있는 관계를 맺기 어렵다는 점에서 문제적이다. 주어진 세계의 질서 속에서 '정상적인' 관계를 맺지 못한다는 것은 세계에 쉽게 편입되지 못한다는 것이다. 다른 한편으로는 세계의 질서에 포획되지 않으려는 주체의 자발적인 고립을 스스로 선택함인데 그러한 이소성의 다른 장소를 체현함으로써 드러나는 시적 주체의 장소에 따른 감정의 추이를 밝히는 것은 그의 시세계의 또 하나의 중요한 시사점이 될 것이다.

젤란』, 문학과지성사, 1999, 87-124쪽)

변위적 상상력으로서의 '정동'과 '사이 공간'

탈근대의 일상 속 개인들은 불확실하고 유동적인 '감정의 주체'로서 사회적 소외나 실존의 과정에서 드러나는 '정동'은 이질적 장소에서 더 부각된다. 정동은 라틴어 affectus, 불어와 영어의 affect로서, 스피노자의 개념이 들뢰즈에 의해 전유되고 재해석되었다. 스피노자는 '변용', 들뢰즈는 (신체의)'섞임'이라고 의미화한[5] '정동'은 사이in-between~ness의 행위 능력과 그 행위가 진행되는 '사이 공간'에서 주로 발생한다. 이-푸 투안 역시 인간의 경험은 시각, 청각, 촉각, 후각 등의 기능과 감정을 통해 이루어지며 그것이 장소와 함께 기억에 각인된다고 보았다.

---

5   스피노자 『윤리학』에서 「정서의 기원과 본성에 대하여」(3장)에서 정동affectus은 외부 사물(외부의 몸)이 인간의 몸에 영향을 미쳐 몸의 능동적 행동 능력이 증가하거나 감소할 때 그러한 몸의 변화를 능동적이고 역동적이게 하는 힘을 지칭하는 용어이다. 모든 존재가 자기 보존을 위해 노력하는 본능적인 힘인 '코나투스'는 외부 자극에 의해 '기쁨' 혹은 '슬픔'의 형태로 나타난다. 그러므로 정동은 인간의 행동과 사고를 촉발하여 삶의 활력과 관현된 통동적인 힘이라고 보았다. 또한 네그리·하트와 들뢰즈·가타리의 저서에서 '정동'은 변양變樣(『천개의 고원』), 정서情緖(『제국』), 감화感化(『영화』), 감응感應(『질 들뢰즈』) 등 여러 용어로 번역하며 "강도intensity"와 "잠재력potentiality" 개념과 연결시켰다. 들뢰즈는 이행과 변이를 비재현적 사유로 정의했다. 또한 인간 존재들의 관계들 속에서 의식, 사유, 감정을 발동시키는 '되어감'의 힘으로 주체와 객체를 가로지르는 힘으로 보았다. 그러므로 정동은 고정된 상태가 아니라 끊임없이 변화하고 흐르는 '되어감becoming'의 힘이며 이것은 신체와 분리될 수 없다고 보았다. 이러한 '되어감'은 지속적인 상태변화에서 차이를 만들어내는데, 여기서 '차이'란 다른 개체와의 차이를 의미하는 비교가 아니라 스스로 자리를 생성하는 내적인 변화를 가리킨다.(조정환, 『인지자본주의』, 갈무리, 2011, 557-558쪽)

몸은 주체의 사유와 충동, 변이와 이행이라는 관계의 묶임과 풀림 속에서 다양한 힘들의 뒤섞임으로 이루어진다. '정동'은 그 힘이 재현되고 개념화되기 이전 '신체와 마음의 파동'으로 타자와의 관계나 주변 환경에 의해 촉발되고 변화된다. 그러므로 시적 주체가 구성되는 과정에서 정동이 어떤 식으로 표상되는지는 '변위transposition적 상상력'으로서 '정동'[6]이 증가하거나 감소하며 일어나는 헤테로토피아에서 비교적 명확하게 드러난다.

'변위적 상상력'은 '자리 바꿈'으로써 대부분 죽은 타자와 현실에 살아 있는 개별 주체가 위치를 바꾸며 한 번도 가 본 적이 없는 죽음이나 비극적인 감정의 상황에 자신을 위치시키며 그것과 동일시한다. 때문에 '이소성'의 장소인 '헤테로토피아'는 복합적인 힘들이 국지화되는 장소로 배치와 대립 그리고 교차의 과정을 거치며 '정동'의 공간이 된다.

1990년대 이후 '탈근대'는 근대의 내부에 있으면서 자기 갱신의 가능성이 '내일 그곳'이 아니라, '지금 여기'에 있음을 확인

---

[6] 조강석은 문학 텍스트가 정동을 가장 효과적으로 표현하고 독자의 정동적 반응을 촉진한다는 측면에서 '정동적 문학 읽기'에 대한 가능성을 논구하였다.(조강석, 「정동적 문학 읽기의 가능성」, 『한국문학이론과 비평』 제27집, 한국문학이론과비평학회, 2023. 307-328쪽) 또한 권명아는 '정동의 전환' 이후 정동 연구의 지형도를 고찰하였는데 어페트 연구와 소수자 연구 사이의 방법론에 대해 상세하게 논의하였다.(권명아, 「보편적 어펙트 연구 비판과 젠더·어펙트 연구」, 『사이間 SAI』 제33집, 국제한국문학문화학회, 2022, 151-182쪽)

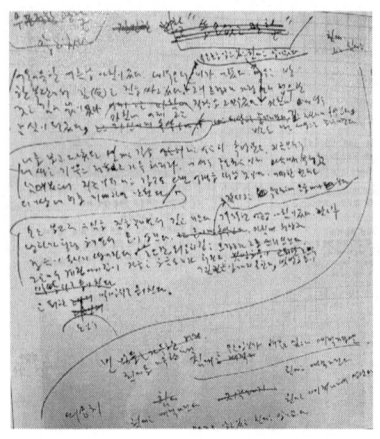

기형도 시인의 육필 원고

늘 지니고 다니던 푸른 노트에 들어 있던 미완성 원고(『기형도 전집』, 문학과지성사, 1999)

시켰다. 산업화와 도시화 속에서 소외되고 파편화되어 가는 개인들은 그 어떤 것에도 동일성을 느끼지 못하며 불안의 주체가 될 수밖에 없었다. 무엇보다 기형도는 자신의 유년을 보호해 주지 못했던 '가족과 집'에 대한 어두운 기억에서 자유롭지 못했다. 늦은 봄 중풍으로 쓰러진 "아버지는 유리병 속에서 알약이 쏟아지듯 힘없이 쓰러지셨고'(「위험한 家系·1969」) 병든 가장의 역할을 어머니가 대신했다. 또한 '고등학교도 가지 못하고 공장을 다니는' 큰누이와 신문을 돌리는 작은누이의 고단한 삶은 이후 사회적 억압과 모순을 경험하며 '우울'이 지배하는 세계로 그를 자연스럽게 이끌었다. 학교에서 받은 상장을 종이배로 접어 개천에 띄울 수밖에 없었던 시인은 가난과 가족의 죽음(작은누이와 삼촌의 죽음)으로 인한 부재와 결핍의 현실에서 좀처럼 벗어나기 어려웠으며 그러한 비극적 정서들이 시에서는 주로 경계와 경계의 '사이' 장소에서 드러난다. 추상적이고 관넘적인 공간들과 현실의 공간이 대비되며 발견되는 '사이 공간'은 '장소 바깥의 장소'로서 뿌리 내릴 수 없는 혼종적인 정동을 불러오는 탈영토화의 장소이다.

대체로 이러한 장소는 '결핍'의 세계를 재현하며 현실의 유토피아적 전망을 상실한 우울과 같은 부정적 정동이 드러난다. '그해 여름 무더기로 없어졌'던 사람들이 '놀란 자의 침묵 앞에 불쑥불쑥 나타'나는 불안과 두려움으로부터 '언젠가부터 아무 때나 나는 눈물 흘리지 않는다'(「희망」)는 고백까지, '희망'에서 '절망'으로 또 그 역으로의 변화를 무수히 겪었음을 추측할 수 있다.

기형도는 우울한 유년을 거쳐 1970~80년대에 대학 생활을 했고 이어 신문사 정치부 기자를 했지만, 근대화의 모순과 당대 독재 정권의 탄압에 저항하지 못한 채 암울한 비극적 상황을 견딜 수밖에 없었다. 부재와 결핍의 유년에서 걸어 나온 그는 또다시 '팽팽하게 얼어붙은 한 장의 바람'처럼 '한결같이 주린 얼굴'로 유린된 도시에서 살아남기 위해 시에 의지하는 자발적 소외의 삶을 선택할 수밖에 없었던 것이다.

나는 한동안 무책임한 자연의 비유를 경계하느라
거리에서 시를 만들었다. 거리의 상상력은 고통이었고
나는 그 고통을 사랑하였다. 그러나 가장 위대한 잠언
이 자연 속에 있음을 지금도 나는 믿는다. 그러한 믿음

이 언젠가 나를 부를 것이다. 나는 따라갈 준비가 되어 있다. 눈이 쏟아질 듯하다.[7]

　기형도가 집착한 '거리의 상상력'은 자신의 내면과 현실적 고통이 잘 드러나는 지점이다. 현실의 어느 장소에도 안주할 수 없었던 그는 '사이 공간'을 부유하는데 대부분 그의 시에 드러나는 '정동'들은 이러한 장소들과 밀접하며 추상적이고 관념적인 공간들 또한 그러하다. 근대 도시의 '사이 공간'은 현실의 시간과 경계를 허무는 이질적이고 혼종적인 헤테로토피아로 이상에 대한 동경과 환상을 드러내는 공간이자 상실과 방황의 장소이다.

　근대화의 과정에서 파생된 장소가 주체의 정서와 심리에 영향을 미친다면 시적 주체의 정동은 헤테로크로니아의 순간들을 구획하는 혼종적 장소와 밀접하다. 이러한 이소성의 장소는 현실 속에 구체적으로 존재하는 장소로서 유토피아와 디스토피아 '사이'의 장소이기도 하다. 이 '사이'를 의미하는 '간間'은 실질적 혹은 가상적인 대상과 대상 간의 '거리' 또는 시간적 의미로서 '~하는'에 해당한다. 그것은 시간적, 공간적 틈이나 가운데 또는 관계나 시간의 겨를 의미하며 텅 빔으로 멈춘 '사이' 혹은 '틈'의 '흔적'이다. 현전도 부재도 아닌 상태의 '흔적'으로서의 '사이

7　기형도, 「詩作 메모」, 『입 속의 검은 잎』, 문학과 지성사, 2008.

공간'은 때로는 '불안과 소외', 때로는 '가능성'의 장소가 된다.

가라타니 고진에 의하면, '사이'란 "아무 규칙도 공유하고 있지 않은 타자와의 비대칭적인 관계"를 의미한다. 이러한 비대칭적 관계 속의 세계를 '사회'라 하고, 공통의 규칙을 가진 대칭적 관계 속에 있는 세계를 '공동체'라 하였다. 그런 측면에서 '사이'란 실제 공간뿐 아니라 체계의 차이로 형성되는 관계까지를 아우른다. 즉 불특정 다수의 사람이 모이는 외부 공간에서부터 약속이나 사색의 장소까지 '사이 공간'은 감정과 행위, 상황이나 사물과의 관계에서 심리적 변화가 두드러지는 정동의 장소이다.

〈기형도 시의 '정동'과 '사이 공간'의 예〉

정동의 분류		시의 예	장소	'사이 공간'의 예
부정적 정동	슬픔과 두려움 (무서움)	'그리고 졸업이었다. 대학을 떠나기가 **두려웠다**'(「대학 시절」) '끝끝내 들키지 않았을 은밀한 성욕과 **슬픔**'(「죽은 구름」) '**두려움**이 나의 속성이며'(「오래된 書籍」) '어떠한 **슬픔**도 그 끝에 이르면'(「포도밭 묘지2」) '그럴 때마다 내 나이와는 거리가 먼 **슬픔들**을'(「노인들」) '한 때 나의 **슬픔**과 격정들을 오선지 위로 데리고 가'(「먼지투성이의 푸른 종이」) '어머니 **무서워요** 저 울음 소리'(「바람의 집-겨울 版畵1」) '훨씬 독한 술이 있었더라며 좀더 **슬펐을**텐데', '사내는 무엇을/ **슬퍼하는** 것일까'(「나무공」) '나는 미리 준비해둔 깔깔한 **슬픔**을 껴입고'(「비가2—붉은 달」) '아저씨 불이 **무섭지** 않으셔요?'(「쥐불놀이-겨울 版畵 5」) '어둡고 **무서워**'(「엄마 걱정」)	거리와 길	「조치원」, 「소리1」, 「어느 푸른 저녁」, 「진눈깨비」, 「흔해빠진 독서」, 「가는 비 온다」, 「기억할 만한 독서」, 「질투는 나의 힘」, 「가수는 입을 다무네」, 「입 속의 검은 잎」, 「그 날」, 「나리 나리 개나리」, 「길 위에서 중얼거리다」, 「정거장에서의 충고」, 「가는 비 온다」, 「위험한 家系·1969」, 「백야」

정동의 분류		시의 예	장소	'사이 공간'의 예
부정적 정동	탄식과 혐오	'나는 **혐오**한다, 그의 짧은 바지와'(「늙은 사람」) '나 가진 것 **탄식**밖에 없어'(「질투는 나의 힘」)	역 플랫폼 기차역	「조치원」, 「정거장에서의 충고」
	괴로움과 고통	'그는 분명 그 누구보다 인생의 **고통**을 잘 이해하게 되겠지만'(「흔해빠진 독서」) '내 마음은 **고통**에서 조용히 버림받았으니'(「가수는 입을 다무네」) '침묵을 달아나지 못하게 하느라 나는 거의 **고통**스러웠다'(「기억할 만한 지나침」) '또 다른 **고통**을 위하여 빛나는 나무의 알을 잉태하느니'(「포도밭의 묘지2」) '이따금 나만을 향해 다가오는 **고통**이 즐거웠지만'(「植木祭」)	공터	「숲으로 된 성벽」, 「우리 동네 목사님」
	분노 (노여움) 와 공포	'**분노**를 가르쳐주니까요. 덕분에 저는'(「鳥致院」) '기쁨을 숨긴 **공포**여'(「이 겨울의 어두운 창문」) '나는 저 운전사를 믿지 못한다. **공포**에 질려'(「입 속의 검은 잎」) '사내들은 달려갔고 **분노**한 여인들은 날뛰었다'(「홀린 사람」) '밤은 그렇게 **노여움**을 가장한 모습으로'(「포도밭 묘지2」) '**공포**를 기다리던 흰 종이들아'(「빈 집」) '적막이 어둠보다 더욱 짙은 **공포**임을'(「廢鑛村」) '맹렬한 **분노**를 자아냈다'(「우리 동네 목사님」)		「길 위에서 중얼거리다」, 「질투는 나의 힘」, 「이 겨울의 어두운 공포」, 「포도밭 묘지1」, 「포도밭 묘지2」, 「사강리沙江里」, 「폭풍의 언덕」, 「소리 1」,「밤눈」
	절망과 불안	'그 **불안**한 발자국 소리에'(「이 겨울이 어두운 창문」) '한때 **절망**이 내 삶의 전부였던 적이 있었다'(「10월」) '희망도 **절망**도 같은 줄기가 틔우는 작은 이파리일 뿐'(「植木祭」)	골목	「전문가」,「백야」, 「나쁘게 말하다」, 「진눈깨비」, 「가수는 입을 다무네」, 「비가1-붉은 달」
	질투와 불쾌	'어찌 보면 그 어떤 **질투심**에 스스로 감격하는 듯한 입술'(「장미빛 인생」) '사내는 걷잡을 수 없이 **불쾌**해진다'(「추억에 대한 경멸」)	사이 틈	「안개」,「백야」, 「어느 푸른 저녁 1」, 「진눈깨비」,「추억에 대한 경멸」,「취불놀이-겨울 판화1」,「봄날은 간다」,「그날」,「엄마 걱정」

정동의 분류		시의 예	장소	'사이 공간'의 예
긍정적 정동	기쁨	'너희 흘러가버린 **기쁨**이여'(「길 위에서 중얼거리다」) '거리마다 낯선 **기쁨**과 전율은 가득차리니'(「그 날」) '랄라라, **기쁨**들이여!'(「집시의 시간」)	빈집 빈방	「안개」: 빈 구멍, 공중 「조치원」: 공중 「오래된 서적」: 텅 빈 희망 「어느 푸른 저녁」: 빈집 「길 위에서 중얼거리다」: 공중 「물 속의 사막」: 빈 빌딩 「기억할 만한 지나침」, 「이 겨울의 어두운 창문」: 빈 밭 「숲으로 된 성벽」: 공터 「빈집」: 빈집 「소리 1」: 공중, 빈 곳 「봄날은 간다」: 빈 들판 「엄마 걱정」: 빈 방
	희망과 즐거움	'텅 빈 **희망** 속에서'(「오래된 書籍」) '길 위에서 일생을 그르치고 있는 **희망**이여'(「길 위에서 중얼거리다」) '미안하지만 나는 이제 **희망**을 노래하련다'(「정거장에서의 충고」) '내 **희망**의 내용은 질투뿐이었구나'(「질투는 나의 힘」) '숨죽인 **희망**도'(「포도밭 묘지 1」) '마침내 **희망**과 걸음이 동시에 떨어진다'(「그 날」) '**희망**을 포기하려면 죽음을 각오해야 하리'(「植木祭」) '어둡고 텅 빈 **희망** 속으로 걸어 들어간다'(「먼지투성이의 푸른 종이」) '나는 **즐거운** 노동자, 항상 조용히 취해 있네'(「집시의 시집」)		

표에서처럼 기형도 시의 '정동'은 '슬픔과 두려움', '탄식과 혐오', '괴로움과 고통', '분노와 공포', '절망과 불안', '질투와 불쾌'와 같은 부정적인 정동과 '기쁨과 즐거움'과 같은 긍정적인 정동으로 분류된다. 이러한 '정동'이 외부 세계와의 '관계' 속에서 일어나는 주체의 위치뿐 아니라 삶의 구체성과 정치성이 서로 작동하는 방식과 연관된다면[8] 그의 시에는 부정적 정동이 많은 부분을 차지한다. 들뢰즈는 정동을 단순히 감정이나 정서로 보는 것을 넘어 비재현적인 사유 양식, 즉 언어로 완벽하게

---

8   권명아, 『무한히 정치적인 외로움』, 갈무리, 2019, 19쪽.

포착되지 않는 생각이나 경험의 방식을 포괄하는 개념으로 확장했다. "간격들, 두 계기나 두 순간 및 대상 사이의 관계"를 의미하는 '정동'은 주체와 세계 사이의 역동적인 관계 속에서 발생하며 끊임없이 변화하고 생성된다. 과잉, 자율성, 비인격성. 열림, 비일관성 등의 정동의 특징들은 단순히 개인적인 정서와 심리를 넘어 사회적이고 문화적 맥락 속에서 다양한 방식으로 발현된다. 이처럼 힘과 관계의 파동이 만들어내는 미묘한 궤적은 시의 언어가 가진 주된 에너지이며 또한 그것은 언표화되기 이전 혹은 언표화 밑의 미정형의 파동들이다.

그의 시에 드러나는 정동은 앞의 표에서 드러나는 것처럼 '사이 공간'으로서 '거리와 길', '역과 플랫폼', '공터', '공중과 허공', '사이'나 '틈' 그리고 '빈집'과 같은 장소들에서 드러난다. 이러한 '사이 공간'은 공간과 공간 혹은 시간과 시간 사이 '틈'의 불연속적인 단절로 형성된다. 그것은 배제와 구분으로서의 경계를 무화시키는 장소로 폐쇄성과 배타성을 가지고 있지만 동시에 자기 동일성과 획일성을 해체하는 전복의 공간이다. 급격한 산업화와 도시화에서 소외된 존재들은 도시 주변부로 밀려나 개발과 발전이라는 명목 아래 희생되거나 초국가적인 산업화 과정에서 점차 설 자리를 잃어가는 이들이다. 이처럼 현실과 다른 욕망의 질서, 가치와 경험이 부여되는 '사이 장소'에서는 시인을 비롯한 다양한 타자들이 공존한다.

그러므로 부유浮游하는 장소로서 '안개'는 헤테로크로니아적 시간이 흐르는 알레고리적 장소로 절망과 희망이 교차한다. 즉 '안개'는 헤테로크로니아적 시간 속에 존재하는 타자의 장소로서 거대 권력과 자본의 폭력성을 그대로 노출하며 이질적인 정동들이 움직이는 장소이다. 또한 '길'과 '정류장' 그리고 '빈 장소'들은 유토피아의 부재와 복합적 정동이 혼재하는 이소성異所性의 장소로서 자기를 응시하고 타인과 관계를 맺는 대표적인 '사이 공간'이다. '희망도 절망도 같은 줄기가 틔우는 이파리일 뿐, 그리하여 나는/ 살아가리라'(「植木祭」)고 했던 그는 현실 어디에도 마음을 두지 못했던 것 같다.

절망과 희망이 부유浮游하는 알레고리적 장소 '안개'

기형도의 원체험에서 비롯되는 비가시적이고 폐쇄적인 공간 인식은 '안개'라는 '부유浮游'하는 장소를 통해 잘 드러난다. 그의 시에 드러나는 절망은 희망을 호출하는 조건이고 희망 또한 절망을 마주하는 조건으로, '안개'는 '절망과 희망'이 교차하는 알레고리적 장소이다. 또한 검고 흰 무채색의 이미지는 슬픔이나 두려움의 상상력을 동반하며 현실의 비극적 상황과 강박의 불안한 내면을 반영한다. 그런 측면에서 어둠의 도시는 '안개'로 가려진 '텅 빈 희망'(「오래된 적」)의 장소로서 절망적인 현

〈연세문학회〉 시절, 시화전을 연 논지당 앞

오른쪽 두 번째가 국문과 교수이자 연세문학회 지도 교수였던 정현종 시인, 세 번째가 기형도 시인. 이 시절 그는 릴케, 엘리엇, 예이츠의 시를 좋아해서 직접 손으로 필사해서 시집을 가지고 다녔으며, 노래와 그림 그리고 이야기도 잘했다고 한다.(『기형도 전집』, 문학과지성사, 1999)

실을 역설적으로 드러낸다.

기형도의 1985년 동아일보 신춘문예 당선작인 「안개」는 그의 시세계에서 중요한 작품임엔 틀림없다. 당선 소감에서 그는 '예술적 美學과 급진적 가치 체계(혹은 理想型으로서의 질서공간) 모두에 접근하고 싶다'고 했다.[9] 그것은 사회적 현상과 이데

---

9   "지금의 나는 참여시(혹은 민중시), 순수시라는 작위적 이분법이 소재주의에 불과한 것이라고 믿는다. 이러한 믿음은 당대를 살아가는 시인의 가치 지향성에 위배되는 허약함이라 비판받을 수 있겠으나, 나는 모든 사물과 그것들이 빚어내는 구조 및 현상에 대한 끝없는 탐구를 통하여 예술적 미학과 현실적 가치 체계(혹은 이상형으로서의 질서공간) 모두에 접근하고 싶다. 전자의 구체적 이미지와 후자의 상관주의(칼·만하임의 의미에서)가 서로 부딪치는 시세계는 나에게 다양성을 제공해주는 반면, 무수한 시류時流적 갈등을 강요할 것이다.(금은돌, 『거울 밖으로 나온 기형도』, 국학자료원, 2013, 186쪽)

올로기의 모순에 대항하는 미학적 접근으로서의 시쓰기에 대한 그의 희망이자 포부였다. 그가 말한 '理想型으로서의 질서공간'은 당대 이데올로기와 그것에 대한 현실적 경험을 넘어서려는 미학적 실천을 위한 헤테로토피아적 사유이다. 급속한 산업화와 신군부의 정치적 통제에서 자유로울 수 없었던 사회 분위기에서 기형도는 유년의 기억과 개인사적인 체험을 통해 당대 사회 이미지를 시적으로 형상화했다. 그런 측면에서 '안개'는 알레고리적 특징이 두드러지는 시적 장소이다.

하나의 작품이 시인 자신이 경험한 세계를 자신만의 방식으로 구축한 결과라면, 등단작 「안개」는 그가 살았던 현실적 장소를 기반으로 하고 있다. 그는 유년 시절부터 스물아홉 세상을 떠날 때까지 25년간 서울의 위성도시였던 '광명'에 거주했다. 시에는 '샛강의 안개'가 낀 천변이 구체적으로 드러나는데, 그곳은 시인이 거주했던 집 주변에 있는 실제 장소로서 시인은 그곳을 거닐며 이 시를 썼을 것이다. 존재와 삶의 위기에 부딪힐 때마다 직면하는 현실의 모순과 부조리들 그리고 유년의 가난과 가족들의 죽음에 대한 절망 등. '안개'는 이처럼 불명확하고 부조리한 근대의 다층적 모습을 시사하는 곳으로 숨어 있는 시적 주체 혹은 불명확하고 모호한 감정들이 떠도는 장소이다.

1

아침저녁으로 샛강에 자욱이 안개가 낀다.

2

이 읍에 처음 와본 사람은 누구나
거대한 안개의 강을 거쳐야 한다.
앞서간 일행들이 천천히 지워질 때까지
쓸쓸한 가축들처럼 그들은
그 긴 방죽 위에 서 있어야 한다.
문득 저 홀로 안개의 빈 구멍 속에
갇혀 있음을 느끼고 경악할 때까지.

어떤 날은 두꺼운 공중의 종잇장 위에
노랗고 딱딱한 태양이 걸릴 때까지
안개의 軍團은 샛강에서 한 발자국도 이동하지 않는다.
출근길에 늦은 여공들은 깔깔거리며 지나가고
긴 어둠에서 풀려나는 검고 무뚝뚝한 나무들 사이로
아이들은 느릿느릿 새어나오는 것이다.
안개에 익숙하지 않은 사람들은 처음 얼마 동안
보행의 경계심을 늦추는 법이 없지만, 곧 남들처럼
안개 속을 이리저리 뚫고 다닌다. 습관이란
참으로 편리한 것이다. 쉽게 안개와 식구가 되고

멀리 송전탑이 희미한 동체를 드러낼 때까지
그들은 미친 듯이 흘러다닌다.

가끔씩 안개가 끼지 않는 날이면
방죽 위로 걸어가는 얼굴들은 모두 낯설다. 서로를 경계하며
바쁘게 지나가고, 맑고 쓸쓸한 아침들은 그러나
아주 드물다. 이곳은 안개의 聖域이기 때문이다

-「안개」부분

시집 『입 속의 검은 잎』의 첫 작품인 이 시는 1연에서 "아침 저녁으로 샛강에 자욱이 안개가 낀다"는 진술을 통해 전체 시의 분위기를 드러내고 있다. '안개'는 사람들의 시야를 가리는 장소로 그것이 고립시키는 대상은 이 읍에 살고 있는 사람들과 그곳에 발을 딛는 모든 사람과 자연 그리고 무생물들이다. "안개의 軍團"에서 "안개의 聖域"으로 확대되는 그곳은 "읍"에서의 모든 일들이 일어나는 곳이지만 동시에 모든 사건이 묻히는 장소로서 장소 상실로부터 인간성 상실이 동시에 일어난다.

데이비드 하비는 "장소 특히 장소성은 외적으로 존재하는 실체가 아니라 사회적 구성물"이기 때문에 특정한 장소는 단순히 우리의 관심이나 기억에서 벗어나 사회적 배경 속에서 구축되며, 또한 당대의 지배적 담론과 연관된다고 보았다. 우리에게

기형도 시인이 20여 년간 살았던 집

시 「안개」는 이곳 소하동의 풍경을 배경으로 하고 있다. 현재 주소는 경기도 광명시 사하동 701-1이다.
(『기형도 전집』, 문학과지성사, 1999)

익숙한 장소에서 일어나는 이러한 사건과 경험은 우리의 삶을 구성하는 중요한 토대라고 하였다.

그런 측면에서 '안개'는 당대 현실을 알레고리적으로 잘 보여주는 장소이다. 시에는 이 시를 쓰던 당시 안양 천변에 세워진 "공장"으로 아침마다 노동자들이 "쓸쓸한 가축들처럼" "긴 방죽"을 걸어가는 근대 도시의 면모가 보인다. 고장의 새로운 지역성 된 '안개'는 지역의 중심에 들어선 공장으로 인해 변이된 공간성을 가지는데, 자연적인 현상으로서의 안개와 산업화 공장 지대의 연기와 스모그가 결합된 안개라는 이중적 성격을 가진다. "안개" 속에서 사람들은 서로를 익숙하게 바라보지만 "안개"에서 벗어나면 모두 서로에게 "낯설"다. 안개가 만들어낸 이러한 소외와 단절이 점점 자연스러워지고, 급기야 안개에 익숙해진 사람들은 "쉽게 안개와 식구"가 되어 '안개'를 '산다'. 그러므로 '안개'는 이 마을 사람들과 분리될 수 없는 하나의 시간이자 공간이다. 안개가 '새어나오고', '흘러 다니'는 장소는 폐쇄된 공간이자 열린 장소이다. 처음 이 지역에 오게 되면 그러한 '안개'에 적응하지 못해 '경계'를 늦추지 못하지만, 어느 순간 '습관'처럼 금방 '안개'에 익숙해져 버린다.

기형도 집 안 풍경

시멘트가 굳기 전에 그려 넣은 그림이 보인다.
(『기형도 전집』, 문학과지성사, 1999)

읍의 사람들이 "안개의 빈 구멍 속에 갇혀 있"는 것처럼 안개는 곳곳으로 뿔뿔이 흩어진 개인의 익명적 삶을 지배한다. 하지만 안개가 걷히면 그곳에서 벌어지는 폭력들이 그대로 노출된다. 그 폭력으로 인한 공포는 위험에 대한 자각을 시사하지만 그것에 길들여지는 시간은 그리 오래 걸리지 않는다. 이처럼 '안개'를 시적 공간으로 인식하고 읽으면 이 고장의 새로운 지역성이 된 안개는 지역의 중심에 들어선 공장으로 인해 변이된 공간성을 가지게 된다. 즉 '안개'는 경계를 지우고 공간 인식을 해체하며 사람들을 길들이지만, 그들을 위협하지 않고 조용히 일상으로 스며들게 한다. 이러한 안개는 가시성의 세계와 비가시적 세계의 특성이 드러나는 장소로 시인이 마주한 현실과 닮아 있다.

불안과 공포에 길들여진 사람들은 스스로를 단절시키고 극단적인 고립 상태가 된다. 시인은 '안개의 성역'이라는 시적 공간을 통해 이러한 현실적 공간의 속성을 드러낸다. 안개가 걷히면서 안개를 만든 배후가 서서히 드러나는데 그것은 바로 '공장의 검은 굴뚝'이다. 하늘 높이 솟은 굴뚝을 가진 공장은 마을의 경계를 만든다. 하지만 그러한 공장을 거부하고서는 이 지역에서 살아가기 어렵다. 안개로 인한 단절과 고립에 길들여지면서 매일 공장으로 출근하는 이 고장 사람들의 '절망적' 삶은 어느 순간 '안개'처럼 모호해진다.

> 날이 어두워지면 안개는 샛강 위에
> 한 겹씩 그의 빠른 옷을 벗어놓는다. 순식간에 공기는
> 희고 딱딱한 액체로 가득찬다. 그 속으로
> 식물들, 공장들이 빨려들어가고
> 서너 걸음 앞선 한 사내의 반쪽이 안개에 잘린다.
>
> 몇 가지 사소한 사건도 있었다.
> 한밤중에 여직공 하나가 겁탈당했다.
> 기숙사와 가까운 곳이었으나 그녀의 입이 막히자
> 그것으로 끝이었다. 지난겨울엔
> 방죽 위에서 醉客 하나가 얼어 죽었다.
> 바로 곁을 지난 삼륜차는 그것이
> 쓰레기 더미인 줄 알았다고 했다. 그러나 그것은

개인적인 불행일 뿐, 안개의 탓은 아니다.

안개가 걷히고 정오 가까이
공장의 검은 굴뚝들은 일제히 하늘을 향해
젖은 銃身을 겨눈다. 상처입은 몇몇 사내들은
험악한 욕설을 해대며 이 폐수의 고장을 떠나갔지만
재빨리 사람들의 기억에서 밀려났다. 그 누구도
다시 읍으로 돌아온 사람은 없었기 때문이다.

   3
아침저녁으로 샛강에 자욱이 안개가 낀다.
안개는 그 읍의 명 물이다.
누구나 조금씩은 안개의 주식을 갖고 있다.
여공들의 얼굴은 희고 아름다우며
아이들은 무럭무럭 자라 모두들 공장으로 간다.

-「안개」부분

   시에서 드러나는 "안개의 강"은 과거와 달리 변화와 팽창으로 이질화된 장소로서 여러 공간성이 혼재되어 있다. 발전과 욕망이 추동되어 모든 것을 삼켜버린 현대 도시의 구조에서 외부의 이질성과 내부의 안정성에 관한 구별은 의미가 없다. 이와 같은 기이한 변화는 결국 공간 의식을 상실하도록 만든 '안개'

때문이다.

"가끔씩 안개가 끼지 않는 날"에 드러나는 선명한 얼굴들을 마주하는 것이 왠지 낯설다. 때문에 경계에 고립되고 길들여진 비이성적인 비극성은 "한 사내"의 이미지로 선명하게 드러난다. "서너 걸음 앞서 한 사내의 반쪽이 안개에 잘리"는 절단된 신체의 불완전한 모습에서 불안과 두려움이 드러나고 연이어 진술되는 "몇 가지 사소한 사건"은 전혀 사소하지 않음을 역설적으로 보여준다.

급기야 이 지역 주민들은 '안개' 속에서 발견되는 '죽음'을 두고 '개인적인 불행일 뿐' 한밤중에 여직공 하나가 겁탈" 당해도 아무도 알지 못해 도와줄 수 없었다고 진술한다. '기숙사와 가까운 곳이었으나' 그 누구도 그녀를 볼 수 없었던 이유가 바로 "안개" 때문이라는 것이다. 가까운 곳에서 끔찍한 일이 일어나도 그것을 가리고 볼 수 없게 만드는 "안개"는 서로의 비극에 무감각하고 결국 모두를 절망하게 한다. 또한 안개 속에서 "醉客 하나가 얼어 죽"지만 그것 또한 "개인적인 불행일 뿐 안개의 탓이 아니다"라고 진술하며 누구도 책임지지 않으려 한다. 이 "읍"에 사는 사람들은 이런 안개 속을 살기 때문에 누구도 "안개"를 의심하지 않는데, 그것은 바로 안개가 그들의 '생존의 장소'이기 때문이다.

'상처 입은 몇몇 사내들은/ 험악한 욕설을 해대며 이 폐수의 고장을' 떠나가지만, 그들이 가는 곳에서 또 다른 형태의 '안개'를 만나리라는 것을 어렵지 않게 추측할 수 있다. '그 누구도' 다시 이 '읍으로 돌아온 사람'이 없었기에 그들은 '재빨리 사람들의 기억에서 밀려'난다. '누구나 조금씩 안개의 주식을 갖고' 있기 때문에 안개의 성역에서 살아가는 한 현실을 직시하기는 불가능하다. 오히려 그들이 삶을 버텨나갈 수 있는 유일한 방법은 서로를 불투명하게 바라보며 자신에게 '개인의 불행'이 찾아오지 않기를 바라는 것뿐이다.

'희고 아름다운 여공들의 얼굴'에서 보이는 '희망'은 바로 '무럭무럭' 자란 아이들이 '모두들 공장으로' 가는 그런 암울한 미래이다. 그들은 햇빛을 보지 못해 유령처럼 하얗게 변해가는 현실에 대한 모순을 알지 못한다. 생계를 위해 공장 안으로 들어가서 한 번 발을 디딘 이들은 결코 이 '고장'을 벗어나지 못하고 서서히 병들어간다.

시에서는 '안개'를 매개로 몇몇의 사건을 서술하는데 이 사건들이 어떠한 인과 구조로 연결된 것은 아니다. 여공이 겁탈당한 사건과 취객이 길에서 얼어 죽은 일, 욕설을 하며 떠나는 사내들, 아이들이 공장으로 가는 일 등이 각각 다른 하나의 이야기로 다루어진다. 그리고 "지워질 때", "경악할 때", "갇혀 있음"과 같이 안개는 암시적으로 무엇인가 궁금증을 계속 유발한다. 그런 측면에서 '안개'는 하나의 장소에 고착하지 않고 어디에도 소속되지 않는 무방비로 노출된 탈영토화의 장소이자 알레고리적 공간이다.

> 봄은 살아 있지 않은 것은 묻지 않는다/ 떠다니는 내 기억의 얼음장마다/ 부르지 않아도 뜨거운 안개가 쌓일 뿐이다/ 잠글 수 없는 것이 어디 시간뿐이랴/ 아아, 하나의 작은 죽음이 얼마나 큰 죽음들을 거느리는가/ 나리 나리 개나리/ 네가 두드릴 곳 하나 없는 거리/ 봄은 또다시 접혔던 꽃술을 펴고/ 찬물로 눈을 헹구며 유령처럼 나는 꽃을 꺾는다
> ─「나리 나리 개나리」전문

> 우리는 새벽 안개 속에 뜬 철교 위에 서 있다. 눈발은 수천 장 흰 손수건을 흔들며 河口로 뛰어가고 너는 말했다. 물이 보여. 얼음장 밑으로 수상한 푸른 빛. 손바닥으로 얼굴을 가리면 은빛으로 반짝이며 떨어지는 그대 소중한 웃음. 안개 속으로 물빛이 되어 새 떼가 녹아드는 게 보여? 우리가.
> ─「도시의 눈─겨울 版畵 2」전문

우리를 둘러싸고 있는 안개와 같이 비결정적인 폭력과 모호한 죽음의 이미지가 위 시들에서 전반적으로 드러난다. 「나리

나리 개나리」에서 '안개'는 비극적 사건을 암시하는 공간으로 등장한다. 시적 주체는 누이의 잔인한 현실에 절망하며 어디로 가야 할지 삶의 방향을 잃어버린다. 추위를 이겨내고 생명이 태어나는 계절인 '봄'은 시적 주체에게 '살아 있지 않은 것은 묻지 않는' 계절이 된다. 일찍 세상을 떠난 누이에 대한 기억에서 벗어나지 못하지만, 시간은 어김없이 흘러간다. '새벽 안개 속에 뜬 철교' 위에서 '눈발'이 수 천장의 '흰 손수건'을 흔들 듯 그렇게 삶은 '안개 속에서 물빛이 되어' 또 다시 흔들리고 있다.

이처럼 보이지만 실체 없이 '부유'하는 '안개' 속에서는 삶과 죽음, 과거와 미래가 보이지 않는 결핍의 나날을 살 수밖에 없었다. 그리하여 '쓸쓸한 가축들처럼' '안개의 성역'에 갇혀 있다가 사라져갔던 주체들은 '사이 장소'에서도 무섭고도 냉엄한 현실의 절망과 희망을 마주하며 그 어디에도 속하지 못하고 배회한다. 탈영토화의 장소는 불안과 우울과 같은 혼종적 정동이 결합되고 충돌하며 개인의 기억뿐 아니라 복잡한 시대 정서를 구축한다.

유토피아의 부재와 우울이라는 '빈 장소'들

기형도 시에서 이소성의 장소들은 일상적인 개인의 삶이 축적된 곳이기도 하지만 동시에 소외와 고립에 익숙한 장소이기도 하다. 거리와 정류장, 골목이나 빈방 등 적막과 침묵이 내재된 이러한 장소는 열림과 닫힘이 공존하는 '사이 장소'로서 멈추다가 흐르고 다시 현실과 비현실이 혼재하는 공간이다. 그러므로 현실의 문제를 응시하며 개인의 기억뿐 아니라 시대에 대한 사유로 혼종적 정서를 구축한다. '낯설다', '기쁘다', 고통스럽다', '무섭다', '슬프다'와 같은 감정들은 기형도 시의 상실과 소외감에서 비롯된 그로데스크적 독백의 분위기와 관련된다.

기형도의 유년의 경험과 기억(「겨울 판화」 연작과 「위험한 家系·1969」, 「바람의 집」, 「달밤」, 「너무 큰 등받이 의자」, 「폭풍의 언덕」, 「엄마 걱정」) 등은 대체로 어두운 가난과 죽음의 그림자들과 닿아 있다. 때로는 불안과 공포가 부지불식간에 밀려와 우울감을 형성한다. 대부분 이러한 장소들은 '빈 장소'이거나 많은 사람이 밀려왔다가 밀려가는 '길'과 '정류장'과 같은 '사이 공간'들이다. 오랫동안 시적 주체가 절망과 텅 빈 희망으로 헤맸던 수많은 날 속의 '사이 공간'은 자기 반복과 역설의 근대적 부정성이 내재된 장소이다.

> 미안하지만 나는 이제 희망을 노래하련다
> 마른 나무에서 연거푸 물방울이 떨어지고
> 나는 천천히 노트를 덮는다
> 저녁의 정거장에 검은 구름은 멎는다

그러나 추억은 황량하다, 군데군데 쓰러져 있던
개들은 황혼이며 처량한 눈을 껌벅일 것이다
물방울은 손등 위를 굴러다닌다, 나는 기우뚱
망각을 본다, 어쩌다가 집을 떠나왔던가
그곳으로 흘러가는 길은 이미 지상에 없으니
추억이 덜 깬 개들은 내 딱딱한 손을 깨물 것이다
구름은 나부낀다, 얼마나 느린 속도로 사람들이 죽어갔는지
얼마나 많은 나뭇잎들이 그 좁고 어두운 입구로 들이닥쳤는지
내 노트는 알지 못한다. 그 동안 의심 많은 길들은
끝없이 갈라졌으니 혀는 흉기처럼 단단하다
물방울이여, 나그네의 말을 귀담아들어선 안 된다
주저앉으면 그뿐, 어떤 구름이 비가 되는지 알게 되리
그렇다면 나는 저녁의 정거장을 마음속에 옮겨놓는다
내 희망을 감시해온 불안의 짐짝들에게 나는 쓴다
이 누추한 육체 속에 얼마든지 머물다 가시라고
모든 길들이 흘러온다, 나는 이미 늙은 것이다

-「정거장에서의 충고」전문

    위 시는 기형도가 생전에 시집 제목으로 고려했던 작품이다. '미안하지만 나는 이제 희망을 노래하련다'는 첫 구절에는 그의 오랜 미학적인 선언이 드러난다. 시에 등장하는 무수한 길('흘러 가는 길, 의심 많은 길, 모든 길')들은 유동적인 공간으로

서 흔들렸던 '마음(욕망, 희망)'들이 헤매던 곳이다. '정거장' 또한 길들이 흘러가고 흘러오며 또 어디론가 떠나고 교차하는 장소이다. 그 많은 시간과 장소가 교차하고 엉켜있으며 때로는 어디로도 떠날 수 없는 절망과 우울의 공간이다. 그곳은 떠나는 공간이기도 하지만 다시 돌아오는 장소이기에 돌아갈 곳이 없는 나는 그 밖의 어디쯤에서 "저녁의 정거장을 마음속에 옮겨" 놓는다. 또한 '저녁'은 모든 기억과 감정들이 증폭되는 시간이다. 그러므로 '나'는 그 "모든 길" 위에서의 "무한한 헤매임"을 회상하다 문득 나의 "늙음"을 깨닫는다. 유한한 시간 속에서 '희망'은 언제나 '불안'과 함께 움직인다. 그리고 나는 '내 희망을 감시해 온 불안의 짐짝들에게' 선언한다. 이제 나는 그 불안을 회피하거나 적당히 타협하지 않겠다고.

"절망이 내 삶의 전부"(「10월」)였던 때 "나는 인생을 증오"(「장밋빛 인생」)했고, 그 시절 절망에서 벗어나 이제 희망을 노래하겠다는 말은 오랫동안 절망과 희망의 길항 관계에서 시달렸지만 이제 그것을 그대로 받아들이겠다는 것이다. 위 시에서 드러나는 "불안"이라는 정동은 현실에서 무한히 헤매던 회한의 절망으로 시대의 폭력성에 기인한 것이기도 하다. 어떤 희망도 틈입할 수 없는 혹은 모든 것을 욕망과 죽음으로 내모는 시대의 현실을 직시하는 장소인 '그곳'은 기형도가 신춘문예 당선 소감에서 말한 '이상형으로서의 질서공간'일지도 모른다. 자신의 시적 유토피아인 '그곳'으로 '흘러가는 길은 지상에 없다'는 것을 인식하였기에 절망적인 현실에서 그는 또 '다른 유토피아'를 꿈꾼다. 그렇기에 집을 떠나온 이유도, 다시 집으로 돌아갈 이유를 찾을 수 없는 길 어디쯤에서 서성이며 "저녁의 정거장을 마음속에 옮겨 놓는다"고 고백한다.

그렇다면 "정거장"은 무엇일까. 길과 길 사이에 있는 '정거장'은 하나의 길을 다른 길과 구분하는 동시에 서로 연결하며 양립 불가한 것을 한 공간 안에 배치해 질서를 부여한다. 어디론가를 향하고자 하는 목적이 드러나는 장소이지만 때로 어디로 가야 할지 목적지를 잃어버린 출구 없는 체념적 장소이다. '저녁의 정거장'에 '어둠'이 내리는 것은 집으로 돌아가야 할 시간이지만 '나'는 어떤 집으로도 갈 수 없는 결핍과 방황 속에 놓여있음을 암시한다. 때문에 '정거장'은 어디에도 돌아갈 곳이 없는 자의 절망을 마주하는 낯설고 이질적인 장소이다. 열림과 닫힘이 공존하고 그 모든 길이 멈추다가 흐르는 현실과 비현실이 혼재하는 곳이다. 이러한 길과 정류장에서 시간은 일상의 시간을 위배하는 이질적인 시간으로서의 '헤테로크로니아'이다. 다양한 정동이 서로 교차하는 '모든 길' 위에서의 이질적 상상력은 현실의 어디에도 없는 부재의 장소인 내부와 외부의 힘이 공존하는 '바깥'의 장소들을 통해 드러난다.

나는 어디로 가는 것일까. 돌아갈 수조차 없이/ 이제는 너무 멀리 떠내려온 이 길/ 구름들은 길을 터주지 않으면 곧 사라진다/ 눈을 감아도 보인다// 어둠 속에서 중얼거린다/ 나를 찾지 말라……무책임한 탄식들이여/ 길 위에서 인생을 그르치고 있는 희망이여

―「길 위에서 중얼거리다」 전문

우리가 오늘 거둔 수확은 무엇일까 그대여 하고 물으면/ 갑자기 世上엔 어둠, 거리를 疾走하는 바람기둥. / 그대여, 우리는 지금 出口를 알 수 없는/ 巨大한 圖畵紙 위에 서 있다./ 제각기 하루의 스위치를 내리고/ 웅성거리며 사람들이 돌아가는 시간이며/ 都市의 끝에서 끝까지 아픈 다리를 데리고 걸으면서/ 우리는 누구도 時間을 묻지 않았다. 문득/ 우리의 軌跡으로 그어진 꺾은선 그래프에 허리를 찔리우고/ 어디에도 갈 곳이 없었기에 어둠이 달려왔다/ 어둠이여 그러나 숨길 그 무엇이 있어 너를 부르겠는가/ 빌딩 너머 몇 점 노을로도 갑자기 수척해지는 거리를 보며/ 우리는 말없디 서 있을 뿐이다/ 全身으로 서 있을 뿐이다. 어둠이여(중략) 우리는 무엇을 두려워했던 것일까/ 늘 時間이 停止해 있는 도시./ 푯말 없이 오늘도 캄캄하게 버티고 선/ 아아, 잎 뚝뚝 떨어지는 우리들의 도시./(중략) 가자, 얼굴을 감춘 그대여/ 個人으로 살기에는 너무도 힘겨운 世上

―「거리에서」 부분

알 수 있을까, 자네/ 꿈꾸고 있는 것은 무엇인가/ 굳게 빗장을 건 얼음판 위에서 조용한 깃발이 되어/ 둥둥 떠올라 타오르다 사라지는 몇 장 불의 냉각을/ 오, 또 하나의 빈 거리, 가스등 희미한 내 기억의 미로(중략) 겨울 오후 3시, 그 휘청휘청한 권태의 비탈/ 텅 빈 서랍 속에 빛나는 압정 한 개/ 춥죠? 음, …… 춥군, 그런데 무엇을 보고 계십니까/ 거리를 한 개 끈으로 뛰어다닐 때 해질 무렵/ 건물마다 새파랗게 빛나는 면도 자국./ 이것이 희망인가 절망일 건가 불빛 속에서/ 낮게낮게 솟아오르는 중얼거림/ 깨지 못하는 꿈은 꿈이 아니다. 미리 깨어 있는 꿈은 비극이다./ 포도鋪道 위에 고딕으로 반사되는 발자국마다/ 살아 있다, 살아 있다, 끝없이 이어지는 희미한 음향을/ 듣는가 자네 아직도 꿈꾸며/ 우리는 그 긴 겨울의 통로를 비집고 걸어갔다

―「우리는 그 긴 겨울의 통로를 비집고 걸어갔다」 부분

「길 위에서 중얼거리다」에서도 '길'은 어디서 와서 어디로 가야 하는지 알 수 없는 어둡고 절망적인 시적 자아의 현실 공간이다. '나는 곧 무너질 것들만 그리워했다'는 고백에 가까운 '중얼거림'은 현실에서 끝없이 서성거려야만 하는 존재의 비극을 잘 보여준다. 길 위에서 '흘러가고', '무너지고', '사라져 가는' 것들을 떠올리는 주체의 내면은 탄식과 절망의 정동으로 가득하다. 그리하여 '길'은 어둠 속에서 중얼거릴 수밖에 없는 삶과

현실의 무의미성으로 인해 절망에 빠진 비극적 자아의 내면을 잘 보여주는 장소이다. '그는 어디로 갔을까'와 "나는 어디로 가는 것일까" 같은 구절은 끊임없이 반복되고 지속되는 길 위에 있는 존재의 자각이다. 이처럼 유동하는 장소는 과거와 미래의 알 수 없는, 즉 타자와 세계의 의미를 유보적으로 만드는 타자의 공간이 된다.

「거리에서」는 그동안 많이 언급되지 않았던 미발표작이다. '거대한 도회지'를 형상화한 이 시에서 '스위치'와 '꺾은선 그래프' 그리고 '빌딩'은 도회지를 채우는 사물들이다. 매일 도시의 끝에서 끝까지를 다녀도 '출구를 알 수 없'는 이 도시에서 '어디에도 갈 곳이 없는' 자들의 시간은 늘 '정지해 있'는 것 같다. 그러므로 '거리'라는 장소는 '얼굴을 감춘 그대'들이 '개인으로 살기에는 너무도 힘겨운' 장소이고 '온몸에 시퍼런 절망이 채찍을' 맞으며 매일 배회하는 곳이다. 살아남기 위해 스스로 "쓰러지는 법"을 먼저 배우며 그것을 "익숙한 자세로" 살아내는 주체들의 실존의 공간이다.

또한 「우리는 그 긴 겨울의 통로를 비집고 걸어갔다」에서 드러나는 '겨울'은 도시의 혼란과 폭력성을 계절적으로 드러낸 것으로 희망이 추방된 차가운 도시를 상징한다. "긴 겨울의 통로"는 도시의 폭력성에 따른 기나긴 고통을 드러낸다. 도시는 "포도鋪道"로 변주됨으로써 소외와 닫힌 장소로서 "꿈꾸고 있는 것이 무엇인지"를 아무도 알 수 없는 곳이 된다. 그러므로 이 도시의 사람들은 '희망'에 쉽사리 빠지지 않고 '절망'에 좌절하지도 않는다. 희망이 절망을 지우고 또 다른 힘으로 발현될 때 '거리'는 반反공간으로서의 특징이 여실히 드러난다. 온몸으로 절망에 맞서 희망을 노래하기 위해 시간을 분할하여 '토막토막 끊어진 초침'으로 일상의 시간을 전복하기 때문이다.

이러한 이질적 시간은 세상이 규정하는 시간의 연속성을 와해하고 견고한 도시의 공간에 균열을 일으킨다. 그러므로 "우리는 무엇을 두려워했던 것일까"처럼 두려워하는 것과 두려워할 것으로 채워진 장소에서 "늘 시간이 정지해 있는" 것은 세상이 규정한 시간을 위반하는 방식으로서의 헤테로토피아적 사유이다. 살핀 바와 같이 그의 시에서 가장 많이 드러나는 '사이 장소'가 '거리'와 '길'이라면, 부재의 유년 시절에서부터 어른이 된 시적 주체가 사회로 나와 그 어느 곳에도 마음을 정착하지 못해 야기된 혼돈의 정동이 드러나는 곳은 대부분 '빈 장소'들이다.

> 열무 삼십 단을 이고/ 시장에 간 우리 엄마/ 안 오시네, 해는 시든 지 오래/ 나는 찬밥처럼 방에 담겨/ 아무리 천천히 숙제를 해도/ 엄마 안 오시네, 배추잎 같은 발소리 타박타박/ 안 들리네, 어둡고 무서워/ 금 간 창

틈으로 고요히 빗소리/ 빈방에 혼자 엎드려 훌쩍거리던// 아주 먼 옛날/ 지금도 내 눈시울 뜨겁게 하는/ 그 시절, 내 유년의 윗목

-「엄마 걱정」전문

사랑을 잃고 나는 쓰네

잘 있거라, 짧았던 밤들아
창밖을 떠돌던 겨울 안개들아
아무것도 모르던 촛불들아, 잘 있거라
공포를 기다리던 흰 종이들아
망설임을 대신하던 눈물들아
잘 있거라, 더 이상 내 것이 아닌 열망들아

장님처럼 나 이제 더듬거리며 문을 잠그네
가엾은 내 사랑 빈집에 갇혔네

-「빈집」전문

「엄마 걱정」은 외롭고 가난했던 유년의 기억이 '빈방'이라는 고립된 장소에서 극적으로 드러난다. 가족의 생계를 위해 시장에 열무를 팔러 가 밤늦도록 돌아오지 않는 어머니를 기다리던 기억은 "지금도 내 눈시울을 뜨겁게" 한다. 어둠 속 "빈방에

혼자 엎드려 훌쩍거리"는 어린 '나'는 부모의 보호와 관심으로부터 소외되어 "찬밥처럼 방에 담겨"있다. 그런 측면에서 김현은 기형도의 시에 나타나는 시간과 장소를 "영원히 닫힌 빈방"이라고 했다. 그러나 그런 닫힌 방을 열 때마다 우리는 그의 가난과 기다림의 기억 속에 있던 아픈 상처들과 마주해야 한다. '빈방'에 고립된 기다림의 시간은 "아무리 천천히 숙제를 해도" 더디 간다. 어둠이라는 시간과 공간은 엄마의 귀가를 기다리며 울던 어린 시인의 깊은 내면에 시나브로 자리하게 된다. 그 내면의 장소로부터 시작된 이질적인 시간은 가장 진실하고 깊은 심연의 기억을 담아낸다. '찬밥처럼'은 '빈방'과 유기적으로 연결되어 외롭고 무서운 시적 주체의 정동을 구체화한다. 엄마를 기다리는 아이의 불안감은 방이라는 사각의 입체적 공간을 끊임없이 의식하며 강화된다. 사각의 방에 덩그러니 홀로 놓인 유년의 외로움은 빈방의 공간성과 결합되어 시의 주된 정동으로 작용하며 '내 유년의 윗목'을 형성한다.

「빈집」은 1989년 기형도가 타계하기 직전 『현대시세계』 봄호에 실린 작품이다. 생애 마지막 발표작으로 그의 내면이 심층적으로 드러난다. 그러한 '빈집'은 그 모든 사랑이 시작되고 끝나는 곳이다. 촛불 속에서 희망을 가졌던 장소이자 한때 꿈과 현실의 열망들이 상형문자처럼 증식하던 곳이었다. 때문에 '사랑을 잃고 나는 쓴다'는 첫 행에서부터 그 모든 것들과 이별 후 오랫동안 그 고통과 절망에 시달려 왔음을 알 수 있다. 하지만 자신이 사랑했던 모든 대상과 헤어지려는 이별을 고하고 있다. 친근한 대상들과 헤어지려는 모습이 구체화되는 것은 2연부터이다. "짧았던 밤들"로부터 이별의 대상을 하나씩 호명한다. "짧은 밤"이 될 수밖에 없었던 것은 시적 주체가 "떠돎"과 "공포" 그리고 "망설임"으로 고뇌의 하루하루를 보냈기 때문일 것이다. 그처럼 사랑은 혼돈과 무지를 통해 얻을 수 있지만, 그 열망으로부터 한 걸음 떨어져 나온 '나'는 문을 잠그며 그 '사랑'을 '빈집'에 가둔다.

'빈집'의 사랑은 '부재'로서 '비어 있음'이며, 채울 수 없는 욕망이기에 끝없는 기다림을 유도한다. 사랑의 텍스트는 아이러니하게도 그 사랑을 잃는 순간 쓰이게 되므로 그것의 증식은 끝없이 이어진다. 그처럼 가장 소중한 사랑을 포기하고 혹은 포기할 수밖에 없어 그 사랑을 '빈집'에 가두는 고통은 어떤 것일까. 하지만 그러한 '빈집'은 실재하는 장소이기도 하지만 상상의 장소이기도 하다.

말하자면 세계를 잃고 상실감에 빠진 자신을 가두는 고립의 내적 공간 즉 '빈집'은 열림과 닫힘, 생과 사, 사랑과 이별과 같은 혼종된 기억들의 장소이다. 그 기억의 장소는 과거의 사건과 함께 그 사건의 장소와 감정을 동시에 기록한다. 이것은 "잘 있거라"의 반복을 통해 빈집에 갇힌 사랑의 기쁨과 슬픔을 연기함으로써 그것이 언제나 새롭게 태어나고 씌여지기를 희망한다. 나아가 그 대상과의 분리를 통해 변위적 상상력으로서의 정동이 점층화된다. 현실적 욕망의 결여缺如는 결코 도달할 수 없는 유토피아를 그리는 것이 아니라 사소하지만, 진실된 것들이 존재하는 현실의 또 다른 장소를 찾는다.

기형도의 시에 드러나는 빈 골목, 안개 자욱한 벌판, 어둠 속의 빈집, 저녁의 정거장, 적막 속의 驛舍와 같은 '비어 있는' 장소들은 대체로 쓸쓸하고 어두운 정동과 관계된다. 그 '비어 있음'은 '사이'의 틈을 만들고 작고 연약한 것들의 내면적 장소를 만드는 힘이 된다. 그래서 행과 행 사이, 연과 연 사이 나아가 이미지와 이미지 사이, 그 틈새에 새겨진 정동과 의미의 파장은 크고 넓다.

'한때 나의 슬픔과 격정들을 오선지 위로 데리고 가 부드러운 자리로 배열해주던' 기형도의 '낡은 기타'는 언제나 '어둡고 텅 빈 방'(「먼지 투성이의 푸른 종이」)에 홀로 있었다. 그곳은 죽음과 절망, 의미와 무의미, 생과 사가 와해된 탈영토의 공간으로 가장 개인적인 것이 가장 역사적인 것이 될 수 있었던 기형도의 헤테로피아였던 것이다. 빈 장소들의 '비어 있음'은 유토피아가 부재하는 획일화되고 고정화된 폭압적 현실에 대한 저항으로 이질적인 정동들이 움직이는 탈영토화의 특징을 지닌다. 그러므로 '빈 장소'들은 사라진 것들, 억압된 것들 그리고 추방된 것들의 고통과 회환, 미련과 슬픔 그리고 기다림 등의 정동이 결합되고 충돌하는 역동적이고 혼종적인 공간인 것이다. 이러한 장소들은 일상적인 개인의 삶이 축적되는 동시에 소외와 고립에 익숙한 곳으로 세계를 내면화하며 개인의 기억뿐 아니라 복잡한 시대적 정서를 구축한다.

*

한 개인의 고독과 소외가 근대화 과정에서 파생되었다면 헤테로토피아에서 드러나는 '정동'은 근대적 장소들 속에서 사회, 문화적 의미를 다각적으로 접근할 수 있는 중요한 논점이다. 이 소성의 장소에서 드러나는 시적 주체의 감정의 변위는 '절대적으로 다른' 장소이자 현실에 없는 시간인 '헤테로크로니아'의 순간을 경험한다. 삶과 죽음, 과거와 현재 등 양립 불가능한 시간들은 '아무 데도 갈 수 없음'이자 '어디에도 정박할 수 없는' 장소를 통해 견딘다. 기억과 환상이 교차하는 '자기 은신처'의 장소들은 유토피아일 수도 있고 디스토피아일 수도 있다.

이처럼 기형도의 원체험에서 비롯되는 비가시적이고 폐쇄적인 공간 인식은 '안개'라는 부유浮遊하는 장소를 통해 잘 드러난다. 절망이 희망을 호출하는 조건이고 희망 또한 절망을 마주하는 조건이라면 '안개'는 '절망과 희망'이 서로 교차하는 정동의 혼종적 배경으로서의 알레고리적 장소이다. 대부분 그의 시에 드러나는 검고 흰 무채색의 이미지는 슬픔이나 두려움의 상상력을 동반하여 현실의 비극적 상황과 강박의 불안한 내면을 반영한다.

또한 '길'과 '정류장' 그리고 '빈 장소'들은 유토피아의 부재와 복합적 정동이 혼재하는 이소성의 장소로서 자기를 응시하고 타인과 관계를 맺는 대표적인 '사이 공간'으로 복합적인 '정동'이 야기되는 장소였다. 그 장소들은 일상적인 개인의 삶이 축적된 곳이기도 하지만 동시에 소외와 고립에 익숙한 곳이다. 적막과 침묵이 내재된 이러한 장소는 열림과 닫힘이 공존하는 '빈 장소'가 된다. 그 비어 있음은 '사이'의 틈을 만들고 작고 연약한 것들의 내면적 장소로 그곳에 새겨진 정동과 의미의 파장은 크고 넓다. 그래서 그 풍경의 뒷면에 자리한 '빈 자리'의 여운과 미학적 울림이 깊은 것이다.

무엇보다 '안개'와 '빈집'의 '탈영토화'는 획일화된 것, 고정된 것들에서 벗어나 지금, 이 현실이 아닌 새로운 의미와 경험을 추구하는 것이었다. '안개'는 실재 기형도가 살았던 유년 시절 광명의 기억에서 비롯된 샛강이나 호수에서 피어나는 자연적 안개와 산업화 공장 지대의 연기나 스모그가 결합 된 것으로 해석될 수 있다. 이는 비가시성과 가시성의 세계가 혼종된 부유하는 장소로 그 장소의 경계를 지우거나 넘는 알레고리적 장소의 의미이기도 하다. 또한 '빈장소'는 유토피아가 부재하는 폭압적 현실에 대한 저항적 장소로서 억압된 것들, 사라진 것들 그리고 추방된 것들의 다양한 정동들이 결합되고 충돌하는 혼종적인 공간으로 개인의 기억뿐 아니라 복잡한 시대 내면을 구축하는 실질적 장소였다. 두 공간은 모두 실재와 비실재, 과거와 현재, 현실과 기억의 경계가 흐려지는 곳으로 익숙한 공간을 낯설게 만들며 장소의 경계를 스스로 지우는 탈영토화의 장소였다.

기형도의 시는 출구가 없는 미로처럼 '장소 바깥에 있는 장소'와 '뿌리 내릴 수 없는 장소'들이 무한 반복되는 길 위에 있다. 기억과 환상이 교차하는 '자기 은신처'로서의 장소들은 대체로 낙관적인 전망보다는 불안이나 우울과 같은 부정적 정동이 부각된다. 어쩌면 그것은 '유한'을 사는 인간이 겪는 '무한'한 헤맴 속의 감정들로 사라진 것들, 억압된 것들 그리고 추방된 것들이 '사이' 틈을 만들고 작고 연약한 것들의 내면적 장소로 작용하는 '공간-정동'의 불가분의 관계를 말해주는 것이라고 할 수 있을 것이다.

이제는 그대가 모르는 이야기를 하지요
너무 오래되어 어슴프레한 이야기
미루나무 숲을 통과하면 새벽은
맑은 연못에 몇 방울 푸른 잉크를 떨어뜨리고
들판에는 언제나 나를 기다리던 나그네가 있었지요
- 「내 인생의 中世」 부분

사랑을 잃고 나는 쓰네

잘 있거라 짧았던 밤들아
창밖을 떠돌던 겨울 안개들아

- 「빈집」 부분

1987년 유럽 여행 중인 기형도
(『기형도 전집』, 기형도, 문학과지성사, 1999)

기형도 시인 중학교 수학여행(맨 왼쪽)
(『기형도 전집』, 기형도, 문학과지성사, 1999)

대학 시절 노천 극장에서의 기형도
교정에서 노래를 부르며 다니는 것도 그의 취미였다.(『기형도 전집』, 기형도, 문학과지성사, 1999)

1985년, 동아일보 신춘문예 시상식 후에 가족과 함께 찍은 기형도 시인
(『기형도 전집』, 기형도, 문학과지성사, 1999)

고정희 시의 파레시아와 헤테로토피아

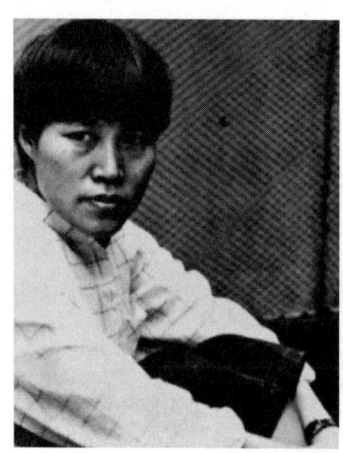

고정희 시인(1948-1991)

인간은 매 순간 자신의 이념과 욕망에 사로잡히거나 그것을 초월하려는 딜레마 속에서 살아간다. 대체로 주체가 그러한 관계로부터 해방되고자 할 때 자유의 실천이 강조되는데, 푸코는 한 개인이 자신을 온전한 주체로 만들어가는 윤리적이고 미학적인 자기 실천적 방법들을 오랫동안 고민했다. 그런 측면에서 '파레시아'[1]와 '헤테로토피아'[2]는 각각 독립적인 개념이지만, 지배 이데올로기와 권력의 메커니즘을 가시화하고 그것을 넘

[1] '파레시아 parrhesia, παρρησία'의 어원은 'pan(πᾶν, 모든 것)'과 'rhema(ῥῆμα, 말해진 바)'의 합성어로, '모든 것을 말하기'라는 뜻이다. 그것은 전`략적 말하기나 수사학과 대조되는 '솔직히 말하기' 혹은 '진실 말하기'이다. 플라톤이나 에우리피데스 등 고대 그리스로부터 로마의 스토아주의자들과 견유주의자들 그리고 초기 기독교에서 오랫동안 널리 사용되면서 그 의미 또한 다양하게 확장되었다. 푸코는 이러한 고대 파레시아의 특성을 취하면서 지금 이 시대의 파레시아는 권력에 저항적임을 강조했다. 이에 『광기와 역사』, 『말과 사물』, 『지식의 고고학』, 『감시와 처벌』 등에서 광인과 비행자와 같은 주체에 관한 진실, 말하는 주체와 노동하는 주체 그리고 살아 있는 주체에 관한 '진실 말하기'가 어떤 실천들로 시작되었고 어떤 유형의 담론을 형성해 왔는지에 대해 깊이 천착하였다. 그런 측면에서 푸코의 파레시아는 오늘날 자기 인식에서 자기 배려로 이어지는 비판적 실천으로 이어진다. 즉 자기 구축과 자기 배려로서의 '파레시아'는 주체와 진실, 주체와 타자 그리고 주체와 정치와의 관계에 대한 미학적이고 실천적인 개념으로 구체화된다. 이런 이유로 고대 그리스 사회에서 파레시아는 공적인 실천 행위로 인식되었다. 이에 푸코는 역사적 의미로서의 파레시아를 공정하게 표출하기 위해서는 폐쇄적이고 사유화된 공간과 왜곡된 표현을 제어할 수 있는 탈사유화된 권력과 장소가 필요하다고 보았다.(미셸 푸코, 심세광·전혜리 옮김, 『자기 자신에 대한 진실 말하기』, 그린비, 2016, 7-15쪽)

[2] 미셸 푸코의 헤테로토피아 Heterotopia는 그리스어로 '다른'을 의미하는 '헤테로 Hetero'와 '장소'를 의미하는 '토피아 Topia'가 결합된 용어로, 일상 공간과는 다른 규칙과 역할이 적용되는 이질적 공간을 뜻한다. 즉 현실의 규범이 다르게 적용되거나, 반대로 현실에서 규제된 행위가 허용되는 장소로 이러한 공간은 때때로 현실 속에서 비정상적이거나 일탈적인 활동이 허용되는 탈일상적 공간으로서의 특징을 지닌다. 헤테로토피아는 단순히 물리적 공간에 국한되지 않으며, 사회적 의미와 관계에 따라 그 특성이 정의되는 집합적 공간이다. 또한, 현대 사회의 복잡한 구조와 역동적 변화를 반영하는 헤테로토피아는 문학 속에서 현실과 상징, 규범과 배제의 공간을 동시에 포착하는 장이다. 이는 언어적 표현을 통해 다양한 정체성과 사회적 의미를 구축하며, 현실의 한계를 넘어 새로운 가능성을 탐색한다. 문학과 언어는 헤테로토피아적 공간을 통해 사회적 저항과 자기 성찰의 중요한 매개체로 작용한다.(미셸 푸코, 이상길 옮김, 『헤테로토피아』, 문학과지성사, 2014, 15-23쪽)

어서려는 주체적 실천을 전제로 한다는 점에서 긴밀하게 연결된다. 즉 파레시아가 윤리적 진실을 말하는 용기로써 억압적 권력에 대항하는 담론의 실천이라면, 헤테로토피아는 이데올로기에서 벗어나 기존 공간 질서에 이의를 제기하는 대안 공간이다. '진실'과 '윤리' 그리고 '정치'를 아우르는 두 개념은 권력과 공간의 관계를 성찰함으로써 예속화된 주체화에 대항하여, 담론의 차원을 넘어 윤리적 실천으로 구체화된다.

푸코가 주체와 진실의 관계를 탐구하며 오랫동안 집중했던 고백, 자기 돌봄, 파레시아 등은 자기 테크놀로지를 어떻게 활용하는가와 연관된다. 특히 '파레시아'는 그가 생애 마지막까지 놓지 못했던 중심 개념으로, 주체가 진실을 추구하고 그것을 용기 있게 표현하는 방법에 대한 윤리적 고민이었다. 인간이 자신의 생각을 '말할 자유'는 곧 '말할 수 있는 특권'으로 근대 사회가 지향했던 가장 중요한 권리이다. 그런 측면에서 '파레시아'는 필연적으로 타자와 연동된다. 즉 '진실 말하기'는 개인의 문제에서 공동체의 문제로 이어지고 그것에 대한 평가 또한 공적 영역에서 이루어지기 때문이다.

'헤테로토피아'는 사회가 구성한 지배적 공간 질서에 대항하는 반反공간으로, 푸코는 이를 '현실에 존재하는 유토피아'로 개념화했다. 이러한 '헤테로토피아'는 물리적 장소를 넘어, 사회·문화적 상징과 제도적 의미를 포괄하는 복합적 장으로, 지배 담론을 반영하는 동시에 그것을 전복하거나 해체한다. 이는 현실의 유토피아를 그리는 이상향理想鄕이자, 기존의 상상적 경계를 넘어서는 이질적 장소로서의 '이상향異想鄕'을 의미한다.

결국, 파레시아와 헤테로토피아가 권력이나 현실적 대안과 관계된다면, 권력에 대한 저항과 비판적 언술이라는 측면에서 상호 연계된다. 나아가 주체의 '살 권리'와 '표현의 자유'를 넘어, 부정적 권력에 대한 '정당방위로서 투쟁의 권리'를 실현할 책임과 의무를 의미한다. 그 때문에 그것은 정치나 철학적 담론에 머무르지 않고, 공동체 구성원들에게 윤리적 책임과 정치적 자율성을 제시한다. 그러므로 파레시아와 헤테로토피아는 진실을 말하고, 그 진실을 사회적으로 구현할 수 있는 장소를 구축함으로써 저항과 해방의 가능성을 추구한다.

고정희[3]는 1980년대 민주주의의 위기와 신자유주의의 발

---

3   고정희(1948-1991)는 해남에서 출생하여, 한국신학대학을 졸업했다. 1975년 박남수 시인의 추천으로 현대시학에 「부활 그 이후」, 「연가」를 발표하며 문단 활동을 시작했다. '목요시' 동인과 민족문학작가회의 이사 등을 역임했으며, 「초혼제」로 대한민국문학상을 수상했다. 1984년 『또 하나의 문화』의 창간 동인으로 참가하며 중추적인 역할을 했으며 『여성신문』 편집주간을 역임하는 등 여성운동과 시작 활동을 왕성하게 하며 평단의 주목을 받던 중 1991년 지리산 등반길에서 사고로 짧은 생을 마감했다. 시집으로 『누가 홀로 술틀을 밟고 있는가』(1979), 『실락원 기행』(1981), 『초혼제』(1983), 『이 시대의 아벨』(1983), 『지리산의 봄』(1987), 『저 무덤 위에 푸른 잔디』(1989), 『광주의 눈물비』(1990), 『여성해방출사표』(1990), 『아름다운 사람 하나』(1991)가 있고, 유고 시집으로 『모든 사라지는 것들은 뒤에 여백을 남긴다』(1992)가 있다. 2011년에 『고정희 시전집』이 출간되었다.

전 과정에서 한국의 정치·사회뿐만 아니라 세계적 변화에도 깊이 관심을 가졌다. 특히 그는 5·18 민주화 항쟁, 위안부 문제, 군부독재, 성평등과 여성 인권, 빈곤, 권력 카르텔 등의 문제에 천착하며, 시대적 모순과 부조리에 대한 비판적 인식을 바탕으로 사회 변화에 목소리를 높였다. 이를 기반으로 한 그의 시세계는 초기의 순수 서정시를 시작으로 기독교나 죽음의식 등의 주제로부터 전통 굿양식을 차용한 장시 등 다양한 내용과 형식적 실험을 시도하였다. 무엇보다 고정희는 정치에 많은 관심을 가졌는데, 이와 관련된 연구들은 대부분 남성중심주의 비판과 탈식민주의 관점 그리고 여성주의와 페미니즘과 같은 동일 선상의 주제들이 되풀이되었다. 그리고 민중과 관련된 논의 또한 거듭 반복되는 한계에 놓여있다. 민중 문제로부터 시쓰기를 시작한 고정희는 민중과 여성 그리고 계급의 문제와 젠더 나아가 생명 연대의 문제들을 어떻게 교차시킬 것인지를 내내 고민했던 시인이자 여성 운동가였다. 그렇게 본다면 그의 시에서 보이는 미학과 정치성의 관계에 대한 논의가 필요할 것으로 보인다. 문학의 정치성과 미학성 간의 관계는 특히 민중운동, 여성운동, 생명운동과 같은 사회적·정치적 운동이 문학적 본질에 미치는 영향을 논의할 때, 항상 문학의 미학적 가치를 희생시킨다는 편견이 존재해왔다. 이러한 고질적 시각은, 종종 고정희 시를 도식적이고 전형적인 시로 평가절하하는 요인이 되기도 했으며, 그의 시가 보여주는 다양한 전략과 운동적 실천 양상을 충분히 읽어내지 못한 한계가 있었다.

'래디칼이 아니면 대안이 없다'고 했던 고정희는 실제로, 민중과 여성 그리고 생명에 대한 억압적 차별에 저항하는 발언을 마지막까지 멈추지 않았다. 그렇다면 그 과정에서 드러나는 다양한 장소와 그 장소의 주체들이 보여주는 운동적 실천 양상을 함께 분석한다면, 기존의 평가를 재구성할 수 있을 것이다. 이러한 관점에서 볼 때, 고정희는 여성시의 사회적·정치적 의미를 근본적 차원에서 다시 사유하게 만든 중요한 시인이다. 그의 시는 본질적으로 문학과 정치, 미학과 운동이 복합적으로 교차하기 때문에 이에 대한 새로운 해석의 틀을 제공한다는 것이 이 글의 또 다른 의의이다.

실제로 고정희는 자신의 시에 드러나는 장소성이 세계 인식과 시세계 형성에 중요한 요소임을 자주 언급했다.[4] 헤테로토피

---

4   고정희는 첫 시집의 발문에 "회고하건 데 광주 Y가 내게 생의 길을 열어 준 곳이라면 수유리의 한국신학대학은 생의 내용을 가르쳐 준 곳으로, '수유리'는 자신을 각성하고 현재의 삶을 성찰하게 한 장소로 기억했다. 이에 자신이 속한 현실적 장소와 공간이 바뀌면 '삶의 내용'과 '가치관'이 변화됨을 고백하며 그의 삶에서 장소와 공간이 지닌 의미를 강조했는데, 이는 그의 시에 드러나는 장소성이 세계 인식과 가치관 형성에 중요한 요소임을 시사한다. 이와 관련하여 박선희와 김문주의 연구에서 '수유리'는 고정희 시의 핵심 장소이자 '기독교·민중·여성에 관한 기원적 공간으로 보았다. 나아가 1980년대 기독교-민중문학의 선구자로서 1970년대 민주신학의 거점으로 고정희의 정신적 기초를 제공한 핵심적 현실/상징 장소임을 밝히고 있다.(박선희·김문주, 「고정희 시의 "수유리" 연구-「화육제별사

아는 물리적 장소뿐 아니라 문학의 내면 공간까지 포함하며 서정적 문법과 형식에 대한 새로운 사유로서 '탈장소성'을 추구한다.[5] 이에 고정희 시에 드러나는 '밥상'이나 '지리산'과 같은 물리적 층위의 장소에서부터 '마당굿'과 '여성해방공간'이라는 문학과 시의 담론적 공간까지 이러한 장소들은 부조리한 현실에 대한 저항의 장이자, 시적 주체의 '파레시아'가 구현되는 반反장소로 주목된다. 즉 이러한 장소는 자유와 평등을 지향하는 민중 해방 공간이자, 가부장제 사회의 억압을 고백하고 치유하는 여성 연대의 공간이며 성찰을 통해 생명 존중의 가치를 실천하는 자기 돌봄의 장소이다. 헤테로토피아적 공간은 파레시아적 발화와 맞물려, 억압적 권력과 역사에 대한 저항적 태도를 견지한다. 이 글은 '파레시아'와 '헤테로토피아'가 모두 이러한 시대 현실과 긴밀하게 연동된다는 점에 주목하여, 고정희 시에 나타나는 미

化肉祭別詞」를 중심으로」,『한민족어문학』66, 한민족어문학회, 2014, 443-468쪽)

5   문학의 헤테로토피아는 언어 즉 문학이 단순한 표현의 도구를 넘어서 사회적·문화적 의미와 정체성을 상징적으로 구축하는 공간으로 작용함을 의미한다. 이러한 공간에서 문학은 현실과 환상, 권력과 저항, 기억과 망각, 배제와 포용 같은 다양한 맥락적 의미를 담아내며, 사회적 규범과 권력 구조를 비판하거나 해체하는 역할을 수행한다. 또한, 문학의 헤테로토피아는 특정한 역사적 시기와 사회적 조건 속에서 저항과 계몽의 장소로서 기능하며, 다양한 목소리와 이야기를 통해 이질적 공간들을 공존시키고 재구성하는 역할을 한다. 따라서, 문학의 헤테로토피아는 현실을 비판하는 동시에 새로운 의미와 가치를 생성하는 공간적, 상징적 장으로서, 사회적 현실과 개인적 경험이 교차하는 중요한 역할을 한다고 할 수 있다는 측면에서 본 글에서 '굿양식시'와 '여성해방공간' 등을 문학적 차원에 헤테로토피아로 설정하였다.

학과 정치성의 관계에 집중하였다.

'마당굿'시는 억압된 역사와 민중의 목소리가 복원되는 장소로, 고정희는 '굿' 양식의 시를 통해 굿판의 공동체적 기능을 현대적으로 재해석한다. 이때 '굿'은 단순한 전통 의례가 아니라, 민중들이 서로의 고통을 나누고 저항 정신을 고취하는 공간으로 작용한다. 또 하나 '밥과 자본주의' 연작에서 드러나는 '밥상'은 현실적 삶의 재건 공간으로 자본주의의 문제는 곧 '밥'과 관련된 생계의 문제와 직결된다. 그러한 점을 상기하면 그것은 민중들에게 가장 절실한 화두 중 하나이다. 그러므로 '밥상'은 민중들이 서로의 삶을 공유하고 '연대'와 '저항'의 파레시아가 드러나는 실질적 장소이다.

또한 여성의 삶과 억압구조를 "해방의 우선순위"로 두고 이를 '여성해방출사표'라고 선언한 고정희는 기존의 사회운동이 간과하거나 침묵하고 있던 여성 문제에 천착하며 출사표를 감행한다. 탈식민적 페미니즘의 선구자였던 그는 폭력적 역사의 희생자이자 동시에 극복의 주체였던 한국 여성의 특유한 역사성을 강조하며 시작詩作을 통해 여성운동을 실천해 나갔다. 특히 '여성시'는 '여성 해방'을 위한 실천적 공간으로써 여성들이 연대하는 상징적인 공간의 의미를 지닌다. 이러한 여성 해방의 공간에서는 그들이 오랜 관습과 현실에서 억압받은 경험을 '고백'의 파레시아를 통해 드러내고 있다.

마지막으로 고정희에게 '지리산'은 자연적인 '산'의 의미를 넘어 영원히 살아 있는 '정신적' 장소였다. 1980년대 중반 이후, 그는 현실과 삶이 고단할 때마다 지리산을 찾아 몸과 마음을 단련하였다. 인간의 역사에 대한 이해와 화해가 내적 성찰과 자기 돌봄에서 비롯된다면, 지리산은 대립과 갈등을 넘어 용서와 치유를 향해 열려있는 공간이었다. 어쩌면 그가 지리산의 품에서 생을 마감했기에 그 의미가 더 크게 다가오는 것일지도 모른다.

　이처럼 '파레시아'와 '헤테로토피아'는 언어(말)와 장소(공간)의 관계에서 나아가 현실 너머를 상상하고 새로운 가능성을 추동한다는 점에서 상생 관계에 있다고 할 수 있다. 헤테로토피아는 파레시아가 발휘될 수 있는 조건과 공간을 제공하며, 파레시아 또한 헤테로토피아의 의미와 가치를 담론적 차원으로 심화시킨다. 즉 '파레시아'는 진실과 고통을 말하려는 윤리적 실천으로, 시인의 언어가 어떻게 권력과 억압에 맞서는 발화 형식을 취하는지를 보여준다. 동시에 '헤테로토피아'는 현실적 질서에 균열을 가하고 새로운 상상과 관계의 가능성을 여는 혼종적 장소이다. 두 개념은 고정희 시의 미학과 정치성을 통합적으로 조망할 수 있다는 측면에서 그의 시가 추구한 해방과 연대, 그리고 생명 회복이라는 궁극적 지향을 보다 깊이 조명할 수 있을 것이다.

'저항'적 파레시아와 '민중 연대'의 반反공간

고정희는 신군부의 억압과 자본주의 폐해로 민중의 고통이 극에 달했던 1980년대의 시대적 상황에서 "우리 시대의 고백을, 우리의 체험을, 우리말로 풀어내는 진정한 문학을 만들어가야 한다"[6]고 단언했다. 또한 "문학은 철저히 개인의 삶과 경험에 기초하며, 동시에 그 개인이 속한 공동체의 고통과 운명에서 자유로울 수 없다"는 명제를 통해 자신의 문학적 노정을 밝히기도 했다. 이것은 그의 시가 개인의 내면적 성찰에 머무르지 않고 사회적 실천의 장으로 확장되었음을 의미한다.

그에게 민중[7]은 지배와 피지배, 여성과 남성의 차별 없이 역

---

[6] 조혜정, 「그대, 쉬임없는 강물로 다시 오리라」, 『너의 침묵에 메마른 나의 입술』, 조형 외 편, 또 하나의 문화, 1993, 228-229쪽.

[7] 백낙청은 '민중'의 개념이 어려운 것은 시공간에 따라 다르게 나타나며 그것의 의미가 배제와 박탈적 측면에서 형성되는 경향이 강하기 때문으로 보았다. 이를테면 고대사회의 민중은 노예나 가난한 평민이었다면, 중세에는 농민들이 대부분이었고 후기로 올수록 시민계급의 비중이 커졌다는 것이다. 그리고 근대에는 노동자나 소시민과 같은 구성원들이 민중을 구성하면서 권력이 박탈된 소외된 계층들을 주로 일컫는다고 보았다. 이로써 민중은 주로 피지배계급, 박탈된 자, 소외된 자들이라는 점이 공통적이지만 시대와 문화에 따라 조금씩 그 성격이 다르게 변모해 왔다는 것이다.(백낙청, 「민중은 누구인가」, 한국신학연구소 편, 『한국민중론』, 한국신학연구소, 1984, 13-14면) 이에 대해 염선옥은 고정희의 민중의식은 구분과 구별을 이루는 지배와 피지배 구조를 무화시키는 개념으로, 즉자적 민중에서 대자적 민중으로 나아가는 방식이며 그것이 '해남'과 '지리산'이라는 장소를 통해 드러난다고 보았다.(염선옥, 「고정희 시에 나타난 민중의식의 태동과 심상지리」, 『동학학보』 61, 동학학회, 2022, 219쪽)

사의 능동적인 주체로서의 공동체를 의미한다. 하지만 그러한 민중은 오랫동안 주류의 문화나 삶에서 소외되었다. 푸코는 '반기억'[8]을 통해 권력이 자신에게 유리한 방식으로 역사의 기억을 왜곡한다는 점을 비판하며, 주류 역사에서 삭제되거나 왜곡된 소수자와 약자의 기억을 복원하고자 했다. 그것은 개인의 회고, 구술 역사, 민중 예술, 저항 운동 등의 다양한 형식을 통해 발현되는데, 이때 주체는 억압적 권력 구조에 대한 비판과 저항의 방식을 지속적으로 고민해야 한다고 강조했다.

고정희는 이러한 반기억과 관련된 민중의 문제의식을 '굿양식'의 시를 통해 풀어냈다. 『초혼제』와 『저 무덤 위의 푸른 잔디』 등의 시집에 실린 '마당굿시'는 죽은 자들의 혼령뿐 아니라 현실에서 고통받는 산 자들의 상처까지 위로한다. 그는 우리 전통 가락의 우수성을 현재에 맞게 되살려 현대시에 접목하였다.[9] 1988년 3월 6일 일기에 고정희는 "하루 종일 광주항쟁과

---

8 푸코의 '반기억'은 니체가 계보학에서 사용했던 반체계적 방법과 전제를 채택한 용어로 담론에 의해 만들어진 기억으로서 지배 권력이 자신에게 유리한 방식으로 역사적 기억을 선택하고 강조함을 의미한다. 즉 주류 역사는 특정한 집단이나 계층의 경험만을 반영하며, 다른 집단의 경험을 은폐하거나 왜곡한다. 이에 반기억은 주류 역사에서 삭제되거나 무시된 기억을 복원하고 재조명한다. 이는 소수자, 약자, 주변부 집단의 기억을 역사의 전면으로 드러내고, 그들의 목소리를 통해 역사를 새롭게 해석하려는 시도이다.

9 고정희는 세 번째 시집인 『초혼제』의 후기에 다음과 같이 밝혔다.
   "그동안의 창작 생활에서 내가 한시도 떠나 본 적이 없었던 것은 '극복'과 '비전'이라는 문제였다. 내용적으로 나는 어떠한 일이 있더라도 우리는 이 어두운 정황

관련된 사람들을 찾아다녔다. 시인은 역사의 현장에 있지 않으면 안 된다"고 하였다. 이것은 광주항쟁의 무고한 희생자들을 애도하고 그 불화의 정치성을 예술적 혼으로 승화시키기 위하여 '마당굿시'가 필요함을 역설적으로 밝힌 말이다. 그런 측면에서 그는 시의 형식적 변화를 통해 사회와 정치에 대한 불화를 가시화하며 민중 해방의 가능성을 끊임없이 타진하였다.[10]

앞서 언급한 바와 같이 고정희가 "문학은 철저히 개인의 삶과 경험에 기초하며, 동시에 그 개인이 속한 공동체의 고통과 운명에서 자유로울 수 없다'고 했던 것은 그의 문학이 민중적 혹은 시대적 관점으로 연결된다는 맥락으로 이해된다. 이런 관점에서 '마당굿시'는 언어로 포착하기 어려운 민중의 정서적 고통과 한을 '굿'이라는 주술적·집단적 수행을 통해 해방적 차원으로 재현하려는 시적 기획이다. 폴 틸리히는 종교와 문화의 상

을 극복해야 된다고 믿는 조직사회 속에서의 인간성 회복의 문제가 크나큰 부담으로 따라다녔고, 형식적으로는 우리의 전통적 가락을 여하이 오늘에 새롭게 접목시키느냐가 최대의 관심사였다. 나는 우리 가락의 우수성을 한 유산으로 활용하고 싶었다. 그러한 고민이 결과로 생겨난 것이 사람 돌아오는 난장판, 환인제 같은 마당굿이다."(고정희, 『고정희 시전집』 1, 또 하나의 문화, 2011, 296쪽)

10 이은영은 고정희 시는 예술을 정치 실천의 행위로 간주하였는데, 이는 랑시에르의 해방의 사유와 맞닿아 있다고 보았다. 즉 기존 질서와 통념, 분배의 몫에 저항하는 새로운 질서와 사유 그리고 몫의 나눔을 그 예로 들었다. 즉 고정희는 시적 주체가 인간 존재로서 가지는 동등한 능력, 불평등과 평등을 넘어 전 지구적 차원의 공동체로 확장되어 인간해방으로서의 민중해방을 이야기한다고 보았다.(이은영, 「고정희 시에 나타난 불화의 정치성-마당굿시를 중심으로」, 『여성문학연구』 53, 한국여성문학회, 2021, 161-191쪽)

호작용을 논의하며, 종교는 문화에 의미를 부여하는 본질적 실체이며, 문화는 종교의 근원적 관심이 구체화되는 표현 양식으로 간주하였다. 즉, 문화는 종교적 관심이 구체적으로 형상화되는 장이며, 종교는 이러한 문화에 종교론적 깊이를 부여하는 근본적인 토대로 작용한다는 것이다. 그렇다면 기독교인이었던 고정희가 '무당'을 시적 주체로 내세운 것은 그가 신분과 계급의 차별을 넘어서 인간의 존엄성과 평등을 지향하였으며, 종교적 경계 또한 극복되어야 할 대상으로 인식했기 때문이다. 이는 '무당'이라는 존재가 단지 주변화된 종교적 타자가 아니라, 삶과 죽음을 초월하여 역사와 현실 속 민중의 원혼을 위무하고, 그들을 해방과 연대의 장으로 이끄는 데 중심적 역할을 한다고 보았기 때문이다.

> 무당 물러가라 물러가라 농촌귀신 물러가라/ 일년 사시사철 피땀으로 졸은 농사/ 반절은 인충이 먹고 반절은 수마가 먹고/비료세 소득세 전기세 라디오 티뷔세 물고 나면/ 가을 수확은 검불뿐이니 사—람—이 죽었구나/(중략) /무당 물러가라 물러가라 도시귀신 물러가라/ 꼭두새벽부터 일어나 식은 밥 한숟갈 뜨는둥 마는둥/ 십리 공장길 걸어 지하3층으로 내려가/ 한여름 같은 기계실에 혼 빼주고 넋 빼주고/마음도 다 빼주니/한

> 달 수입이 3만 5천원이라/ 구내식당비 5천원 주고/ 인세 갑근세 주민세 삭월세 문화세 주고 나면/빈—주먹이나 먹어라 사람 없구나//
>
> ―「사람 돌아오는 난장판—둘째마당」 부분

「사람 돌아오는 난장판—둘째마당」에서는 농민과 도시 노동자라는 척박한 생존 현실에 놓인 두 민중을 나란히 병치하며, 이들이 겪는 구조적 착취와 소외를 가감 없이 드러낸다. 밥 한술을 뜨는 둥 마는 둥 먼 길을 걸어서 논으로 공장으로 달려가는 그들은 '혼 빼주고 넋 빼주고/마음도 다 빼주니/한 달 수입이 3만 5천원' 뿐인 현실의 몫 없는 약자들이다. 살아생전 몸과 마음 그리고 영혼까지 모두 자본가에게 반납한 이들은 죽음에 이르러서도 '농촌귀신'과 '도시귀신'이 되어 구천을 떠돈다. 무당은 이처럼 억울하게 죽은 이들의 원혼을 달래며 현생에서 "물러가라"고 달랜다. 이러한 언술의 반복은 원혼을 달래는 초월적 의례를 넘어, 소외된 현실을 살아가는 민중들의 내면을 달래는 동시에 그들을 내몬 억압적 현실을 부각시킨다. 이처럼 현실의 체념과 순응에 대한 이의제기는 삶과 죽음, 저항과 순응이 교차하는 '굿' 양식을 통해 현실 비판과 사회적 통찰을 가능하게 한다.

6. 저들이 한반도의 정적을 찢었습니다. // 한반도가 계엄령의 정적에 무릎 꿇고 / 입 있는 자마다 재갈이 물리고 / 사지에 침묵의 초승을 받던 그날, / 감옥으로 감옥으로 향하던 그날, / 어두운 역사의 길고 긴 능선 따라 / 횃불 행진으로 타오르던 광주 / 복종과 억압을 내리치던 광주 / 생명의 기운으로 용솟음치던 광주 // 대견하다 아들아 / 장하다 딸들아 / 느희들이 우리 죄업 다 지고 가는구나 / 우리 시대 부정을 / 느희들이 다 쏟아내는구나 // 식당조리사 우리 아들들 / 호남전기 생산부 우리 딸들 / 넝마주이 우리 아들들 / 황금동 홍등가 우리 딸들 / 전기용접공 우리 아들들 / 술집 접대부 우리 딸들 / 구두닦이 우리 아들들 / 야간학교 다니는 우리 딸들 / 무의탁소년원 우리 아들들 / 방직공 장 우리 딸들 / 주저없이 망설임 없이 / 총받이가 되고 칼받이가 된 저들 / 진압봉에 머리 맞아 쓰러진 저들 / 넘어지고 짓밟힌 저들 / 개 패듯 두둘겨 맞고 옷 벗기고 / 두름 엮어 실려 간 저들 / 귀가 찢어지고 손발이 찢어진 저들 / 두 눈이 튀어나온 저들 / 뒤통수가 박살이 난 저들 / 기총소사에 지천으로 누워버린 저들 / 얼굴에 페인트칠을 당하고 / 어머니, 억울해요 / 알 수 없는 곳으로 사라진 저들 / 통곡의 행진 속에 매장된 저들 / 저들이 광주를 우뚝 세웠습니다 / 저들이 광주를 들어올렸습니

다 / 최후의 보루인 저들 / 혁명의 대들보인 저들 / 저들
이 한반도의 정적을 찢었습니다

─「저 무덤 위에 푸른 잔디」 부분

　위 시에는 계엄령 아래 감금과 절망의 시간을 견뎌야 했던 민중들의 침묵, 그 침묵을 깨고 '광주'에서 울려 퍼진 '저들'의 함성을 생생하게 그려내고 있다. '저들'은 부패한 권력에 희생당하거나 정직하게 살아가면서도 구조적 불평등의 그늘에서 평생 벗어나지 못하는 주변부의 보통 사람들이다. '파레시아'가 모든 위험을 감수하고 진실을 말하는 실천적 용기라면, 불의에 맞서 가장 먼저 저항의 전면에 나섰던 '저들'의 발화는 죽음을 무릅쓴 진실의 외침이다. 진압과 폭력이라는 위험 속에서도 "어머니, 억울해요"라는 절규를 멈추지 않았던 '저들'의 목소리는 억압적 권력에 대한 저항이자 인간의 존엄을 지키려는 존재의 마지막 저항일 것이다.

　그러므로 '광주'는 '저들'이 목숨을 걸고 지켜낸 파레시아적 주체들의 헤테로토피아이다. 하나의 공간이 권력이나 저항적 실천을 통해 재구성된다면, '광주'는 지리적 장소의 의미를 넘어, 억압적 질서를 전복함으로써 민중 스스로가 역사의 주체로 자리매김한 공간으로 재탄생된다. 삶과 죽음, 현실과 꿈, 기억과 망각이 교차하는 전복적 공간으로, 기존의 사회적 질서에 반

反하는 장소이다. '통곡의 행진'이 울려 퍼지는 그 순간, 광주는 슬픔과 분노를 넘어 연대의 공간이 된다. 그런 측면에서 역사 속에서 소멸한 수많은 '저들'의 넋을 위무하는 '마당굿'은 집단적 욕망을 표출하는 장이며, '타자'들의 무의식을 해체하고 새로운 질서를 재구성하는 해방의 장임을 알 수 있다.

이처럼 '마당굿시'는 민중의 집단적 고통과 울분을 표현하고 정화하는 의례적 공간이다. 이러한 시적 형식은 지배 권력에 의해 주변화된 이들의 목소리를 전면에 드러냄으로써 새로운 공동체적 감수성과 정치적 연대의 가능성을 환기시킨다. 특히 '굿판'은 남녀노소, 지배자와 피지배자, 죽은 자와 산자의 구분이 무화되는 공간으로, 무당의 노래와 춤은 그 장소에 함께 있는 이들의 억압된 감정을 분출하게 한다. 이때 '신명'은 개별 주체들을 공동의 소리와 춤으로 하나되게 하여 연대의 힘을 촉발시킨다. 즉, '마당굿시'는 마당극과 굿의 형식적·의미적 요소가 '시'라는 문학 장르 안에서 결합된 형태로, 시인과 독자 나아가 관객이 모두 함께 웃고 울며 하나가 된다, 이때 '마당'은 물리적 공간에서 감정의 해방과 저항의 에너지가 교차하는 곳으로 민중들의 파레시아를 촉진하는 장소로 작용한다.

그런 측면에서 고정희의 유고 시집 『모든 사라지는 것들은 뒤에 여백을 남긴다』는 어쩌면 생의 마지막 순간까지 시인의 소명을 실천한 파레시아적 기록일지 모른다. 그가 지리산 뱀사골의 급류에 휩쓸려 생을 마감하기 불과 일주일 전쯤, 출판사 편집자를 찾아가 자신에게 정리된 신작 시집 원고가 있음을 귀띔했다고 한다. 그리고 그의 죽음 후 경기도 안산 집에서 원고를 찾아 이 시집이 세상에 나오게 된 것이다. 특히 그는 연작시「밥과 자본주의」를 통해, 근대 자본주의 사회에 만연한 물신주의와 인간 소외 그리고 '자본주의'라는 거대한 체제에서 '밥'조차 민중들의 투쟁과 생존의 수단이 되어버린 현실을 날카롭게 직시한다.

> 밥은 모든 밥상에 놓인 게 아니란다/ 네가 햄버거를 선택하고/ 왕새우 요리를 즐기기까지 이 흰/ 쌀밥은 애초부터 공평하지 않았구나/ 너는 이제 알아야 한다/ 밥은 선택하는 것이 아니라 함께 나누는 것이란다/ 네가 밥을 함께 나눌 친구를 갖지 못했다면/ 누군가는 지금 밥그릇이 비어 있단다/ 네가 함께 웃을 친구를 아직 갖지 않았다면/ 누군가는 지금 울고 있는 거란다/ 이 밥그릇 속에 이 밥 한 그릇 속에/ 이 세상 모든 슬픔의 비밀이 들어 있단다/ 그러므로 아이야/ 우리가 밥상 앞에 겸손히 고개 숙이는 것은/ 배부름보다 먼저 이 세상 절반의/ 밥그릇이 비어 있기 때문이란다/ 하늘은 어디서나 푸르구나 그러나/ 밥은 모든 밥상에 놓인 게 아니란다/ 네 웃음소리를 스스로 낮추련?
> ―「밥은 모든 밥상에 놓인 게 아니란다」부분

시에서 '밥상'은 단순히 음식을 나누는 공간을 넘어, 불평등한 사회 질서를 반영하고 비판하는 상징적 공간이다. 자본주의의 문제는 곧 '밥'의 문제이며, '밥상'은 '너'를 포함한 '우리'가 함께 둘러앉아야 비로소 완성된다. 하지만 "쌀밥 한 접시"에는 "보다 많은 사람들의 곡절"이 서려 있어 그것을 가볍게 생각할 수도 쉽게 여길 수도 없다. 더군다나 현실의 불공정한 질서를 바꾸기 위해서는 밥상이 놓이기까지의 현실과 역사적 맥락을 이해해야 한다. 나아가 "밥그릇"이 비어 있는 누군가를 위해, 그들과 "밥"을 공유하며 우리의 "밥상"을 만들어가야 한다는 것이 시인의 생각이다.

　또한, 세상의 모든 밥상에 '밥'이 놓일 수 있는 것이 아니기에, 우리는 '밥상' 앞에서 언제나 겸손해야 한다는 주장은 "이 세상 절반의 밥그릇이 비어 있다"는 현실 인식에서 출발한다. 이는 단지 물리적인 결핍을 의미하는 것이 아니라, 사회적 불평등과 자원 분배의 불공정성을 강조한 것으로 "웃음소리를 낮추는" 실천 즉 내가 가진 밥그릇에 대해 자랑하거나 기뻐하지 않고 그것을 가지지 못한 누군가와 나눔하는 일로부터 우리 사회의 연대는 시작할 수 있다는 것이다. 이러한 관점에서, 언제 어디서든 '밥상'이 있는 곳은 새로운 질서와 공동체를 만들 수 있기에 그곳이 바로 대안적인 실천의 장소라는 것이다.

권력의 꼭대기에 앉아 계신 우리 자본님/ 가진 자의 힘을 악랄하게 하옵시매/지상에서 자본이 힘 있는 것 같이/ 개인의 삶에서도 막강해진다/ 나날에 필요한 먹이사슬을 주옵시매/ 나보다 힘없는 자가 내 먹이 사슬이 되고/ 내가 나보다 힘 있는 자의 먹이사슬이 된 것 같이/ 보다 강한 나라의 축재를 북돋으사/ 다만 정의와 평화에서 멀어지게 하소서/ 지배와 권력과 행복의 근본이 영원히 자본의 식민통치에 있사옵니다 (상향~)
―「밥과 자본주의 ― 새 시대 주기도문」 부분

대저 밥이란 무엇일까요/ 인도 사람은 인도식으로 밥을 듭니다/ 더러는 그것을 손가락밥이라 말합니다/ 중국 사람은 중국식으로 밥을 듭니다/ 더러는 그것을 젓가락밥이라 말합니다/ 일본 사람은 일본식으로 밥을 듭니다/ 더러는 그것을 마시는 밥이라 말합니다/ 미국 사람은 미국식으로 밥을 듭니다/ 더러는 그것을 칼자루밥이라 말합니다/ 한국 사람은 한국식으로 밥을 듭니다/ 더러는 그것을 상다리밥이라 말합니다/ 손가락밥이든 젓가락밥이든/ 마시는 밥이든 칼자루밥이든/ 그게 뭐 그리 대수로운 일이랴 싶으면서도/ 이를 가만히 바라보노라면/ 밥 먹는 모습이 바로 그 나라 자본의 얼굴이라는 생각이 듭니다/ (중략) / 아니다 그렇지 않다

> 밥은 다만 나누는 힘이다, 상다리밥은 마주앉는/ 밥이
> 다, 지렛대를 지르고 나서/ 문득 우리나라 보리밥을 생
> 각했습니다
>
> ―「밥과 자본주의 ― 아시아의 밥상문화」 부분

위 시들에서도 우리나라뿐 아니라 아시아 곳곳에서 드러나는 억압과 불평등을 '밥'의 분배 문제를 통해 날카롭게 비판한다. 이러한 상황은 특정 시대나 국가에 국한되지 않은 자본주의의 보편적인 문제임을 강조한다. 특히 「밥과 자본주의 ― 새 시대 주기도문」에서는 지배 권력과 자본에 맹목적인 사회를 예리하게 짚어내며, 아시아 제3세계의 현실과 구조를 심층적으로 드러내고 있다. '권력의 꼭대기에 앉아계신 우리 자본님'은 이 시대의 정의와 평화를 왜곡하고 인간의 기본적인 행복을 억압하는 존재로 묘사된다. 무엇보다 '주기도문'이라는 기독교적 언술 전략을 패러디함으로써, 자본의 맹목적인 숭배와 부패한 사회 구조에 대한 침묵을 비판적으로 제기한다.

그런 점에서 「밥과 자본주의 ― 아시아의 밥상문화」에서는 "밥은 다만 나누는 힘"이라고 언급하며 그것을 사회적 공론의 장으로 이끌어낸다. 우리나라를 비롯해 아시아 민중의 상호 협력을 통해 전세계 자본의 질서로부터 벗어나 어느 나라에서든 '해방된 사회'의 당당한 주체로 서야 한다는 것이다. 이와 같은

고정희 시인의 생가(전남 해남군 삼산면 송정리 259번지)

그는 아버지 고양동 씨와 어머니 김은녀 여사 사이에 5남 3녀 중 장녀로 태어났다.

시각은 이 시집에 수록된 시 전반에 나타난다. 이 시들은 고정희가 필리핀 마닐라의 아시아 종교음악연구소 초청으로, 아시아 여러 나라 시인 및 작곡가들과 '탈식민지 시와 음악 워크숍'에 참가한 동안(1990년 9월~1991년 2월) 창작된 것이다. 이 기간 동안 고정희는 제3세계에서 발생하는 억압의 현장을 목격하고 깊은 분노를 느꼈으며, '밥'의 문제는 단지 '계급'과 '민족'의 문제를 넘어 동시대 전 세계인들의 보편적인 문제임을 인식하게 된다. 그런 점에서 자본주의가 민중의 일상적 삶 속에서 어떻게 모든 것을 상품화하고, 인간의 기본적인 욕구마저 구조적 억압의 수단으로 변형시키는지 '밥'과 '밥상'의 문제를 통해 잘 보여주고 있다.

이처럼 '민중'의 '저항'적 목소리는 사회 내 억압적 질서에 균열을 가하며, 기존 권력 구조 아래 은폐되어 있던 차별과 배제의 문제를 가시화한다. 이들의 저항은 단순히 기존 체제에 대한 비판적 발언을 넘어서, '파레시아'로서의 역할을 한다. '마당굿시'는 산 자와 죽은 자를 아우르는 조화의 의례로서 민중의 집단적 기억과 정체성을 활성화하는 공간이다. 또한 「밥과 자본주의」 연작에서의 '밥상'은 사회적 불평등과 억압 구조를 드러내는 실천적 공간으로 제시된다. 두 공간은 '저항'의 파레시아를 통해 '민중의 연대'를 촉구한다.

'고백'의 파레시아와 '여성 해방'의 실천적 공간

고정희는 1980년대 중반 이후 여성주의 운동에 적극적으로 참여하며 〈또하나의문화〉 창립 동인으로 활동하였고, 시집 『지리산의 봄』을 발간하며 여성주의적 실천을 문학과 사회운동의 중심으로 끌어올렸다. 특히, 그는 민중 운동 내에서 종종 간과되었던 여성 문제를 비판적으로 제기하며, 여성 해방이 민중 의식과 분리될 수 없다는 것을 선구적으로 보여주었다. 또한 여성 해방 운동의 일환으로 시작詩作 활동과 정치 활동을 동시에 펼쳐나갔다. 그런 점에서 「우리 봇물을 트자」는 여성 해방을 위한 선언문으로, 문학을 여성 주체의 정치적 발화 도구로 전환한 기념비적 시로 평가된다. 이 시는 가부장제 이데올로기 아래 놓여 있는 여성의 현실을 응시하며, 그 억압의 구조에 맞선 여성의 저항적 목소리를 드러내고 있다. 나아가 이를 문학적 실천의 차원으로 끌어올리며, 문학과 시가 단순한 재현의 장을 넘어 여성해방의 담론적 공간이 될 수 있음을 보여주었다.

그런 점에서 고정희는 이전의 여성시를 계승하면서도 당대 현실과 민족 문제 그리고 여성 해방의 문제의식을 시적 상상력으로 확장하여 기존의 여성시의 한계를 넘어선 시인으로 평가된다.[11] 그는 『여성해방출사표』의 서문에 스스로를 '여성주의 시각의 핵심을 한국에서, 그리고 아시아 여성들의 삶과 수난에서 찾으려는 사람'이라 말했다. 그리고 "나는 이상과 현실을 분리해서 생각하지 않으며, 정치 현실과 예술의 혼을 따로 떼어놓지 못한다. 삶과 이데아는 동전의 안과 밖의 관계"라며 여성에게 강요되는 침묵과 순종을 거부한다고 밝혔다. 이러한 발화는 단순한 개인의 서사가 아닌 여성 공동체 전체의 고통과 목소리를 대변하는 문학적 실천의 '파레시아'로 볼 수 있을 것이다. 무엇보다 그는 역사의 차별적 희생자이면서 그 역사를 극복한 주

---

11 이경수, 「고정희 전기시에 나타난 숭고와 그 의미」, 『비교한국학』 19-3, 국제비교한국학회, 2011, 67쪽.

체였던 한국 여성 특유의 역사성을 강조했던 탈식민적 페미니즘의 선구자였다.[12]

이러한 여성사 문제는 『초혼제』, 『이 시대의 아벨』, 『눈물꽃』, 『지리산의 봄』, 『저 무덤 위에 푸른 잔디』 등의 작품에서 잘 드러난다. 1988년에는 12명의 시인이 함께 쓴 75편의 여성 해방시를 모아 『하나보다 더 좋은 백의 얼굴이어라』를 편찬하였고, 1990년대에는 여성 해방과 사회 변혁에 대한 열망을 담아 『여성해방출사표』를 출간했다. 이 과정에서 그는 '여성 해방'을 위한 실천의 공간을 확장해 나갔다. 이는 여성들이 억압적 사회 구조에 맞서 연대하고, 해방을 지향하며 행동을 수행하는 상징적 공간으로 시작詩作을 통해 여성의 고백적 언술을 확장해 나갔음을 의미한다. 즉 시는 여성 해방을 위한 '저항적 담론'의 핵심

---

[12] 이혜원은 한국 여성시는 역사적으로 식민지 시기를 지나 여성주의적 단계를 넘어 제국과 식민지, 남성과 여성이라는 대표적인 억압과 차별의 이중적 구조를 내포하고 있다는 측면에서 고정희의 시를 탈식민주의 페미니즘 차원에서 분석하고 있다.(이혜원, 「한국 여성시의 탈식민주의 페미니즘 연구 – 고정희, 김승희, 허수경의 시를 중심으로」, 『여성문학연구』 42, 한국여성문학회, 2017, 321-353쪽) 이러한 탈식민지 페미니즘은 서구 페미니즘의 보편주의적 한계를 비판하며, 식민주의 역사와 신식민주 체제가 여성 억압에 미친 복합적 영향을 제기한다. 인종, 계급, 젠더 등 다양한 사회적 범주가 여성 경험에 교차하여 작용함을 밝히고, 서구 중심적 지식 생산의 문제를 지적하며 비서구 여성의 경험과 관점을 중시한다. 그런 차원에서 탈식민지 페미니즘은 문화적 상대주의를 통해 각 사회의 특수한 맥락을 고려한 여성 해방을 추구하며, 특히 현재, 전 지구적 자본주의 체제와 권력 관계 속에서 억압된 '타자들'이라 할 수 있는 여성의 현실을 가장 첨예하게 반영하고 있다.

적 매개체로, 자신으로부터 가장 먼저 해방되기를 촉구하였는데 이는 그가 말했던 "걸림돌은 우리들의 조심성이 아닐까?"를 상기하게 한다. 여성들이 자신이 처한 억압적 현실을 직시하고, 스스로의 경험과 감정을 언어로 드러냄으로써 또 다른 형태의 저항을 수행하는데, 이러한 고백적 언술은 여성들의 목소리를 사회 담론의 중심으로 끌어내는 데 핵심적인 역할을 한다.

『여성해방출사표』는 여성을 해방운동의 주체이자 지배 권력을 전복하는 능동적 존재로, 가부장제와 자본주의 체제 속에서 그들이 겪는 수난의 현실을 날카롭게 고발한다. 즉 여성의 삶과 억압구조를 "해방의 우선순위"로 두고 이를 '여성해방출사표'라고 선언한 고정희는 기존의 사회운동이 간과했던 여성 문제에 천착하며 여성주의 시지평을 넓히는 중요한 전환점을 마련하였다.

이처럼 고정희가 여성운동과 페미니즘에 대한 목소리를 높인 것은 1984년 여성문화 운동 모임인 '또 하나의 문화'를 창립하면서부터이다. 그는 1980년대 리얼리즘 논의가 한창일 때 '여성주의적 현실주의'라는 용어를 만들고 '여성해방문학'을 주도하였다. 그리고 한국 여성 작가들의 작품 분석을 통해 여성문학의 성취와 비전을 탐색하는 등 '여성사 새로 쓰기' 연구에 힘을 쏟기도 했다. 그러한 연구는 한국 여성문학 비평의 출발점이 되었는데, '여성운동'과 '문학'을 대립적인 개념으로 여기던 당시 '창작이 곧 운동'이라는 새로운 관점을 제시했다. 이러한 시도는 '창작'을 넘어 여성의 사회·정치적 현실을 바꾸기 위함인데, 1988년 여성신문 초대 편집주간을 맡으며 그는 여성운동의 대중화에 힘을 실었다. 무엇보다 '여성신문 0호'에 게재한 창간 선언문에서는 '자매애'[13]를 부각하였는데, 이것은 "남자를 움직이고 세상을 변화시키는 우주의 축을 움직이는 힘"이며 이를 통한 여성 연대의 힘을 강조했다.

이 시집에는 황진이, 이옥봉, 허난설헌, 신사임당 등 역사 속 여성 문학가들을 호출하여 시공간을 초월하며 해방의 이야기 공간을 마련한다. 시집의 전반부에는 조선 중기의 명기인 황진이가 여류 문장가 이옥봉과 주고받는 편지 형식의 시와 신사임당이 또 다른 여류시인 허난설헌에게 보내는 편지 형식의 시가 각각 수록되어 있다. 그리고 허난설헌이 오늘을 살아가는 딸들에게 전하는 시, 여권운동에 대한 시 등으로 구성되어 있다. 이들은 스스로의 경험을 편지 형식을 빌려 상대에게 고백함으로써 자신의 이야기를 주변부가 아닌 중심의 이야기로 재구성하

---

[13] 고정희가 여성운동을 하며 오랫동안 지니고 있었던 생각 중 하나가 '자매애 **sisterhood**'였다. 『여성신문』은 그에게 이런 '자매애'의 결실이자 그것을 발휘한 현장이었다.(고정희, 「독자에게 보내는 편지」, 『여성신문』 10호, 1988. 2, 64쪽) 이소희는 고정희에게 보이는 여성운동의 신념은 곧 '자매애'에 대한 신념에서 비롯된 것임을 논했다.(이소희, 『여성주의 문학의 선구자 고정희의 삶과 문학』, 국학자료원, 2018, 216쪽)

며, 스스로가 과거에 벗어나 해방의 헤테로피아를 주체적으로 만들어 나간다.

> 바뀔 줄 모르고 변할 줄 모르는 세 가지가 있으니/ 무엇이니까/ 여자에게 현모양처 되라 하는 것이요/ 남자에게 현모양처 되겠다 빌붙는 것이요/ 여자가 남자 집에 시집가는 것이외다/ 그 현모양처 표본이 바로 나 신사임당이라 하여/ 내 시대 율법으로/ 내 시대 관습에 특출한 여자 골라/ 여자들 이름으로 상주고 박수친다니/ 그 무슨 해괴한 시대 변고이니까
> —「사임당이 허난설헌에게-이야기 여성사·3」 부분

> 조선이라 해서 이와 다를 바 있는지요 원나라에 바쳐진 고려 여자들, 왜정 치하에 바쳐진 정신대 여자들, 외세 자본주의에 바쳐진 기생관광 여자들이 한반도 지사주의 축대가 아닌지요 권력노예 출세노예 산업노예 시퍼렇게 살아왔으니 이 어찌 나라재앙 원흉이 아니리까
> —「이옥봉이 황진이에게-이야기 여성사·2」 부분

> 여자해방 투쟁 드높은 신명으로/ 언님들의 어진 땅 어진 하늘 되살려 옴이니/ 전쟁의 칼을 쳐서 보습을 만들고

폭력의 창을 쳐서 떡을 만드는 이/ 어머니의 손 말고 뉘 있으리/ 학살의 능선에서 생명을 품어 안고/ 대립 갈등 골짜기서 사랑을 보듬는 이/ 여자의 젖가슴 말고 뉘 다시 있으리/ 정치혁명 깃발 아래 생명의 어머니 불러내고/ 교육혁명 깃발 아래 사랑의 여자 불러내어/ 가자, 가자, 가자, 딸들이여/ 기만으로 죽맞은 헌정사 끝장내고/ 생명세상 개벽천지 살길을 마련하자/ 대범 해동 조선 어진 따님 일어섰도다
―「허난설헌이 해동의 딸들에게―이야기 여성사·4」 부분

위 시에서는 여성 해방을 단지 성평등의 차원에서 나아가, "남녀평등, 평화, 민주 사회를 건설하는 길"로 제시하며 이를 총체적 사회 변혁의 과정으로 인식한다. 「이옥봉이 황진이에게」는 역사 속 여성들이 겪은 성적 피해나 희생이 반복해서 지속되는 사회 구조를 서사화하며 '여성'의 수난사를 강조한다. 또한 「사임당이 허난설헌에게」는 신사임당이라는 역사적 인물을 소환하여, 지금 이 현실에서도 여전히 "현모양처" 속에 여성을 구속하려는 이데올로기의 폭력성이 부각되고 있음을 비판한다. 여기서 신사임당은 자발적 '고백'의 시적 주체로 등장하여, '칠거지악七去之惡 삼불거三不去'와 같은 삶을 살았던 자신의 삶을 고백하며, 그러한 전근대적 규범이 오늘날에도 여전히 답습되고 있

음을 밝힌다. 여성에 대한 무지와 무관심 혹은 신비화나 이상화를 통해 여성의 수난사를 은폐하는 현실의 이데올로기에 환멸과 슬픔의 감정을 느낀다는 것이다. 그러므로 여성의 침묵을 깨고 '가자, 가자, 가자, 딸들이여'를 외치는 파레시아는 해방적 발화를 넘어 실천적 연대로 나아간다.

고정희는 1988년 12월에 창간된 〈여성신문〉 초대 편집주간을 맡았다.

「이옥봉이 황진이에게」는 조선시대 여성의 성적 희생을 역사적 기점으로, 일제 강점기 정신대 여성, 현대의 기생관광에 이르기까지 지속되는 여성의 수난과 희생을 고발한다. 이는 제국주의나 자본주의 체제에서 여성들이 도구화되어 온 현실들이 여전히 현재의 문제로 남아있기에, 이러한 반복의 고리를 끊기 위해 자신의 경험을 정직하게 드러내기 위해 '고백'적 파레시아를 감행한다.

또한 「허난설헌이 해동의 딸들에게」에서는 여성 주체가 "어머니의 한"을 인식하고 이를 대물림하지 않음으로써 수난의 역사로부터 벗어나 스스로 해방적 주체로 자리매김한다. 이는 여성 해방이 단지 성별의 문제에 국한되지 않고, 공동체의 회복과 '인간 해방'이라는 보다 포괄적인 정치적 문제로 확장될 수 있음을 보여준다. 고정희 시에 나타나는 이러한 억압의 기억은 단순한 회고가 아니라, 과거의 재현을 통해 현재를 다시 쓰는 시적 전략이며, 탈역사화된 현재를 역사화하려는 비판적 실천으로 전환된다.

> 아아 그리고 오늘날/ 생존권 투쟁에 피 뿌리는 딸들이여/ 민족민주 투쟁에 올연한 딸들이여/ 남자출세성공에 희생된 딸들이여/ 무엇을 더 망설이며 주저하리/ 다 함께 일어나 가자/ 남자들의 뒷닦이는 이제 끝났도다/ 우리가 시작하였고 그대가 완성할/ 해방세상의 때가 임박하였도다/ 우리의 길은 오직 하나/ 여자해방 투쟁 드높은 신명으로/ 언님들의 어진 땅 어진 하늘 되살려 옴이니/ 전쟁의 칼을 쳐서 보습을 만들고/ 폭력의 창을 쳐서 떡을 만드는 이/ 어머니의 손 말고 뉘 있으리/ 학살의 능선에서 생명을 품에 안고/ 대립 갈등 골짜기서 사랑을 보듬는 이/ 여자의 젖가슴 말고 뉘 다시 있으리/ 정치혁명 깃발 아래 살림의 어머니 불러내고/ 성혁명 깃발 아래 생명의 어머니 불러내고/ 교육혁명 빗발 아래 사랑의 여자 불러내어/ 가자, 가자, 가자, 딸들이여/ 기만으로 죽맞은 헌정사 끝장내고/ 생명세상 개벽천지 살길을 마련하자/ 대범 해동 조선 어진 따님 일어섰도다.
> ―「여자해방 투쟁을 위한 출사표」부분

여자가 뭉치면 새 세상 된다네

남자가 모여서 지배를 낳고/ 지배가 모여서 전쟁을
낳고/ 전쟁이 모여서 억압세상 낳았지// 여자가 뭉치면
무엇이 되나?/ 여자가 뭉치면 사랑을 낳는다네// 모든
여자는 생명을 낳네 (중략)// 여자가 뭉치면 무엇이 되
나?/ 여자가 뭉치면 새 세상 된다네
– 「여자가 하나 되는 세상을 위하여 – 이야기 여성사·6」 부분

「여자해방 투쟁을 위한 출사표」에서는 여성들이 남성 중심 사회의 주변적 존재로 머물지 않고 주체적인 삶을 살아야 함을 역설한다. 남성 중심 문화의 종언과 함께 여성 해방의 새 시대가 도래할 것임을 제시하며, 폭력과 전쟁의 종식을 가능하게 하는 힘이 바로 '어머니'에게 있음을 밝힌다. 정치·성·교육 등과 같은 혁명의 과정에서 여성 해방의 실질적 주체 또한 '어머니'이며, 이는 위급한 현실에 맞서 생명과 사랑을 품고 실천해온 여성의 존재론적 역량을 드러내는 방식이기도 하다.[14] 특히 '생명

---

[14] 조연정은 모성 신화를 경계하기 위해 고정희 시에서 호출되는 수많은 '어머니' 즉 '어머니 조국', '통일 어머니', '한반도 어머니', '민주 어머니' 등은 한국 역사 자체를 '어머니'의 수난사로 재구성한 것이라고 보았다. 또한 「셋째거리―해원마당―지리산에 누운 어머니 구월산에 잠든 어미」에서는 큰어머니, 작은어머니,

세상 개벽천지'는 여성들이 은폐된 진실을 드러내고, 연대를 통해 새로운 사회적 질서를 창출할 수 있는 주체가 된다. 한편 고정희는 모성 수난과 희생을 신비화하는 것에 의문을 품으며, '어머니'라는 존재 자체가 관념화되고 이상화될 위험에 처할 수 있음을 경계했다.

「여자가 하나 되는 세상을 위하여 – 이야기 여성사·6」에서는 여성 해방의 주체적 연대가 본질주의에 기반한 일체화가 아니라, 역사적 맥락 속에서 자연스럽게 형성된 자각의 산물로 이해된다. 여성들 사이의 내적 분할과 다수성을 인정하는 연대는 차이를 인정하며, 오히려 그 차이를 통해 다층적인 실천의 가능성으로 확장하여 열린 공간을 만든다. 이때 '자매애'는 남성 중심 질서를 넘어, 새로운 삶의 질서를 상상하고 구축하는 기획의 모티브가 된다.

이처럼 고정희의 시에서 '고백'은 개인적 차원을 넘어, 사회적 차별과 억압에 대한 파레시아로 확장된다. 그는 진실을 말하는 데 있어 정치적, 사회적 책임을 동반하며, 이를 여성 해방의 실천적 공간으로 전환시킨다. 이에 그의 시는 여성들이 주체적으로

젊은 어머니, 종살이 어머니, 씨받이 어머니 등을 호출하며 그들의 넋을 기리는 데 이것은 '어머니'라는 주술적 호명을 반복함으로써 공적 발화의 발신자이자 수신자로서 '어머니'를 강조한 전략적 장치로 보았다.(조연정, 「고정희를 어떻게 읽을 것인가」, 『서정시학』 91, 2021 가을호, 27-29쪽)

자신의 목소리를 내며, 사회적 변화를 이끌어 낼 수 있는 실천적 무대가 된다. 즉 여성의 해방이 단순한 추상적 목표가 아니라, 시적 형상화를 통해 구체화된 실천으로 나타난다. 그렇기에 그는 "해방된 몸을 다스리는 것이 해방의 마음이며, 해방된 마음이 밖으로 퍼져 나오는 것이 해방의 말이요, 해방된 말이 가장 알차고 맑게 영근 것, 그것이 바로 시"라고 하였다. 이것은 여성 해방의 실천적 언어로써 시가 기존 관습에 저항하며 사회적 변화를 촉진하는 헤테로토피아의 중요한 장임을 밝힌 것이라 할 수 있다.

'자기 성찰'의 파레시아와 '생명 회복'을 위한 자기 돌봄의 장소

고정희에게 '지리산'은 80년대 중반 이후 그가 힘겨울 때마다 찾았던 특별한 장소였다. 인간과 역사에 대한 이해와 화해가 자기 성찰로부터 시작된다면 그에게 '지리산'은 '생명' 존중과 자기 돌봄[15]의 장소로 불변의 자연으로부터 신화와 역사를 포

---

15 포스트 코로나 이후 인간 중심 담론에서 벗어나 '돌봄' 중심의 사회개혁에 많은 이견들이 있었으며 정치, 사회, 문학 등 여러 분야에서 돌봄에 대한 논의가 증가했다. '개인'에서 '집단'으로 돌봄의 담론 초점이 이동된 듯 보이지만 여전히 돌봄의 본질적인 핵심은 개인의 문제에서 출발한다고 할 수 있다. 푸코는 말년에 그리스 문화와 철학에 천착했는데, 특히 소크라테스의 삶 전체를 관통했던 '자기 돌봄'에 집중했으며, 『주체의 해석학』에서는 사르트르의 실존주의에 영향을 받았음을 알 수 있다. '자기 돌봄'이란 자기 삶의 방식을 선택하는 a choice of mode of one's life 행위를 수반한다는 것이다.(푸코, 심세광 옮김, 『주체의 해석학』, 동

용하고 용서와 화해를 구축하는 곳이었다. 푸코는 말년에 '자기 돌봄'을 중요한 실천으로 보고, 그것이 비판적 사고의 궁극적인 해결책이라고 보았다. 이러한 관점에서, 고정희에게 '지리산'은 '현실 밖'에 존재하는 장소이자, '생명 회복'을 위한 돌봄과 치유의 공간이었다. 한국전쟁 당시 빨치산의 근거지였던 지리산은 역사의 비극과 시대의 상처가 깊이 새겨진 장소로서, 고정희가 첫 산행부터 강한 인상을 받았는데, 이것을 그가 지인에게 보낸 편지에서 살펴 볼 수 있다.

"우리 일행은 뱀사골 계곡에 접어들자마자 감탄에 감탄을 거듭하면서 피곤 따위는 깡그리 잊고 말았습니다. 온 천지를 뒤흔드는 계곡물 소리와 흰 포말을 일으키는 폭포수의 청정한 울림, 그리고 푸른 하늘을 완전히 뒤덮어 버린 신록, 깨끗하고 정결한 잡목림의 곧은

문선, 2007) 즉 푸코는 자기 돌봄은 윤리적 함의, 주체 형성의 기술, 권력과의 관계, 그리고 저항의 가능성과 같은 특징으로 설명한다. 윤리적 함의로서 자기 돌봄은 개인적인 만족을 넘어 타인과의 관계 및 공동체적 삶과 연결되는 윤리적인 실천이다. 주체 형성의 기술로서 자기 돌봄은 자기 성찰, 자기 수련, 기억하기, 글쓰기 등 다양한 기술을 포함하는데, 이러한 기술을 통해 개인은 자신의 생각, 감정, 행동을 인식하고 변화시키며, 특정한 방식으로 자신을 형성해 나간다고 할 수 있다. 그런 측면에서 자기 돌봄은 권력에 순응하는 것이 아니라, 주체가 자신을 특정한 방식으로 규정하려는 외부의 힘에 저항하고 자신의 고유한 주체성을 만들어나가는 잠재력을 내포하는 것이다.(미셸 푸코, 오트르망 옮김, 『담론과 진실』, 동녘, 2017, 23-67쪽)

줄기들, 흙내음, 습기 내음, 이런 것들로 눈이 부실 지경이었으니까요. 더구나 지리산 뱀사골의 이 웅장한 계곡은 오염의 티가 거의 없음은 물론, 설악의 계곡처럼 바라다만 보면서 끝없이 지나가야 하는 것이 아니라 어느 곳에서나 앉아서 쉬어 가면서 즐기고 만져 볼 수 있는 정다운 계곡이라는 데 새삼 놀랐습니다."[16]

"미리 안내를 받고 20kg의 준비물을 꾸리는 용의주도함과 그 짐을 지고 배를 곯으면서 초행 산길을 랜턴에 의지해 무작정 혼자 올라가는 무모함을 갖춘 고정희. 그는 첫눈에 지리산에 온전히 매료당했고, 그 뒤 지리산에 철쭉꽃 필 무렵이면 언제나 "산에 가야지, 산에 가자"를 노래하며 살았다. 물론 해마다 적어도 한 번은 갔다. 첫해에는 늦가을에 또 지리산엘 갔다. 이번에는 새벽 일찍 집을 나서서 뱀사골 계곡의 소리뿐만 아니라 단풍과 산 열매들에도 반해 버렸다 …… 그 후 6년 뒤 6월 8일. 5월 말에 피었을 철쭉맞이가 좀 늦었을까 조바심하며 휑하니 지리산으로 향했다. 그리고 다음 날. 그

---

[16] 고정희의 1985년 5월 15일 편지글, 「춘신 - 지리산 뱀사골 산장에서」 부분.(고정희, 조형 외 엮음, 『너의 침묵에 메마른 나의 입술 - 고정희 추모문집』, 또 하나의 문화, 1993, 74쪽)

가 그리 사랑하던 뱀사골 계곡물과 하나가 되었다."[17]

지리산은 봄에는 철쭉꽃을 감상하고 가을에는 단풍과 산 열매를 보기 위해 찾았던 산으로, 천지를 뒤흔드는 계곡물 소리와 곧은 잡목림, 흙내음으로 가득 찬 생명력 넘치는 자연의 공간이었다. 지리산은 한반도 남쪽에 위치해 있으며 경상남도와 전라남북도의 세 개 도를 아우르는 광범위한 산악지대로, 우리나라에서 가장 크고 경이로운 산 중 하나이다. 고대부터 '남악'이라 불리며, 성모천황의 수호신과 관련된 전설과 인간의 기원과 산회에 관한 이야기들이 전해지고 있다. 그렇다면 고정희가 이러한 '지리산'에 크게 매료되었던 이유는 무엇이었을까.

그가 거주하는 도시는 정치 권력의 통제와 자본주의의 급속한 확산으로 인간의 존엄성과 가치를 획일화시키는 곳이다. 반면, '지리산'은 이러한 도시와 대조되는 장소로서, 모든 역사를 묵묵히 포용하며, 생명과 존재의 근원적 의미를 성찰할 수 있는 성소聖所적 장소이다. 그러므로 폭압적인 현실에서 '살아남은 자'들은 과거를 돌아보고, 내면적 성찰과 자기 반성을 실천하는 장소이다.

---

[17] 조형의 이 글은 고정희의 편지글 「춘신 – 지리산 뱀사골 산장에서」에 대해 설명한 글이다.(위의 책, 76쪽)

겨울 숲에는 눈이 내리고 있다/ 도시에서 지금 돌아온 사람들은/ 폭설주의보가 매달린 겨울 숲에서/ 모닥불을 지펴놓고/ 대륙에서 불어오는 차가움을 녹이며/ 조금씩 뼛속을 파고드는 추위를 견디며/ 자기 몫의 봄소식에 못질을 하고 있다/ 물푸레나무 숲을 흔드는/ 이 지상의 추위에 못질을 하고 있다/ 가까이 오라, 죽음이여/ 동구 밖에 당도하는 새벽 기차를 위하여/ 일 끝난 폐차처럼 누워 있는 아득한 철길 위에/ 새로운 각목으로 누워야 하리/거친 바람 소리에서 밤이 깊었고/ 겨울 숲에는 눈이 내리고 있다/ 모닥불이 어둠을 둥글게 자른 뒤/ 원을 깍지낀 사람들의 등뒤에서/ 무수한 설화가/ 살아 남은 자의 슬픔으로 서걱거린다

－「땅의 사람들1 – 서시」 전문

『지리산의 봄』은 총 6부로 구성된 작품으로, 1부 「땅의 사람들 1–15」 연작에는 이 땅에 새겨진 비극과 슬픔이 섬세하게 묘사된다. 시의 중심 장소인 "겨울 숲"은 외부로부터 자발적 고립을 선택한 장소로 시적 주체가 내면으로 침잠하며 자신을 성찰하는 공간이다. "폭설주의보"가 내려진 위험한 상황은 역설적으로 도시의 번잡함으로부터 벗어나, 스스로에게 시선을 돌리게 하는 계기가 된다. 그러므로 "대륙에서 불어오는 차가움"과 "뼛속을 파고드는 추위"에서 현실의 급박하고 위협적인 상황을

파악할 수 있다. 이러한 위험한 상황에서 어떤 이들은 "모닥불"을 지피고 "자기 몫의 봄소식에 못질을 하"며 희망을 붙잡는다. '가까이 오라, 죽음이여'를 부르짖는 절망의 목소리는, 극한 속에서도 죽음을 통해 삶의 가치를 찾겠다는 역설적 의지의 파레시아로, 인간의 존엄성을 지키기 위한 신념일 것이다.

무엇보다 '자기 돌봄'은 궁극적으로 윤리적인 실천으로 연결된다. 타인을 윤리적으로 대하려면 먼저 자신을 돌아보고 성찰하는 과정이 필수적이기 때문이다. 또한 이는 자신의 영혼을 돌봄으로써 자기구성自己構成 혹은 자기창조의 시간을 가지게 됨을 의미한다. 밤이 깊어가는 "겨울 숲"에서 "모닥불"을 피우는 행위는 고된 삶을 뒤로하고 먼 곳에서 돌아온 이들에게 심리적인 고립과 불안을 위무하는 자기 돌봄적 행위이다. 스스로에게 희망을 부여하고 내면의 상처를 치유한다는 측면에서 "겨울 숲"이라는 파레시아적 장소는 자기 성찰과 공동체의 연대를 통해 생명 회복을 지향한다. 그러나 현실에서는 "하늘 문이 열"리고 구원의 길이 생겨도 "동구 밖 허공을 찌르는 호곡 소리"(「땅의 사람들3-펠레스티나의 영가 부분」)만 들릴 뿐이다. "늙은이가 젊은이의 시체를 매장하는" 것처럼 죽음만이 자리한 "거대한 골짜기"(「땅의 사람들3」)는 바로 현실을 살아가는 사람들의 삶의 터전에 대한 은유이다. 그리하여 "무수한 설화"가 서걱이는 "겨울 숲"은 삶이 죽음에 기대고 죽음 또한 삶에 기대어 "뼛속을 파고드는 추위"를 견디는 가운데 인간과 자연, 우주와 생명의 근원을 향한 장소로 부각된다.

2부의 「지리산의 봄1-10」의 연작에서는 1부의 죽음이 이른 '땅'에서 시작하여 '지리산'을 헤테로피아적 장소로 확장한다. 겨울과 눈보라, 어둠이 지배하는 '땅'과 달리, 지리산은 '봄'을 상징하는 공간으로, 무성한 신록과 흐르는 물이 구원과 생명의 상징으로 자리한다. 이는 현실 속에서 또는 현실의 유토피아로서 인간이 한계에 부딪혔을 때 새로운 공간을 찾아 치유하고 극복하려는 자기 돌봄의 일환으로 볼 수 있다.

> 남원에서 섬진강 허리를 지나며/ 갈대밭에 엎드린 남서풍 너머로/ 번득이며 일어서는 빛을 보았습니다/ 그 빛 한자락이 따라와/ 남의 갈비뼈 사이에 흐르는 축축한 외로움을 들추고/ 산목련 한 송이 터뜨려 놓습니다/ 온몸을 싸고도는 이 서늘한 향기/ 뱀사골 산정에 푸르게 걸린 뒤/ 오월의 찬란한 햇빛이/ 슬픈 깃털을 일으켜 세우며 산록 사이로 길게 내려와/ 그대에게 가는

길 열어 줍니다/ 아득한 능선에 서 계시는 그대여/ 우르르 우르르/ 우레소리로 골짜기 넘어가는 그대여/ 앞서가는 그대 따라 협곡을 오르면/ 삼십 년 벗지 못한 끈끈한 어둠이/ 거대한 여울에 파랗게 씻겨 내리고/ 육천 매듭 풀려나간 모세혈관에서/ 철철 샘물이 흐르고/ 더웁게 달궈진 살과 뼈 사이/ 확 만개한 오랑캐꽃 웃음소리/ 아름다운 그대 되어 산을 넘어갑니다/ 구름처럼 바람처럼/ 승천합니다

- 「지리산의 봄1 - 뱀사골에서 쓴 편지」 전문

가이없고나, 이 끝모를 숲쟁이에서/ 물소리 바람 소리 가리마 지르며/ -김주열 열사여 ……/ 참죽나무 숲이 운다/ -전태일 열사여 ……/ 박달나무 숲이 운다/ -황정하 열사여……/ 쥐엄나무 숲이 운다/ -한희철 열사여……/ ……/ 야광나무 숲이 운다/ 열사여, 열사여, 열사여……/ 고욤나무 숲이 운다/ 홰나무 아그배나무 숲이 운다/ 박태기나무 순비기나무 숲이 운다/ 염주나무 보리수나무 통나무 숲이 운다/ 이 비 내리는 한반도에서(!)

- 「지리산의 봄9 - 물소리, 바람소리」 부분

「지리산의 봄1-뱀사골에서 쓴 편지」에서 시적 주체는 "뱀사골"에서 자연과 교감하며 자신의 내면과 대면한다. "섬진강"을 지나 뱀사골에 이르러 만난 빛은 억눌린 외로움과 내면의 감정을 일깨우며, "삼십년 벗지 못한 끈끈한 어둠"을 "여울"에 씻어내는데, 이러한 모습은 오랜 상처와 부정적 감정을 정화하려는 의지로 해석된다. 이 과정에서 시적 주체는 '갈비뼈 사이에 흐르는 축축한 외로움'을 들추고 억누르고 있던 고독을 직시한다. 이는 자신의 나약함을 회피하지 않고 정면으로 마주하는 태도로써, 변화와 치유를 향한 능동적 실천이다. 한편, 겨울의 삭막함을 극복하고 새롭게 등장하는 생명은 '번득이며 일어서는 빛', '산목련 한 송이 터트리기', '오월의 찬란한 햇빛' 등으로 형상화하며 생명 회복의 가능성을 비유적으로 보여주고 있다. 이처럼 '뱀사골'의 자연은 시적 주체에게 자기 돌봄의 공간이자, 생명과 존재의 회복을 상상하게 하는 '케렌시아'[18]로 자리하며, 치유적 장소의 의미를 갖는다.

---

[18] 케렌시아Querencia는 스페인어에서 유래했는데, 투우 경기에서 소가 마지막 힘을 비축하고 공격을 준비하는 자신만의 장소를 의미한다. 그곳에서 소는 외부의 위협으로부터 잠시 벗어나 내면의 평화를 찾고 다시 싸울 힘을 얻는다. 이러한 카렌시아의 의미는 비단 투우 경기장의 소에게만 국한되지 않는다. 인간 또한 현실 속에서 잠시나마 기댈 수 있는 심리적 공간, 진정한 안식처가 존재한다. 그것은 물리적인 장소일 수도 있고, 익숙한 물건 혹은 마음속 깊은 곳에 자리한 추억일 수도 있다.(황혜영, 「'케렌시아'로 읽고 생각하고 표현하기」, 『교양교육과 시민』 9, 숙명여대 교양교육연구소, 2024, 67-72쪽)

'레디칼이 아니면 대안이 없다'고 했던 고정희는 시인이자 여성주의 문학의 선구자로 넉넉한 품으로 사회의 약자를 끌어안은 따뜻한 사람이었다.

「지리산의 봄9-물소리, 바람소리」에서의 "숲"은 역사 속에 사라진 열사들의 죽음을 환기한다. 시적 주체는 이 공간에서 그들을 애도하며 '생명 존중'의 의미를 시적 차원에서 확장해 나간다. 물과 바람 소리로 둘러싸인 숲속에는 김주열, 전태일, 황정하, 한희철 등 시대의 고통을 온몸으로 견뎌낸 이들의 이름이 하나씩 호명된다. 이러한 호명은 궁극적으로 역사의 부채의식에서 비롯된 것이다. 이와 같은 맥락에서, '자기 돌봄'과 '성찰'은 개인적 내면 탐구에 그치지 않고, 타인과 역사에 대한 책임 있는 응시로 나아가는 실천적 행위로 전환된다. 특히, 고정희 시에서 반복적으로 나타나는 '진실 말하기' 또는 '파레시아'의 미학은 이러한 행위와 역사적 주체성과의 결합을 통해 구체화된다. 그러므로 시적 언어는 단순한 애도를 넘어 윤리적 증언의 기능을 수행하며, 사회적·역사적 책임성을 내포하는 실천적 의미를 지닌다.

무엇보다 '지리산'은 지상에서 가장 높은 곳으로, 하늘과 지상을 연결하는 장소이자 생명을 키워내는 모성적 공간이다. 시적 주체는 이 땅에서 비롯된 존재이며, "그대"가 있는 "하늘에 닿아" 있는 '이상향'의 장소와 연결되어 있지만, 동시에 그 땅의 현실로부터 벗어날 수 없는 존재다.

> 아름다워라/ 세석고원 구릉에 파도치는 철쭉꽃/ 선혈이 반짝이듯 흘러가는/ 분홍강물 어지러워라/ 이마에 흐르는 땀을 씻고/ 발 아래 산맥들을 굽어보노라면/ 역사는 어디로 흘러가는가,/ 산머리에 어리는 기다림이 푸르러/천벌처럼 적막한 고사목 숲에서/ 무진벌 들바람이 목메어 울고 있다/ 나는 다시 구불거리고 힘겨운 길을 따라/ 저 능선을 넘어가야 한다/ 막막한 생애를 넘어/ 용솟는 사람을 넘어/ 아무도 들어가지 못하는 저 빙산에/ 쩍쩍 금가는 소리 들으며/ 자운영꽃 가득한 고향의 들판에 당도해야 한다/ 눈물겨워라/ 세석고원 구릉에 파도치는 철쭉꽃/ 선형이 반짝이듯 흘러가는/ 분홍강물 어지러워라
>
> ―「지리산의 봄4 – 세석고원을 넘으며」 전문

> 남녘 태백산맥 발원하는 봄기운과
> 북녘 백두산맥에서 뻗어내린 봄기운이
> 내려오다 올라가다 얼싸안는 곳에서
> 어여쁘구나 지리산이여

> 대명천지 어머니들 일어나
>
> 장엄한 젖줄을 쓸쓸한 땅에 물리니
>
> 그 한줄기는 소백산맥으로 받아내고
>
> 그 한줄기는 노령산맥으로 받아내고
>
> 그 한줄기는 백악산맥으로 받아내고
>
> 그 한줄기는 차령산맥으로 받아내고
>
> 그 한줄기는 광주산맥으로 받아 내는 곳에서
>
> 눈부시구나 지리산이여
>
> 별곤건 어머니들 일어나
>
> 둥글디둥근 수평선을 이루며
>
> 수려한 치마폭을 황량한 땅에 덮으니
>
> -「지리산의 봄 7 - 온누리 봄을 위해 부르는 노래」 부분

「지리산의 봄4」에 등장하는 '세석고원' 또한 자연의 아름다움과 웅장함을 배경으로 하는 생명 회복의 공간이다. 시적 주체는 철쭉꽃을 감상하거나 산맥을 굽어보며, 잠시 자연의 장엄한 모습에 몰입하여 삶의 여정을 성찰한다. "나는 다시 구불거리고 힘겨운 길을 따라/ 저 능선을 넘어가야 한다"것은 고난과 역경으로 점철된 자신의 인생을 되돌아보는 성찰적 단면이다. "역사는 어디로 흘러가는가"라는 물음을 통해 개인적인 고민이 사회, 역사적인 고민으로 이어진다. 다시 "저 능선을 넘어가야" 한다는 주체의 신념은 삶을 헤쳐나갈 자신을 보살피며 미래를

향해 나아갈 것을 다짐한다.

「지리산의 봄7」에서도 지리산은 '남녘 태백산맥 발원하는 봄기운과/ 북녘 백두산맥에서 뻗어내린 봄기운이/ 내려오다 올라가다 얼싸안는 곳'으로 모든 생명이 조화를 이루는 신성의 공간이다. 특히 "대명천지 어머니들 일어나/ 장엄한 젖줄을 쓸 쓸한 땅에 물리"는 지리산은 생명을 잉태하고 기르는 '어머니'와 같은 숭고의 장소이다. 남녘과 북녘에서 각각 발원하는 어머니의 기운이 '얼싸안는 곳' 지리산은 분단 현실을 초월하고 통합과 화합을 위해 진실을 외치며 통일을 염원하는 공간의 의미를 지닌다.

살핀 바와 같이 고정희에게 '지리산'은 자기 성찰과 생명 회복을 위한 공간으로써, 혹한의 겨울을 견디며 생명을 품는 장소였다. 이러한 지리산의 '봄기운'은 단순한 계절적 변화에 머무르지 않고, 새로운 생명력의 탄생을 상징한다. 이 과정에서 파레시아적 주체는 자유와 진실을 추구하는 윤리적 결단을 실행하며, 안정보다는 죽음을, 아첨보다는 비판을, 이득보다는 공동체적 의무를 선택하는 태도로 구체화된다. 이는 궁극적으로 화해와 통합을 지향하며 '자기 성찰'과 '생명 회복'이라는 자기 돌봄을 통해 인간 존재의 근본적인 가치를 재확인하고, 공동체적 책임을 새롭게 모색하는 파레시아적 장소로 '지리산'을 이해할 수 있을 것이다.

*

 푸코의 '파레시아'와 '헤테로토피아'는 단순한 이론적 주장에 그치지 않으며, 사회적 현실에 적극적으로 개입하는 비판적 담론의 실천적 양상을 잘 보여준다. '파레시아'는 진실을 용기 있게 말하는 행위로서, 자기 자신과의 윤리적 관계 맺기를 바탕으로 타자와의 윤리적 실천을 수행한다. 이때 진실은 고립된 사유의 산물이 아니라, 타자와의 관계 속에서 윤리적 결단을 요구하는 실천적 문제로 전환된다. '파레시아'는 권력과 규범이 지배하는 일상적 공간을 넘어서, 새로운 연대의 가능성을 여는 공간적 상상력과 맞물릴 때 더욱 구체적이고 실천적인 의미를 갖는다. 이러한 접점에서 등장하는 '헤테로토피아'는 현실과 단절된 이상적 공간이 아니라, 현실 내 존재하면서도 그로부터 벗어나 차이와 저항의 '다른 공간'이 된다. 특히 제도적 억압과 기존 질서로부터 벗어난, '헤테로토피아'는 파레시아의 윤리적 실천이 구체화되는 역동의 장소이자, 주체가 자기 돌봄과 타자와의 연대를 통해 삶을 재창조하는 공간으로 자리하게 된다.

 고정희의 파레시아는 언어적 발언을 넘어, 억압적 현실에 맞서 진실을 드러내는 시적 저항의 도구이다. 이를 통해 민중, 여성, 생명 등 사회적으로 소외된 공동체에 대한 실천적 윤리와 대안적 상상력을 제시하였다. 헤테로토피아 또한 물리적 장소를 넘어 문학의 내면 공간으로 확장되며 서정적 문법과 형식에 대한 새로운 사유로서의 '탈장소성'을 추구한다. 고정희 시에 드러나는 '밥상'이나 '지리산'과 같은 물리적 층위의 장소에서부터 '마당굿'과 '여성해방공간'이라는 문학과 시의 담론적 공간까지 이러한 장소들을 부조리한 현실에 대한 저항의 장이자, 시적 주체의 극적인 '파레시아'가 구현되는 반反장소이다.

또한 고정희에게 '민중'은 억압과 소외의 조건에 놓인 집단적 주체로 인식되며, 그는 이들의 고통과 저항의 목소리에 시적 관심을 집중시켰다. 즉 '민중'은 '여성'보다 선행하는 시적 개념으로, 이는 그가 '여성주의 시인'으로 규정되기 이전에 '민중 시인'으로서 사회 현실에 대한 비판적 인식을 바탕으로 시를 창작해왔음을 의미한다. '굿 양식시'와 「밥과 자본주의」 연작시는 억압적 사회 구조에 대한 저항의 파레시아와 민중 연대의 헤테로토피아를 구현하는 텍스트였다. 여기서 '굿'은 산 자와 죽은 자, 인간과 신을 매개하는 초월적 공간으로 기능하며, 억압받는 민중의 한을 풀어주고 공동체의 정서적 연대를 회복하는 수행적 장소였다. 또한 자본주의 체제에서 '밥상'은 단순한 음식 공유의 공간을 넘어서, 사회적 불평등과 구조적 억압이 가장 구체적으로 드러나는 공간이었다.

또한 고정희는 탈식민 페미니즘의 선구자로 '여성 해방 출사표'를 통해 여성 해방을 위한 언어적 실천 공간을 구축했다.

그런 측면에서 '시'는 그들이 억압적 사회 구조에 맞서 연대하고, 해방을 지향하는 실천적 공간에 해당한다. 고백적 언술과 연대의 장으로서 문학과 시는 여성 해방을 위한 '저항의 담론'을 생성하는 핵심 장소였다. 여성 주체들이 시공간을 초월하며 해방의 대화를 나누는 시적 공간은 그들이 역사의 주변부가 아닌 중심에서 자신들의 이야기를 재구성하고, 해방의 헤테로토피아적 공간을 주체적으로 창출해가는 과정을 보여주었다.

무엇보다 '지리산'은 고정희의 삶과 죽음이 깊이 연관된 공간으로, 다양한 종교와 문화적 요소가 융합된 자기 성찰과 생명 회복의 공간이다. 그는 지리산을 통해 스스로를 성찰을 하고, 세상의 진실과 마주하며 생명 존중의 가치를 내면화했다. 그리하여 지리산은 윤리적 주체가 자기 실천과 돌봄을 실현하기 실천적 장소로써 생명 회복의 유토피아를 꿈꾸었던 장소였다.

이처럼 고정희는 민중과 여성, 계급, 젠더, 생명 연대 문제를 교차시키며 시를 쓴 여성 운동가이자 시인이었다. 때문에 그의 시는 미학과 정치성에 관한 논의가 중요하다. 하지만 민중운동, 여성운동, 생명운동이 문학에 미친 영향을 논할 때, 여전히 문학의 미학적 가치를 평가절하해왔으며, 이러한 시각은 종종 그의 시를 도식적이고 전형적으로 연구하는 결과를 초래했다. 그런 측면에서 그의 시에 드러나는 '파레시아'와 '헤테로토피아'는 언어(말)와 장소(공간)의 관계에서 운동적 실천 양상을 추진하기 위한 시적 전략이었다.

헤테로피아는 파레시아가 발휘될 수 있는 조건과 공간을 제공하며, 파레시아 또한 헤테로피아의 의미와 가치를 담론으로 심화시킨다. 즉 '파레시아'는 침묵을 강요당한 존재들의 진실과 고통을 말하려는 실천으로, 시인의 언어가 어떻게 권력과 억압에 맞서는지를 보여준다. 이것은 고정희 시의 미학과 정치성을 통합적으로 조망할 수 있다는 측면에서 그의 시가 추구한 해방과 연대, 그리고 생명 회복이라는 궁극적 지향을 보다 깊이 이해할 수 있게 하였다. 나아가 오늘을 사는 우리로 하여금 지금 이 현실의 고통과 절망을 넘어, 희망과 연대의 가능성에 대해 지속적으로 성찰하도록 요구한다. 더불어 지금 우리는 어떤 공간을 꿈꾸며, 어떤 용기로 이 불의의 현실에 맞설 것인가를 묻는다. 그럼으로써 부정과 억압에 침묵하지 않고 저항하는 '시의 정신'이 지금 이 시대에도 여전히 유효한가를 성찰하게 한다.

길을 가다가 불현듯
가슴에 잉잉하게 차오르는 사람
네가 그리우면 나는 울었다
— 「네가 그리우면 나는 울었다」 부분

(『고정희 전집』, 또하나의문화, 2010)

그대 보지 않아도 나 그대 곁에 있다고
하늘에 쓰네
그대 오지 않아도 나 그대 속에 산다고
하늘에 쓰네

내 먼저 그대를 사랑함은
더 나중의 기쁨을 알고 있기 때문이며
내 나중까지 그대를 사랑함은
그대보다 더 먼저 즐거움의 싹을 땄기 때문이리니
– 「하늘에 쓰네」 부분

너에게로 가는 그리움의 전깃줄에 나는 감전되었다
– 「고백」 부분

◀ **전남 해남, 고정희 시인 생가**
그의 방에 진열된 시인의 책과 사진들.

유하와 장정일 시의 헤테로토피아

 1990년대는 동구권 사회주의의 붕괴로 인해, 기존의 거대 담론이 더 이상 자본주의의 현실적 대안으로 유효하지 않다는 점이 명확하게 드러난 시기였다. 이에 따라 근대에서 탈근대로의 전환이 본격화했고, 이는 세계를 이해하는 근본적 인식의 변화로 이어지며 탈근대적 사유의 지평을 열게 된 결정적인 계기가 되었다. 특히, 이 시기 시문학에서 이러한 문제의식을 공유했던 유하와 장정일은 근대적 이성이나 거대 담론으로 포착하기 어려운 사회적 억압과 욕망의 충돌을 '이질적인 장소'를 통해 짚어냈다. 이러한 장소에 따른 주체의 모순된 행동이나 내면

세계는 이념과 욕망이 얽힌 공간의 기능이 시적 배경에 머무르지 않고, 서사의 핵심적 동인으로 작용함을 시사하는 것이었다.

이 시기는 소비자본주의와 대중문화가 급격히 확산되었는데, 무엇보다 올림픽을 계기로 본격화된 대중의 소비는 백화점, 놀이공원, 광고, 해외여행 등의 자본주의적 기호들이 일상적 영역으로 확산하고 심화함으로써 대중의 감각과 욕망에 지대한 영향을 미쳤다. 도시의 대중문화는 앞 시대의 민중 서사와 저항 담론으로는 설명할 수 없는 새로운 문제의식을 부각했다. 또한 이 시기의 개인들은 계급이나 이데올로기의 대립보다는 소비 자본주의의 일상과 개인의 경험에서 비롯되는 실존과 정체성 균열에 직면하게 된다. 이러한 현상에 대해 고봉준[1]은 1990년대 시가 자본주의와 소비 욕망을 비판함과 동시에 사회·정치적 상상력이 소비자본주의에 대한 저항과 환멸을 반영하는 이중적 관계에 놓여 있다고 하였다.

또한 '선진국 진입'이라는 국가적 프로젝트로는 자본과 물질적 풍요를 가져왔지만, 동시에 미래에 대한 불안과 강박 등도 증대시켰다. 이 불안은 IMF 외환 위기를 통해 현실로 드러나면서, 사회 전반에 깊은 혼란을 가중시켰다. 이와 같은 사회적 흐

---

[1] 고봉준, 「1990년대 시의 사회 정치적 상상력과 소비자본주의」, 『한국시학연구』 73호, 한국시학회, 2023, 11쪽.

름은 젊은 시인들의 작품에도 지대한 영향을 미쳤다. 이들은 민주화 이후 소비자본주의가 급속히 확산되는 1980년대 사회적 현실을 대중문화와 반이데올로기적 시선의 맥락으로 재해석하고자 하였다. 특히 유하와 장정일은 이 시기 문학적 변화의 흐름을 대표하는 이들로 시뿐만 아니라, 소설과 시나리오 등 다양한 장르로 창작 활동을 확장하며 당대 문화 전반을 주도하였다.

무엇보다 이러한 문학의 대표적 사조라 할 수 있는 포스트모더니즘은 전통적인 장르 구분과 가치 질서를 해체하며 상호텍스트성, 메타픽션, 장르 혼합, 아이러니, 다중 주체 등의 복합적인 표현 전략을 시도하였다. 이는 이념 중심 문학의 단절을 통한 시공간의 해체를 의미하는데 이러한 시도는 이질적 장소인 헤테로토피아를 통해 부각되었다. 특히 고급문화와 대중문화, 예술과 상업의 경계를 모호하게 하는 '키치'[2]는 이를 상징하는 대표적 징후였다. '키치'는 자본주의적 소비사회의 통속성을

---

2 클레멘트 그린버그는 전위(아방가르드)와 대치되는 후위라는 의미로 '키치'를 정의한 바 있다. 여기서 전위前衛는 모더니즘 미학을, 후위後衛는 포스트모더니즘을 의미하며 이는 주체성을 상실한 해체된 자아의 미학이라고 하였다.(클레멘트 그린버그, 조주연 역, 『예술과 문화』, 경성대출판부, 2004, 20-21쪽) 이에 비해 아브라함 몰르는 '키치'를 의미의 윤곽이 명확히 드러나는 '외시적인' 현상에서 더 나아가 한층 본능적인 심층을 아우르는 '함축적인' 현상으로 인간이 사물과 맺는 관계의 한 유형으로 특정한 시대에만 드러나는 것이 아니라 인간 존재 방식이라고 보았다. 그러므로 키치는 또 다른 가능성을 가지고 있으며 인간의 삶과 밀접한 관계로 존재함을 강조했다.(아브라함 몰르, 엄광현 역, 『키치란 무엇인가?』, 시각과 언어, 1995)

드러내는 미학적 양상으로, 현대 문명이 구축한 억압적 질서와 이데올로기에 대한 저항이 두드러진다. 더 이상 중심과 절대적 진리가 유효하지 않은 시대의 문화 현상으로 다원성과 상대성을 기반으로 하여 다양한 하위문화나 소수자 담론을 사회적 관심사로 부각시켰다.

현대시는 이러한 급변하는 현실과 대중문화의 흐름 속에서 새로운 정체성과 방향성을 모색해야 하는 실천적 과제를 떠안게 된다. 즉 다층적인 현실 구조와 주체의 분열된 감각을 적극적으로 수용하며, 탈근대적 전환기에 대응하는 시적 감수성을 재구성하는 과도기에 있었다. 이에 시적 정황을 다의적이고 난해한 공간으로 전이시키거나 복합적 의미 체계를 추상적인 전경의 장소로 부각시키기도 했다. 이러한 양상은 현대시의 복합적 인식론과 표현 전략의 변화를 의미하며, 나아가 전통적 미학 규범에서 벗어나 새로운 시적 지평을 부단히 탐색하려는 노력이다. 그런 점에서 이 시기의 문학 연구는 다양한 관점과 다층적인 해석의 가능성을 제시하는 즉 하나의 이데올로기로 환원할 수 없는 주제와 형식들이 본격적으로 등장하는 '무규정적 시기'[3]라고 할 수 있을 것이다.

---

[3] 김영찬, 「90년대는 없다-하나의 시론, '1990'년대를 읽는 코드」, 『한국학논집』 59, 『계명대학교 한국학연구원, 2015, 11-12쪽.

이러한 문학적 전환은 기존의 권위와 관습을 정면으로 비판하기보다는 아이러니, 반어, 패러디, 콜라주와 같은 다양한 언어 유희의 시적 기법을 통해 드러났다. 그러므로 대중문화의 탈근대적 감수성은 기존 '장소'에 대한 새로운 인식을 요구하게 된다. 무엇보다 유하와 장정일은 장소를 탈근대적 주체성과 시적 실험이 구체화되는 장으로 인식하고, 인간 존재의 복합성과 사회적 현상을 탐구하는 중요한 시적 전략으로 삼았다.

유하는 이미 『무림일기』에서 '무림'이라는 상상의 공간을 통해 '지배'와 '저항'의 이분법적 해체를 시도하였다. 이후 1990년대에 들어서면서는 '압구정동', '경마장' 그리고 '세운상가'와 같은 실제 경험적 공간을 소환하며, 시대의 진정성이 상실되고 자본의 욕망이 두드러지는 세기말적 특징들에 주목하였다. 이 공간들은 '체제가 만들어낸 욕망의 통조림 공장'으로 환원되거나, 모든 가치가 탐욕과 집착으로 치환되며 현대 사회의 구조적 모순과 인간의 욕망을 드러내는 해체적 장소로 전유된다. 나아가 그는 주체의 실존적 고뇌와 내면의 균열을 적극적으로 투사하여, 이러한 장소를 통해 시대적 혼돈과 정체성의 불명확성을 감각적으로 재현하는 데 주목하였다.

반면, 장정일 시에 등장하는 이질적 공간들은 권위적 중심 이데올로기에 대한 저항과 풍자를 상징하는 장소의 역할을 한다. '강정'과 '길안'과 같은 장소는 현실의 이데올로기적 질서에서 이탈한 탈이념적 공간으로, 억압된 욕망과 일탈적 상상력이 드러나는 주변적 장소로 설정된다. 이러한 공간은 고상함과 저속함의 위계를 전복하거나 정체성과 목적지를 상실한 시적 자아의 방황을 통해 근대적 자기 동일성의 이탈을 보여주는 공간으로 작용한다.

그런 점에서 유하와 장정일 시는 이질적 공간 인식을 통해 주체의 정체성 위기와 공간의 제약을 극복하려고 한다. 이들의 시에 드러나는 헤테로토피아는 탈근대 문학의 핵심적 사유 구조를 형성하는 중요한 기제로써, 현대시의 미학적 실천과 담론 형성의 새로운 가능성을 여는 시적 전략이라 할 수 있을 것이다.

욕망의 '압구정동'과 환멸의 '경마장'

유하[4]가 등단한 1988년부터 여섯 번째 시집 『천일馬화』를 출

---

[4] 유하(1963~)는 전북 고창에서 태어났다. 세종대 영문과 및 동국대 영화학과를 졸업하였고, 1988년 『문예중앙』에 「무림일기」가 당선되었다. 이후 여섯 권의 시집과 한 권의 산문집, 그리고 선집을 발표하며 활발하게 활동했다. 1996년 제15회 김수영 문학상을 수상하였다. 시집으로 『무림일기』(1989), 『바람 부는 날이면 압구정동에 가야 한다』(문학과 지성사), 『세상의 모든 저녁』(1993), 『세운상가 키드의 사랑』(1995), 『나의 사랑은 나비처럼 가벼웠다』(1999), 『천일馬화』(2000)가 있다. 산문집으로 『이소룡 세대에 바친다-유하 산문집』(1995)이 있다. 『천일馬화』를 마지막 시집으로, 스스로 절필한다고 선언하며 영화 감독으로 전환하여 영화 〈말죽거리 잔혹사〉, 〈비열한 거리〉, 〈결혼은 미친 짓이다〉, 〈바람부는 날이면 압구정동에 가야한다〉, 〈강남 1970〉 등 40여 편을 발표하였으며, 2004년 백상예술대상을 수상했다.

간한 2000년까지는 대체로 한국 사회의 급속한 경제 성장, 외환 위기 및 자본주의의 정착에 따른 사회적 불안이 교차하는 급변기였다. 그는 이러한 사회적 변화에서 비롯된 인간의 욕망과 이에 따른 환멸과 좌절을 이질적 장소들을 통해 구체화하였다. 특히, '압구정동'과 '경마장'은 자본 성장에 다른 도시 공간의 재배치 과정을 보여주며 현실적 욕망의 실현과 좌절이 반복되는 대표적 장소로 꼽을 수 있다.

'압구정동'은 1990년대 초반 한국 사회의 물질주의와 소비 지향적 문화가 정점을 이루었던 곳이다. 시집 『바람 부는 날이면 압구정동에 가야 한다』에서는 "무조건 가야 하는 곳"으로, 화려한 도시 욕망으로 인한 자기 파괴적 강박의 메커니즘이 부각되는 곳이다. 무엇보다 자신의 원형적 공간이자 시적 기원이었던 '하나대'(「겨울 하나대」)와 대비되는 '압구정동'은 자본의 욕망 이면에 자리한 비인간성과 환멸 그리고 현대 도시 문화의 모순과 존재의 상실감을 극적으로 드러내는 핵심 장소이다.

한편, 『천일馬화』에 등장하는 '경마장' 또한 외환 위기 이후의 한국 사회를 가장 환멸적으로 보여주는 곳으로 돈에 대한 욕망과 좌절이 교차한다. '경마장'은 일확천금의 환상을 좇는 군중의 집합지이자, '희망 없는 미래'와 몰락한 도시민의 자아상이 거울처럼 반영된 장소이다. 그런 점에서 '경마장' 또한 물질적 욕망이 정점에 달한 압구정동과 연장 선상에서 자본주의 시스템의 모순과 환멸을 극적으로 구현하는 곳이다.

유하는 이러한 공간들의 서사를 단선적으로 구성하지 않고, 경마장에서 드러나는 풍경을 몽타주 형식으로 재구성하며, 압구정동의 과잉된 욕망을 회고하기도 한다. 나아가 그 욕망의 근원이 이미 1970~80년대 산업화 시기를 상징하는 공간이었던 '세운상가'에 내재해 있었음을 추적해 나간다. 즉, '세운상가'에서 시작된 대중매체의 발달과 미성숙한 욕망은 '압구정동'에서 절정에 달하며, 이후 '경마장'에서 몰락과 파탄의 형상으로 종결된다. 그러나 이러한 서사는 단순히 시간적 흐름에 따른 선형적 구조에 머무르지 않고, 시인의 의식에 잠재된 역행적 사고와 상징적 욕망에 의해 이질적 공간의 이미지와 서정으로 재구성된다.

> 압구정동은 체제가 만들어낸 욕망의 통조림 공장이다/ 국화빵 기계다 지하철 자동 개찰구다 어디 한번 그 투입구에/ 당신을 넣어보라 당신의 와꾸를 디밀어보라 예컨대 나를 포함한 소설가 박상우나/ 시인 함민복 같은 와꾸로는 당장은 곤란하다 넣자마자 띠- 소리와 함께/ 거부반응을 일으킨다 그 투입구에 와꾸를 맞추고 싶

으면 우선 일 년간 하루 십 킬로의/ 로드웍과 섀도 복싱 등의 피눈물 나는 하드 트레이닝으로 실버스타 스탤론이나/ 리차드 기어 같은 샤프한 이미지를 만들 것 일단은 기본 자세가 갖추어지면/ 세 겹 구름바지와, 니트, 주윤발 코트, 장군의 아들 중절모, 목걸이 등의 의류 액세서리 등을 구비할 것 그 다음/ 미장원과 강력 무쓰를 이용한 소방차나 맥가이버 헤어스타일로 무장할 것/ 그걸로 끝나냐? 천만에, 스쿠프나 엑셀 GLSi의 핸들을 잡아야 그때 화룡점정이 이루어진다/ 그 국화빵 통과 제의를 거쳐야만 비로소 압구정동 통조림 속으로 풍덩 편입할 수 있게 되는 것이다/ 이곳 어디를 둘러보라 차림새의 빈부 격차가 있는지 압구정동 현대아파트는 욕망의/ 평등 사회이다 패션의 사회주의 낙원이다/ 가는 곳마다 모델 탤런트 아닌 사람 없고 가는 곳마다 술과 고기가 넘쳐나니 무릉도원이 따로 없구나/ 미국서 똥구루마 끌다 온 놈들도 여기선 재미 많이 보는 재미 동포라 지화자, 봄날은 간다/ 해서, 세속도시의 즐거움에 동참하고 싶은 자들 압구정동의 좁은 문으로 들어가길/ 힘쓰는구나/ (중략)/ 바람이 분다 이곳에 오라/ 바람이 분다 이곳에 오라/ 바람이 불지 않는다 그래도 이곳에 오라

-「바람 부는 날이면 압구정동에 가야 한다 2
- 욕망의 통조림 또는 묘지」 부분

위 시에서 '압구정동'은 자본주의적 욕망으로 이루어진 '세속 도시'를 상징하는 '술과 고기가 넘쳐나'는 '무릉도원'으로 묘사된다. 이는 현대 사회가 구현하는 물질적 풍요와 계층적 차별이 극대화되는 장소이다. '통조림', '국화빵 기계', '지하철 자동 개찰구'와 같이 천편일률적이고 틀에 박힌  도시의 일상 문화에 박상우나 함민복 같이 일개 소설가나 시인의 '와꾸'는 통하지 않는다. 이는 '압구정동'이 탐욕과 허영의 공간으로, 모든 이들에게 열려있는 공간이기도 하지만 경제적·물질적 조건을 갖춘 계층만이 충분히 누릴 수 있는 배타적 공간임을 암시한다. 표면적으로는 누구나 욕망을 실현할 수 있는 이상적인 공간으로 보이지만, 실질적으로는 외모, 패션, 외제차, 화려한 명품 등 자본주의적 가치에 따라 차별과 구분이 이루어지며, 계층 간의 불평등과 구조적 모순이 심화되는 곳이다. 무엇보다 스타에 대한 열광의 대중문화는 욕망의 상품들을 새롭게 재생산하며 그것에 대한 충족 욕구가 끝없이 반복되는데 이러한 소비 자본의 욕망과 환멸이 해체의 헤테로토피아적 특성으로 드러난다.

때문에 매스미디어가 제시하는 '세속 도시의 즐거움'은 허상에 불과하며, 유하는 이러한 자본주의 사회의 욕망 구조와 그

이면에 존재하는 불평등을 지적하며, 압구정동을 타자화된 공간으로서의 현실적 유토피아로 재구성한다. 특히, '바람이 분다'와 '이곳에 오라'는 반복적 권유는 그곳에 가야만 희망과 성공으로부터 멀어지지 않는다는 심리적·사회적 압박을 암묵적으로 드러낸다.

바람부는 날이면, 압구정동에 가야 한다 사과맛 버찌만/ 온갖 야리꾸리한 맛, 무쓰 스프레이 웰라폼 향기 흩날리는 거리/ 웬디스의 소녀들, 부띠끄의 여인들, 까페 상류사회의 문을 나서는/ 구찌 핸드백을 든 다찌들 오예, 바람불면 전면적으로 드러나는/ 저 흐벅진 허벅지들이여 시들지 않는 번뇌의 꽃들이여/ 하얀 다리들의 숲을 지나며 나는, 끝없이 이어진 내 번뇌의 구름다리를/ 출렁출렁 바라본다 이 거추장스러운 관능의 육신과 마음에 연결된/ 동아줄 같은 다리를 끊는 한 소식 얻기 위하여, 바람부는 날이면/ 한양 쇼핑센타 현대백화점 네거리에 떡하니 결가부좌 틀고 앉아/ 온갖 심혜진 최진실 강수지 같은 황홀한 종아리를 뚫어져라 바라보며/ 不淨觀이라도 해야 하리 옛날 부처가 수행하는 제자에게 며칠을 바라보라 던져준/ 구더기 끓는 절세미녀의 시체, 바람부는 날이면 펄럭이는 스커트 밑의/ 온갖 아름다움을, 심호흡 한번 하고, 부정해봐 내 눈은 뢴트겐처럼 번

쩍/ 한 떼의 해골바가지를, 뼉다귀를, 찍어내리고 눈버
둥친다 내 코는 일순/ 무쓰향에서 썩은 피고름 냄새를
맡아내리고 쿵쿵 벌름댄다, 정말 이러다/ 이 압구정동
네거리에서 내가 아라한의 경지에……? 아서라/ 마음속
에 영원히 썩어 문드러지지 않을 것 같은 다리 하나 있다
— 「바람 부는 날이면 압구정동에 가야 한다 6」 부분

시에서 '압구정동'은 경제 성장에 따른 대중의 욕망이 내밀한 곳으로 동시대 한국 사회의 축소판으로 묘사된다. '온갖 야리꾸리한 향을 풍기는 여인들'과 '구찌 핸드백을 든 다찌들'이 '백화점'을 배회하는 이러한 풍경은 겉으로는 화려하고 풍요롭지만 그 이면의 물질주의의 천박한 욕망과 허무를 반영하고 있다. 이는 조장된 성취와 권력이 결국은 사회적 불평등과 도덕적 타락으로 이어짐을 시사한다. 이러한 '압구정동'은 도시가 개발되기 이전 배나무와 논과 밭이 어우러진 여유롭고 자유로운 공간이었으나, 개발 후 물질적 욕망과 상업주의적 장소가 된 곳이다. 자본으로 변화된 '이질적 공간'으로서의 '압구정동'은 쾌락과 저항이라는 시대의 문화적 감수성이 복합적으로 드러나는 혼종적 장소이다.[5]

5   김용희는 유하의 시가 대중문화에 대한 심취로써 쾌락과 비판, 저항이 동시에 표

무엇보다 1990년대 말 한국 사회의 급격한 변화와 그에 따른 가치 전도 현상은 유하의 시적 세계에 깊이 반영된다.『천일馬化』에서는 1997년 금융위기 이후 확산된 경제적 불안과 절망의 정서를 '경마장'이라는 이질적 장소에 투영하며, 이를 통해 금융위기 이후 사회의 구조적 모순과 불안에서 탈출하고자 한다. 실직과 경제적 파탄 그리고 일확천금에 대한 환상으로 몰려드는 '경마장' 풍경은, 환상과 기대가 도치된 허망함과 무력감의 장소로서 당대 사회의 구조적 결함과 불안을 반영한다. 이러한 공간 묘사는 금융위기 이후 사회 전반에 만연한 내부적 모순을 함축적으로 묘사하며 사회적 위기에 따른 개인의 불안감을 긴밀하게 드러낸다.

> 90년대가 세기말일까 지구가 세기말일까/ 포경선은 박제가 돼서도 달린다, 끝없이. 그래, 욕망이란 썩지 않는 방부제 같은 것이다/ 말은 황금 고래를 낳고 황금

출되는 키치 중독자의 갈등과 환호를 드러내며, 1980년대의 문화적 감수성의 혼란을 보여주고 있다고 보았다. 이에 1990년대에 와서야, 억압받았던 80년대의 문화적 기억이 복원되며, 청소년기의 대중문화 체험이 내면적 감수성과 기억의 방식으로 재구성되었다는 것이다. 이를 통해, 대중문화는 망각과 억압 속에서 잊혀졌던 세대적 정체성을 다시 찾는 문화적 복원과 저항의 장으로 작용한다고 보았다.(김용희,「대중문화 1세대의 문화적 기억과 망각 – 유하 시집『세운상가 키드의 사랑』, 영화〈말죽거리 잔혹사〉를 중심으로」,『현대문학의 연구』27집, 한국문학연구학회, 2005, 24-25쪽)

고래는 말의 질주를 낳는다. 이곳은 거대한 경마장, 말은 달린다/말은 멈추지 않는다. 아니 말은 멈출 수 없다/ 당신의 도박, 거짓말, 야양, 허세, 투표, 잡문, 몽상, 매음, 위선, 인신 공격, 자유, 사상, 그리고/ 당신의 천 배당 꿈을 위하여, 당신의 무너진 게임의 규칙을 위하여/ 그리하여 말의 어머니여, 난 결국 은유를 포기하지 못할 거예요/ 저 질주하는 말떼들의 더러운 매혹을 끝내 붙잡진 못하리라/ 마헤라자드가 말했다. 그래요, 욕망의 도마뱀 꼬리니까요/

— 「천일馬화—걸리버 여행기」 부분

나는 말을 탄 기수, 지금 내겐 말 이외엔 아무것도 남지 않았다/ 하여 나는 한없이 지껄인다/ 말의 황금박스여, 말의 고액 배당을 꿈꾸며/ 언젠가는 터질 거라 확신했던 靈感의 대박을 위하여/ 나는 오랫동안 후미 탐색만을 거듭해왔다/ 생의 부진마들만을 사랑했다/ 아니 그렇다고 믿었다/ 말이여 요단강을 아는가/ 이 세상 거대한 말의 원형 트랙 앞에서 나는 절망한다/ 황금박스와 요단강 사이를 돌고 돌다가/ 결국 나는 말을 잃을 것이다/ 나는 이 세계에 몸을 내주고 광휘의 말을 얻는 환상을 샀다/ 폭발적인 꿈이 내장된 권태를 샀다/ 그러나 지금 내가 예감하는 건/ 2.0배라는 초라한 배당의

삶, 그 열락과 죽음 사이
- 「천일馬化-경마장의 함정」 부분

「천일馬化-걸리버 여행기」에서 '경마장'은 사회적 유토피아의 이상을 표방하며 '황금을 딸 수 있다는 환상'을 좇는 공간이다. 이곳에서는 도박에 희망을 걸며 일시적으로 현실의 고통을 잊고자 하는 인간 군상의 모습이 적나라하게 묘사된다. '말은 황금 고래를 낳고 황금 고래는 말의 질주를 낳는다'는 욕망의 순환고리는 멈추지 않는 '말'들의 무한 질주와 같다. "욕망이란 썩지 않는 방부제"이며, 이러한 욕망의 끝없는 질주는 결국 '파멸'로 이어진다. '당신의 도박, 거짓말, 아양, 허세, 투표, 잡문, 몽상, 매음, 위선, 인신 공격, 자유 사상, 그리고 천 배당 꿈'과 같은 자본의 욕망과 집착의 나열은, 현대인의 삶이 사회적 위신과 허상, 무한 경쟁과 허무로 얼룩져 있음을 알 수 있다. 그러므로 경마장에서 열광하는 주체들의 모습은 이미 '무너진 게임의 규칙' 내부에서 그 의미를 상실한 채, 끊임없이 쇠퇴하는 현실에 적응하거나 저항하는 양면적 태도로 대응한다.

「천일馬化-경마장의 함정」에서는 끝없이 '욕망'을 좇는 경마장에서 좌절과 고통을 경험하는 군상들. 그 개인들의 끝없는 욕망은 결국 스스로를 무너뜨리고 위기에 빠뜨리게 한다는 것을 잘 보여주고 있다. 즉 '경마장'은 사회 구조의 부조리를 적나라하게 반영하는 장소로서 '부진마'들이 질주하는 '경마장의 함정'이 될 수밖에 없다. 이러한 맥락에서, '경마장'은 '일탈'적 헤테로토피아로서, 일확천금의 기회를 가질 수 있다는 착각과 몰락을 동시에 부르는 장소이다.

이처럼 1990년대 한국 사회의 급격한 경제적 성장과 위기에 따른 욕망과 사회적 불평등이 드러나는 '압구정동'과 '경마장'은 현실의 이면을 반영하거나 전복하는 장소로 부각된다. 하지만 자본주의 근대성의 구조적 모순을 도시적 감각과 서정적 언어로 재현한 유하는 이러한 공간들이 내포하는 본질적 모순이 이미 파탄과 결핍을 내포하고 있음을 주지시키며, 자본주의 근대성의 구조적 모순이 어떻게 주체의 정체성이나 세계관으로 재현될 수 있는지를 유년의 이질적 장소를 통해 지속적으로 탐구해 나간다.

'키치kitsch'라는 이름의 유토피아, '세운상가'

유하에게 있어 '세운상가'는 개인의 성장 서사와 함께 근현대화의 과정을 상징적으로 보여주는 대표적 공간이다. 1967년 완공된 '세운상가'는 당시 서울 도심을 남북으로 관통하는 대규모 도시개발의 중심 장소로, 전쟁의 폐허를 딛고 산업주의적 욕망과 근대적 서사가 구체화되는 장소이다. 그러나 1970년대 이후, 소비자본주의의 급속한 확산과 도시 재개발 정책의 전환에 따라 점차 그 중심적 위치를 상실하고 개발과 욕망의 변두리 장소로 밀려나게 되었다.

유하는 '세운상가'를 배회하며 불안정한 청소년기를 보냈는데, 1995년에 펴낸 『세운상가 키드의 사랑』을 통해 70년대의 추억을 소환하며 자신의 시적 정체성의 위치를 재확인하고 싶었다고 밝혔다.[6] 이는 '세운상가'가 청소년 시절의 불안정한 정체성과 억압된 욕망이 내재된 키치적 감수성으로 대중문화를 열광하던 미성숙한 욕망들이 교차하던 혼종적 장소였음을 시사한다.

'키치^{Kitsch}'는 원래 저급한 모조품이나 과잉된 감성 그리고 통속성을 특징으로 하는 미학 개념이지만, 유하의 시에서는 그러한 키치적 요소들이 단순한 비판이나 조롱의 대상이 아니라, 오히려 당대 하위문화의 욕망 구조와 정서적 풍경을 반영하는 미적 기제로 전환된다. 전통적으로 '키치'는 통속적이고 저속한 대중문화의 산물로 폄하되었지만, 현대 문화에서는 감각적 과잉과 모조 미학을 통해 억압된 욕망과 대항적 정체성을 드러내는 전략적인 미학 장치로 재해석된다. 문학과 예술이 위대하고

---

6   유하, 「다시 불온성을 생각한다」, 『정과리 외, 21세기 문학이란 무엇인가』, 민음사, 1999, 264쪽.

'숭고한 것'이라는 기존 관념은 자율적 배타성과 심미성을 심화시켰지만, '키치'는 이에 반하여 집단적, 상업적으로 생산되는 대중문화가 자본 이데올로기의 부산물에 불과한 것임을 주장하며 기존 예술의 패러다임을 뒤집는다.

유하는 1970년대 초반에 청소년기를 보낸 세대를 '대중문화 1세대', 청년기를 보낸 세대를 '이소룡의 세대'로 명명하였다.[7] 즉 이 시기는 티브이의 보급이 확산되고 대중문화가 빠른 속도로 일상 속을 파고들며, 기술보급과 함께 화려한 스펙터클이 전면화되었다. 이와 같은 문화적 감수성은 세계명작 동화, 만화책, 무협지, 흑백 TV, 동시 상영관, 그리고 '세운상가'와 같은 '키치'적 문화들이 그 기저를 이룬다. 특히 대중문화 1세대들은 삶과 대중문화의 경계가 사라지면서 대중문화 자체가 생활이 되기 시작한 세대들로 이러한 문화들을 빠르게 흡수했다. 김현[8]이 지적한 '키치 중독자'와 '키치 반성자' 사이의 내적 분열은, 유하 시의 주체가 '세운상가'라는 장소를 매개로 자본주의적 욕망과 정체성의 해체 과정에서 드러나는 긴장 구조를 명확하게 보여줌을 의미한다. 특히 시집 『세운상가 키드의 사랑』은

---

7   유하는 '블루벨벳'이란 노래를 들으면서 60년대 아메리카의 소도시를 떠올리고, 진추하를 들으며 70년대 홍콩의 밤거리와 나의 추억을 회환한다고 말한다.(유하, 『유하 산문집-이소룡 세대에 바친다』, 문학동네, 1995, 7-9쪽)

8   김현, 『바람 부는 날이면 압구정동에 가야 한다』 해설, 문학과지성사, 1991, 145쪽.

근대화와 욕망의 파편들이 뒤엉킨 기억의 '세운상가'를 매개로 1980~90년대 서울 도시의 이면과 그 주변 장소에서 형성된 유년의 불안정한 주체적 욕망을 드러내는 데 중요한 장소가 된다.

> 모든 금지된 것들을 열망하며, 나 이곳을 서성였다네/ 흠집 많은 중고 제품들의 거리에서/ 한없이 위안받았네 나 이미, 그때/ 돌이킬 수 없이 목이 쉰 야외 전축이었기에/ 올리비아 하세와 진추하, 그 여름의 킬러 또는 별빛
> 포르노의 여왕 세카, 그리고 비틀즈 해적판을 찾아서/ 비틀거리며 그 등록 거부한 세상을 찾아서/ 내 가슴엔 온통 해적들만이 들끓었네/ 해적들의 애꾸눈이 내게 보이지 않는 길의 노래를 가르쳐 주었네/ (중략)/ 내 청춘의 레지스탕스, 지상 위의 난/ 햇살에 의해 남김없이 저격되었지/ 세상의 열병이 내 몸 속에 들어와 불을 밝혔네/ 금지된 生의 집어등이여, 지하의 모든 나를 불러내다오/ 나는 사유의 야바위꾼, 구멍 난 영혼, 흠집 가득한 기억의 육체들을/ 별빛의 찬란함으로 팔아먹는다네/ 내 마음의 지하상가는 여전히 승냥이 울음으로 붐비고/ 나 끝끝내 목이 쉰 야외 전축처럼/ 해적을 노래 부르고 해적의 애꾸눈으로 사랑하리
> ─「세운상가 키드의 사랑 1」 부분

시적 주체의 "모든 금지된 것들을 열망하며, 나 이곳을 서성였다"는 고백은 곧 시인의 유년 시절을 짐작하게 한다. 온갖 팝송과 포르노물과 같은 키치적 매체들은 가장 예민했던 청소년 시절 '금지된 것'들을 열망하며 일탈의 자유를 꿈꾸게 했다.[9] 집과 학교에서 강요하던 규율과 제도에서 벗어나 금지에 대한 불온적 욕망이 가득했던 '세운상가'는 그러므로 나의 '사춘기의 스승'이라고 말한다. '태양 아래 새로운 환락은 없다'고 하는 금발 포르노 여배우의 농염한 말은 무질서한 혼돈과 일탈적 자유를 더욱 명료하게 보여준다. 그러므로 싸구려 복제품과 복제된 외래문화가 넘쳐나는 대중문화의 키치적 장소로서 '세운상가'는 유년의 헤테로토피아로 자리매김한다.

사회적 배제와 금지 이면에서 형성된 '흠집 많은 중고 제품'과 같은 존재들의 욕망은 '등록 거부된 세상'에서 허무의 블랙홀 같은 포르노 잡지를 읽으며 '이 세계의 좁은 지하실'을 통과하려고 한다. '빨간책', '비틀즈 해적판', '포르노의 여왕 세카' 등으로 들끓는 사춘기의 욕망들은 역설적으로 나에게 '보이지 않는 길의 노래를 가르쳐' 주었다고 고백한다. 이것은 단순한 성적 호기심이나 저급 취향을 넘어 고급 예술과 자본으로부터 소외된 이들이 사회적 주체로 거듭나기 위한 욕망의 통과 의례이기도 하

---

9   박정일, 「유하 시의 영상 이미지 연구」, 한국교원대 석사논문, 2014, 79쪽.

다. 절망과 소외의 나날을 견디며 세상의 규율과 억압적 제도로부터 '청춘의 레지스탕스'를 부르짖던 시절, 오히려 '저속하고 진부한' 것들로부터 위안을 얻었다는 것이다.

이 시기는 음악, 영화, 광고와 스포츠 그리고 만화 등 다양한 장르의 확산으로 취향과 스타일이 통속화되었고 대중들은 욕망에 들떠 스스로의 취향과 다양성을 드러내기 시작했다. 이에 군사 정권은 '퇴폐풍조 일소 방안'을 명분으로, 폭력적으로 이를 제압하려고 하였다.[10] 이러한 군대식 문화는 학생지도부와 교련, 학도호국단의 이름으로 진행되었으며, 이에 금지와 퇴폐라는 이름으로 검열 속에 놓여 있었던 청소년들의 대중 문화는 또 다른 세운상가를 거듭 모색하게 된다.

무엇보다 '해적판'은 키치적 주체의 형상을 뚜렷하게 드러내는 상징적 개념이다. 공식 출판사 또는 제작자의 허락 없이 무단 복제되거나 배포되는 콘텐츠로 제도적 규범의 경계를 넘나드는 비주류 문화의 아이콘이다. 시적 주체는 이러한 해적판에 집착하며 제도적 윤리와 고급 미학의 경계를 넘어 키치적 감

---

[10] 1970년대 한국 대중문화는 1960년대 전 세계 변혁 운동의 영향으로부터 시작되었다. 특히 미국은 역사상 가장 혁명적인 시기를 거치는데, 마틴 루터 킹의 흑인 인권운동, 베트남 전쟁과 반전운동, 히피 문화와 여성운동 등이 그것이다. 거기에 짐 모리슨, 제니스 조플린, 지미 헨드릭스의 록과 우디 거스리, 밥 딜런 등의 포크가 더해지며 대중문화가 전례 없는 혁명적 기류를 타게 되었다.(이성욱, 「쇼쇼쇼, 김추자, 선데이서울 게다가 긴급조치」, 생각의 나무, 2004, 136쪽)

수성에 매료된다. 또한 그는 '목이 쉰 야외 전축'처럼 파편화된 기억과 미성숙한 욕망들의 키치적 자아로서 이처럼 오래되고 낡은 기억들을 통해 세상과 소통하려는 또 다른 욕망의 존재이다. 이는 주류 문화가 배제해온 감정으로 혼돈의 향수를 적극 수용하려는 것으로 고급 미학에 대항하는 '유사-유토피아'의 추구를 의미한다.

> 사춘기의 나날, 유일한 낙이 있었다면/ 오르넬라 무티, 린제이 와그너, 엘리다 벨리……/ 세운상가 다리 위에서 이방의 여배우 이름이나 뇌까리는 것,// 세운상가, 욕망의 이름으로 나를 찍어낸 곳/ 내 세포들의 상점을 가득 채운 건 트레이시와 치치올리나,/ 제니시스, 허슬러, 그리고 각종 일제 전자 제품들, 세운상가는 복제된 수만의 나를 먹어치웠고/ 내 욕망의 허기가 세운상가를 번창시켰다 (중략)// 네가 욕망하는 거라면 뭐든 다 줄 거야
> ―「세운상가 키드의 사랑 2」 부분

> 나는 세운상가 키드, 종로3가와 청계천의/ 아황산 가스가 팔 할의 나를 키웠다/ 청계천 구루마의 거리, 마도의 향불 아래/ 마성기와 견질녀, 꿀단지, 여신봉, 면도사 미스 리/ 아메리칸 타부, 애니멀, 뱀장어쑈, 포주, 레지, 차력사……/ 고담市의 뒷골목에 뒹구는 쓰레기들의

환희, 유혹/ 나의 뇌수는 온통 세상이 버린 쓰레기의 즙, 몽상의 청계천으로 출렁대고/ 쓸모 없는 영혼이여, 썩은 저수지의 입술로/ 너에게 무지개의 사랑을 들려주리/ (중략)/ 나는 부유하는 육체의 세운상가/ 곰팡이를 반성하지 않는 곰팡이, 그리하여 곰팡이꽃의 극치를 향해 가는 영혼

-「세운상가 키드의 사랑 3」부분

「세운상가 키드의 사랑 2」에서 '세운 상가'는 금지된 것들의 환각적 집합지이자 '욕망의 유토피아'로 더 집중된다. 시적 주체는 '오르넬라 무티', '린제이 와그너', '엘리다 벨리'와 같은 동시대의 이국적 배우들과 '트레이시', '치치올리', '제니시스', '허슬러' 등의 포르노그래피와 소비문화의 아이콘들을 자신의 신체적·심리적 '세포'에 각인시킨다. 그런 점에서 "내 욕망의 허기가 세운상가를 번창시켰다"는 고백은 자본주의가 만들어낸 환각의 산물로써 '나'는 수동적 소비자가 아니라, 자신을 파괴하는 동시에 생산하는 욕망의 주체로 재구성된다. 여기서 키치적 감수성은 대중문화의 통속적 향유에서 나아가 사회적 배제와 금지된 욕망에 대한 미적 대응의 정서이다.

「세운상가 키드의 사랑 3」에서는 "아황산 가스"와 "구루마의 거리"로 표상되는 퇴락한 도시에서 형성된 주변적 정체성을 강

조한다. 청계천 주변의 쇠퇴한 풍경과 저급 오락물, 음란물, 잔혹극 등은 고급 미학의 대척점에 있는 키치 문화의 전형적인 양상으로, '나'는 오히려 이러한 '버려진 것들'의 세계를 '몽상의 청계천'과 '무지개의 사랑'으로 전환한다. 더구나, "곰팡이를 반성하지 않는 곰팡이"는 김수영의 시「절 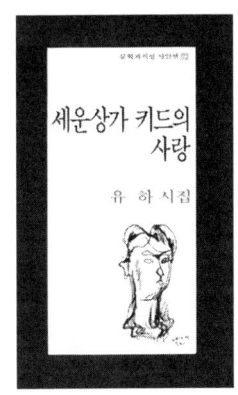 망」을 패러디한 것으로 자신의 저속 문화를 부끄러워하거나 절망하지 않겠다는 의지이다. 오히려 "네가 욕망하는 거라면 뭐든 다 줄게"라는 근대적 윤리와 가치에 대한 미학적 저항을 적극적으로 표명한다. 이와 같이 '키치'는 추억이나 향수의 미학을 넘어 불완전한 주체들의 공간적·미학적 표상으로 자리한다.

그런 측면에서 유하의 『세운상가 키드의 사랑』에 드러나는 '세운상가'라는 키치적 장소는 정체성의 혼란, 사회적 주변성, 감정의 과잉을 비판적으로 수용하는 동시에 이탈의 욕망을 꿈꾸는 미학적 공간으로 재전유된다.[11] 즉 사춘기의 모든 꿈과 미래가 있었던 청춘의 헤테로토피아적 장소로써 제도화된 질서 바깥의 욕망들이 교차·증식하는 이러한 이질적 장소는 키치의

---

11 『세운상가 키드의 사랑』에서 보이는 '키치'적 대중문화의 예들은 다음과 같다.

미학을 통해 주체가 파열적 정체성을 구성하는 '키치적 유토피아'로 그려진다.

제목	'키치'의 예
드루 배리모어, 장미의 이름으로	할리우드 키드, 저수지의 개, 비비안 리, 이발소 그림, 화신극장의 쇼걸, 불량 불법 비디오, 해적판 레코드, 포르노 배우, 드루 배리모어, 마약, 알코올 바다, 할리우드
재즈0	소니 롤린스, 쿨재즈, 하드밥
재즈1	소니 티브이, 금발 포르노 여배우, 펜트 하우스
재즈5	통키타 포크송, 올디스 벗 구디스, 리칭과 진추하, 박원용과 함께 서금옥의 이브의 연가, 아드리느를 위한 발라드
재즈7	그레타 가르보, 동남 샤프 흑백 티브이의 철인 28호, 존 콜트레인
세운상가 키드의 사랑1	흠집 많은 중고 제품, 야외 전축, 올리비아 하세, 포르노의 여왕 세카, 비틀즈 해적판, 교과서 갈피에 숨겨논 빨간책, 내 마음의 지하상가
보리쌀로 세운 시네마 천국	토토, 신성일 엄앵란의 맨발의 청춘
문희-고창 극장을 추억함	문희, 트위스트 김, 쓰리보이 신선삼, 요깡과 쓰리미, 치클민트 껌냄새
세운상가 키드의 사랑2	오르날라 무티, 린제이 와그너, 엘리다 벨리, 트레이시와 치치올리나, 제니시스, 허슬러, 각종 일제 전자 제품들
진추하, 라디오의 나날	질리오라 친케티, 사이몬 & 가펑클, 모리스 앨버트, 진추하, 금성 트랜스터 라디오
새들은 말죽거리에 가서 잠들다	말죽거리, 은광여고 쥐색 항아리 치마, 이글스의 호텔 캘리포니아, 최헌의 가을비 우산속, 지루박, 소니 카세트, 수지 콰트로
세운상가 키드의 사랑3	미국판 마분지 소설, 휴먼 다이제스트, 해적판 레코드, 부루라이또 요코하마, 아메리칸 타부, 애니멀, 뱀장어쑈, 포주, 레지, 차력사

유하 시에서 드러나는 '압구정동', '경마장' 그리고 '세운상가'는 탈근대적 환멸과 해체적 장소는 현대 자본주의 사회의 욕망과 불평등을 상징한다. '압구정동'은 과잉된 외양과 그 이면에 존재하는 계층적 차별을 드러내고, '경마장'은 일확천금에 대한 환상과 허망한 욕망의 질주를 통해 현대사회의 구조적 모순과 좌절을 집약적으로 보여준다. 그리고 '세운상가'는 '키치'라는 이름 아래 환멸과 결핍이 내재된 공간으로 탈영화된 장소로써 억압된 욕망이 표출되는 헤테로토피아적 무대이다. 그가 보여주는 금기와 위반의 불온한 취향은 청소년들의 하위문화와 관련된 심층적인 저항의 의미를 모두 대변할 수는 없지만, 전통문화의 강박과 외래문화 수용 속에서 자신들의 문화를 퇴폐로 억압하려는 권력과 기성세대에 대한 시적 저항이라는 점에서 주목된다.

무엇보다 유하에게 또 하나 키치적 유토피아가 있다면 바로 '극장'일 것이다. 「문희」에서는 "고창극장"을 추억하며 그곳에서 본 영화들을 열거하였는데, 이러한 영화관의 어둠은 모든 금기된 것들로부터의 해방이며 환상으로 일종의 "정신의 방종에 가까운 자유로움"을 준다고 하였다.[12] 이처럼 영화에 대한 키치적

---

[12] 유하는 그 시절 동시 상영하는 영화관 안에서 그 누구의 간섭도 받지 않고 학교와 주변으로부터 벗어나 영혼을 잠시나마 쉴 수 있도록 한 몽상의 그늘, 그 불온함의

감수성을 바탕으로 유하는 2003년, 1970년대 후반 자신의 고등학교 시절을 스크린에 담은 영화 〈말죽거리 잔혹사〉로 폭력의 시대를 영화적 향수로 극화해냈으며, 〈비열한 거리〉로 현실에 단단히 발붙인 한국형 느와르를 선보였다. 그 후 〈강남 1970년〉을 통해 꿈을 향해 도약했지만 '비열한 거리'에 가닿을 수밖에 없었던 청춘의 모습을 '거리 삼부작'으로 완결했다. 2004년 백상예술대상을 수상한 유하의 영화 작업 또한 시작詩作과 연장 선상에서 이해할 수 있을 것이다. 이러한 시도는 현대 도시문화 내에서 장소, 감각, 자본과 존재의 관계를 탐구하는 확장된 장소의 시적 실험으로 의미화할 수 있을 것이다.

'중심'에 대한 저항과 반이데올로기적 '강정'

장정일[13]의 이 시기 시에는 '중심-주변'의 구조가 명확하게

추억에서 오래도록 서성였다고 고백했다.(유하, 『유하 산문집-이소룡 세대에 바친다』, 문학동네, 2005, 47-48쪽)

13 장정일은 1984년 무크 『언어의 세계』에서 「강정 간다」로 등단했다. 1987년 『햄버거에 대한 명상』으로 김수영 문학상을 받고, 같은 해 동아일보 신춘문예에 희곡부문에 당선되면서 문단의 주목을 받았다. 장정일은 시인으로서 그리고 희곡작가로서 활동하였으며 1985년부터 1989년까지는 4년 동안 6권의 시집을 내며 시작 활동에 더 많은 비중을 두었다. 1988년 『세계의 문학』의 소설부문으로 재등단한 장정일은 소설 『아담이 눈뜰 때』를 시작으로 1990년부터는 소설에 주력하게 된다. 시집으로 『햄버거에 대한 명상』, 『상복을 입은 시집』, 『삼푸의 요정』, 『길안에서의 택시잡기』, 『그것은 아무도 모른다』, 『서울에서 보낸 3주일』 등이 있다.

드러난다. 이는 그가 거주하는 '대구'라는 지방 도시의 장소적 특징과 중졸 출신이자 폭력 사건으로 소년원에 수감된 그의 삶의 내력에서 비롯된 것으로 추측할 수 있다. 이러한 배경은 서울의 주류 문단과 권

장정일 시인(1962~)

력적 위상 그리고 아버지로 상징되는 '중심'에 대한 조롱과 허위 폭로를 그의 주요 시적 전략으로 자연스럽게 이끌어내게 했다. 무엇보다 그가 1980년대 초반에 등단 활동을 시작했음에도 '90년대적인 시인'이라 부르는 것 또한 민족, 민중, 반독재와 같은 거시 담론의 80년대를 함께 하지 않았다는 열외 의식이 작동하고 있다.[14] 이러한 탈중심적 성향은 '중심'을 타자화하고, '주변'을 자아화하는 시적 인식에서 비롯되었다고 볼 수 있다.

근대국가의 공간 구조화 전략에 따르면, '중심'과 '주변'은 권력과 서열의 상부-하부 관계가 상호 양립하며, '주변'은 언제나 또 다른 '탈-주변'을 향한 욕망을 내포한다. 이러한 욕망은 '중심'을 부정하거나 모방하며 충족되는데 이때 두 경우 모두

---

14 김춘규, 「장정일 문학에서 장르 전환의 의미-시와 소설의 갈등 양상」, 『한국현대문학연구』 63집, 한국현대문학연구, 2010, 329-363쪽.

저항의 속성을 동시에 지니게 된다. 때문에 '주변'은 근대국가 공간의 구조적 복합성 내에서, 권력의 배치와 욕망 충족의 양립적 특성을 동시에 지닌다.

「〈중앙〉과 나」는 같은 제목의 두 편의 시가 있는데 한 편은 『길안에서의 택시잡기』에 게재되어 있고, 다른 한 편은 『서울에서 보낸 3주일』에 실려 있다. 두 작품 모두 '〈중앙〉'으로 상징되는 권력의 실체에 저항적 시선을 보인다. 이 시들은 국가 권력의 분산이 이루어지지 않는 '중앙 집권' 시스템과 그것을 드러내는 '중앙 정부'라는 명칭에서 권력의 중심화를 비판적 시각으로 포착한다. 특히 '중앙'은 모든 것이 집약되고 통제되는 위치를 의미하는데, 시에서는 이러한 '중앙'이 내포하는 권력의 본질에 집중하며 그 구조에 내재한 권위적 상징성을 면밀히 짚어낸다. 엄경희[15]는 이 두 시는 "권력이 작동되는 이중의 메커니즘" 즉 "감시와 관용이라는 통제장치"를 구체적으로 드러낸 작품이라고 보았다. 이와 같은 측면에서, 두 시에 나타나는 권력의 언어는 권위와 관용 사이를 오가지만, 궁극적으로는 '통제'와 '억압'을 목적으로 한다. 이처럼 권력 언어가 보여주는 이중

---

15 엄경희, 〈장정일 詩에 나타난 사디즘Sadism으로서의 現實認識〉, 《어문연구》 제33권, 어문연구학회, 2005, 297쪽.

적 태도는 그 자체로 내부적인 모순을 야기할 수밖에 없다.[16]

> 그는 〈중앙〉과 가까운 사람/ 항상 그는/ 그것을 〈중앙〉에 보고하겠오/ 그것을 〈중앙〉에 주시하고 있소/ 그것은 〈중앙〉이 금지했오/ 그것은 〈중앙이〉 좋아하지 않소/ 그것은 〈중앙〉과 노선이 다르오/ 라고 말한다// 〈중앙〉이 어딘가?/ 〈중앙〉은 무엇이고 누구인가?/ 보이지도 들리지도 않는 〈중앙〉으로부터/ 임명을 받았다는 이 자의 정체는 또 무언가?/ 〈중앙〉을 들먹이는 그 때문에/ 자꾸 〈중앙〉이 두려워진다// 우리가 사는 곳에서 아주 먼 곳에/ 〈중앙〉은 있다고/ 명령은 우리가 근접할 수 없는 아주/ 높은 곳에서부터 온다고// 그는 말한다/ 그리고 이번 근무가 잘 끝나면/ 나도 〈중앙〉으로 간다고/ 그는 꿈꾼다// 그러

---

[16] 푸코는 말(언어)이 이행되는 권력 효과는 사물(자연뿐만 아니라 인간의 품행까지 포함한 모든 존재들)의 배치를 통해서 나타나고, 이러한 배치의 질서는 시대(에피스테메)마다 다르다고 보았다. 그가 『말과 사물』 서문에서 보르헤스의 '중국 동물백과사전'은 정상적이고 보편적인 지식을 해체하며 사물의 질서를 당혹스럽게 한다고 했다. 여기서 푸코가 문제시하고 있는 것은 이러한 말의 배치 효과에 대한 실패와 부정을 말하는 것이 아니라 지식과 행위와 소통의 조건으로서 상호 소통을 말하려고 한 것이다. 즉 기존에 확립된 혹은 전통적 재현을 통한 사물들의 배치 혹은 질서는 필연적이지 않다는 것이다. 오히려 말과 사물, 원본과 재현, 그리고 지시와 지시되는 것 사이의 질서가 붕괴되는 순간을 포착하여, 권력과 배치의 변형 가능성을 전략화하였으며 이는 70년대 이후 자신의 철학을 급진화시키는데 밑바탕이 되었다.

나 십년 세월이 가도/ 〈중앙〉은 그를 부르지 않는다/
백년 세월이 그냥 흘러도/ 〈중앙〉은 그에게 편지하지
않는다/ 〈중앙〉은 왜 그를 부르지 않는가?/ 〈중앙〉은
왜 그를 기억하지 않는가?
  -「〈중앙〉과 나」 전문(『길안에서의 택시 잡기』)

    시에서 '중앙'은 항상 무언가를 주시하고, 금지하는 장소로 묘사된다. 무엇보다 〈 〉라는 표기는 중앙의 규율과 엄격성을 시각적인 기호로 강조한 것으로 그곳이 일반적 장소가 아닌 특별한 차별성이 있음을 의미한다. 나아가 이러한 '〈중앙〉'이라는 대립 구도의 모순을 해체하고 전복하려는 비판적 시선이 내재해 있다. 윤선희[17]는 이 '〈중앙〉'이 반복될수록 그들의 실체는 모호해지고 '〈중앙〉'이 주시하는 시선이 닿는 곳 또한 더욱 넓어진다고 보았다. 그럼으로써 '중앙'은 감시를 통해 개인을 통제하는데 이러한 권력의 체계를 잘 보여주는 것이 이 시의 '〈중

---

17 윤선희는 장정일 시에 드러나는 '중앙'과 '지하', '도시'와 '변두리'는 분할의 메커니즘에 의해 나뉜 공간으로 보고 그것이 권력을 해체하려는 시작 의식으로 보았다. 즉 '중앙'과 '지하'는 감시와 처벌을 통한 통제를 상징적으로 보여준다고 보았다. 그러므로서 감시의 대상이 되는 시적 자아는 권력의 언어가 어떻게 작동되는가를 인식하게 된다고 보았다. 그는 장정일의 시에서 권력이 두려움의 대상으로 그려지는 것이 그것의 폭력성 때문이며, 이것은 실제 장정일이 유년에 '감금' 경험을 했기 때문으로 보았다.(윤선희, 「장정일 시에 나타난 권력의 메커니즘과 해체의식」, 숭실대학교 석사논문, 2012)

앙〉'의 본질인 것이다. 무엇보다 그러한 장소는 현실과 일상적인 장소로부터 "아주 먼 곳", "아주 높은 곳"에 자리해 있다. 그러므로 개인들은 이러한 "보이지도 들리지도 않"는 중앙으로부터 항상 어떤 '명령'과 '금지'를 반복적으로 주입받게 된다. 그러한 '중앙'으로부터 임명을 받은 "그" 또한 어떤 인물인지 시에서는 정확히 드러내지 않지만 추측하건대 "그" 또한 '〈중앙〉'이 아닌 곳에 있는 자로 그 권력의 안으로 편입하려고 노력하는 자임을 알 수 있다.

다만 시적 주체는 "〈중앙〉이 어딘가?", "〈중앙〉은 무엇이고 누구인가?"라는 질문을 지속적으로 함으로써 '〈중앙〉'에 대한 의심과 비판적 사유를 놓지 않는다. 즉 "그"가 이 '〈중앙〉'에 대한 집착을 놓지 못하는 것은 '이번 근무만 잘 끝나면' 자신도 '〈중앙〉'으로 갈 수 있다는 욕망 때문이다. 그는 '〈중앙〉'의 명령을 누구보다 잘 따르며 곧 그곳의 부름을 받을 것이라는 꿈을 꾼다. 어쩌면 그에게 '〈중앙〉'은 자신이 상상한 이상적 세계일지도 모른다. 이는 헤테로토피아가 현실의 공간 질서를 전복하고 재배치하는 '유토피아적 반反장소'로서의 특성과 부합하는 동시에 규범과 통제의 상징성을 통시에 가지고 있음을 의미한다. '그'는 자신의 모든 행동과 사고를 〈중앙〉의 기준에 맞추어 통치의 합리성에 견고함을 꾀하고 있다. 그런 측면에서 어떤 경우에도 공간은 이러한 훈육과 권력의 테크놀로지에서 중심적 역할을 담당한다.

그러나 많은 시간이 지나도 〈중앙〉은 결코 '그'를 부르지 않는다. 보이지도 들리지도 않는 〈중앙〉은 강력한 힘을 행사하며, 현실의 질서를 규정하고 개인의 운명까지 좌우한다. 그러므로 드러나지 않는 권력 관계에 대한 맹목적인 추종과 그로 인한 소외와 단절의 문제는 더욱 분명하게 의식되기 시작하며 그것에 대한 전복적 시선을 보이기 시작한다. 『서울에서 보낸 3주일』에 실려 있는 「〈중앙〉과 나」는 그런 권력의 역학관계로 인한 기대와 좌절을 통해 시적 주체의 태도가 역전함을 부각시키고 있다. 그럼으로써 시적 주체는 '중앙'과 동일한 위치에서 어느 순간 '중심'과 결합하는 반전을 보여준다. 이 과정에서 '주변'적 장소를 상실하거나 '중심'으로 편입하려는 움직임을 보이며 시의 본질적 해체와 전복을 초래하는 역설적 현상을 초래한다.

때문에 '〈중앙〉'은 누군가에게는 꿈이 되어주기도 하지만, 또 누군가에게는 진정성이 결여된 소외의 장소로 기억되기도 한다. 그러한 권력의 곁으로 가기 위해 〈중앙〉에 복종하고, 그것을 위해 일한다고 해도 그 권력의 '〈중앙〉'은 "그"에게 선뜻 자리를 내어주지 않는다. 이처럼 시적 주체가 기대했던 욕망과 권위에 대한 〈중앙〉의 약속은 실현되지 않는다.

이러한 〈중앙〉에 대한 시적 주체의 인식은 「강정 간다」에서 '강정'과의 관계와 유사하다. 말하자면 〈중앙〉과 '강정'은 중심과 주변의 서로 반대편에 위치한 두 개의 헤테로토피아이다. '〈중앙〉'은 현실 속의 권력 지향적 유토피아라면, '강정'은 현실 밖에서 자신의 욕망과 자유를 찾으려는 반이데올로기적 유토피아이다.

> 알고 보면 사람들은 모두 강정 가고 있는 것은 아닌가
> 하나같이 환한 얼굴 빛내며 꼭 내가 물어보면
> 금방 대답이라도 해줄 듯 자신 있는 표정으로
> 토요일 저녁과 일요일 아침, 내가 아는 사람들은
> 총총히 떠나간다. 울적한 직할시 변두리와 숨막힌
> 슬레이트 지붕 아래 찌그러진 생활로부터 달아나기 위해
> 제비처럼 잘 우는 어린 딸 손 잡고 늙은 가장은 3번 버스를 탄다
> 무얼 하는 곳일까? 세상의 숱한 유원지라는 곳은
> 행여 그런 땅에 우리가 찾는 희망의 새가 찔끔질끔 파란
> 페인트를 마시며 홀로 비틀거리고 있는지. 아니면 (중략)
> 오늘은 강정가시나 보지요. 그래도 나는 즐겁게 대답하지만
> 방문 걸고 대문 나설 때부터 따라온 조그만 의혹이
> 아무래도 버스 정유소까지 따라올 것 같아 두렵다.
> 분명 언제부터인가 나도 강정가는 길을 익히고 있었던 것 같은데
> 한밤에도 두 눈 뜨고 찾아가는 그 땅에 가면 뭘 하나
> 고산족이 태양에게 경배를 바치듯 강둔덕 까라 늘어선
> 미루나무 높은 까치집이나 처다보면 하품하듯 내가

수천 번 경탄 허락하고 나서 이제 돌아 나갈까 또 어쩔까
서성이면, 어느 새 세월이 두터운 금침 내려와
세상 사람들이 나의 이름을 망각 속에 가두어놓고
그제서야 메마른 모래를 양식으로 힘을 기르며
다시 강정의 문 열고 그리운 지구로 돌아오기 위해
우리는 이렇게 끈끈한 강바람으로 소리쳐 울어야 하겠지
어쨌거나 지금은 행복한 얼굴로 사람들이 모두 강정 간다.

－「강정 간다」 부분

장정일의 등단작이기도 한 이 시의 중심 장소인 "강정"은 그가 태어난 고향 주변에 있는 유원지이다. 말하자면 "강정"은 일상에 찌든 사람들이 휴일마다 스트레스를 풀고 새로운 휴식을 갖기 위해 찾아가는 축제의 헤테로토피아이다. 이 마을에 살고 있는 사람들은 "울적한 직할시 변두리와 숨 막히는/ 슬레이트 지붕 아래 찌그러진 생활로부터 달아나기 위해" 현실의 반복적 시간과 장소를 견디고 휴일만을 기다린다. 그것은 힘든 노동과 현실을 벗어나 또 다른 휴식을 갖기 위해 현실의 유토피아인 '강정'에 갈 수 있다는 기대감 때문이다. 하지만 시적 주체인 '나'는 그러한 "강정"에 대해 큰 믿음을 가지고 있지 않다. 언제나 사람들에게 그곳은 그저 그런 곳이라며, 기쁨에 들떠 떠난 사람들이 실망하며 다시 돌아오는 모습을 내심 기대하고 있다.

시간이 흘러도 "강정"으로 떠난 사람들은 돌아오지 않고, 그들에게서 '편지 한 장' 없다. 오히려 그의 어머니를 비롯한 가족들마저 "강정"으로 가자고 재차 권유한다. 결국, 나 역시 가족과 함께 '강정'으로 향하게 된다. 이처럼 시에서는 '강정'이 어떤 곳인지 어떠한 설명도 없다. 기대와 불안이 교차하는 미지未知의 공간 '강정'은 현실이나 자본주의적 가치와 다른 방식으로 존재하는 이질적 장소이다. 획일적 일상과 경쟁적 사회를 벗어나 휴식과 즐거움, 혹은 잃어버린 사랑과 희망이 있는 곳임을 유추할 수 있다.

그렇지만 사람들은 "강정"에서 기대했던 것만큼의 '해방감'이나 '충족감'을 느끼지 못하고 돌아올 수도 있다. 또한 다른 사람들이 가기 때문에 가야 한다는 어떤 대중적 희망에서 벗어나지 못한 채 현실을 수동적으로 살아갈 수도 있다. 주말을 기다리게 하는 "강정"은 시에서 일탈의 헤테로토피아로 기능하며, 자본주의적 가치와 현실의 모순에서 벗어나기 위한 휴식의 장소로써 일종의 공간적 환유이자 유희적 장소로 기능한다. 시적 주체는 그러면서도 우리가 갈망하는 '강정'은 어디에 있는가, 우리는 그곳에서 무엇을 찾고자 하는 것일까를 지속적으로 묻는다. 그것은 〈중앙〉과 다른 장소이자 변두리의 욕망으로 점철된 주변 공간으로 중심의 동질화 논리에 따라 재배치된 장소로서 현실에 이의를 제기하는 이질적 장소임을 시사한다.

장정일의 시에서 〈중앙〉은 타자화된 권력의 공간으로, 두려움과 동경의 대상이자 끊임없이 도달하려 하지만 도달하지 못하는 장소로 그려진다. 이처럼 '중앙'에 대한 양가적 인식은 주변부와 바깥 장소에 대한 열망으로 드러나며 그것이 '강정'이라는 장소를 통해 드러난다. 즉, 〈중앙〉과 '강정'은 서로 반대되는 위치에 놓인 두 개의 헤테로토피아이다. 〈중앙〉은 권력과 권위를 상징하며, 현실 속에서 통제의 기제로 작용하는 현실의 유토피아이다. 반면, '강정'은 이러한 현실의 구속에서 벗어나, 개인의 욕망과 자유를 실현하려는 공간으로써, 비현실적이지만 자율적인 유토피아적 공간이다. 두 장소는 각각 권력에 순응하거나 저항하는 이질적 장소로서 중심 이데올로기에 대한 저항적 장소로 기능한다.

이탈적 욕망과 길 헤맴의 '길안'

장정일의 시에서 '길안' 또한 '강정'과 마찬가지로 그의 고향과 직간접적으로 연결된 장소이다. '길안'은 시적 주체의 갈등과 위기감이 드러나고 예상치 못한 만남과 사건이 동시에 일어나는 복합적 장소이다. 근대의 산업화 과정에서 전통과 농경 문화와의 단절을 추구하는 장소이자, 중심 권력과 대척점에 있는 반중심적 공간이다. 탈중심적 장소인 '길안'은 중심 권력과 질서에서 벗어나 유토피아적 상상력으로 추적해 가는 이질적 공간이다. 도시가 '중앙'의 권력과 메커니즘에 따라 작동한다면, '길안'은 금기와 규범적 질서에 의문을 제기하는 장소로 현실의 이탈적 욕망으로부터 유토피아적 상상이 투사되는 공간이다.

   무엇보다 '길안'이 등장하는 시의 시적 주체들은 대체로 '무능'하며 어떤 '곤경'에 처한다. 그런 측면에서 '길안'은 외부 세계와 단절된 고립의 장소이다. 또한 주체의 특정한 조건이나 감정을 통해서만 접근할 수 있는 장소로 현실적 장소라기보다 내면적 공간을 상징한다고 추측할 수 있다. 이것은 무엇보다 1990년대 장정일 시의 시적 주체가 80년대의 치열한 투쟁과 저항의 경험을 바탕으로, 그 중심적 권력과 현실로부터 개방과 폐쇄적 태도를 동시에 취하며, '길 헤맴'의 과정을 되풀이하고 있기 때문이다.

   길안 10km. 길가에 선 도로 표지판은 옷 벗긴 마네킹같이 무표정하다. 버스는 달린다. 간이 정류소마다 기침하듯 멈추면서 버스는 달린다. 얼마나 달렸을까. 버스는. 길안사 방향. 이라고 쓰여진 흰 이정표 앞에 뽀얀 먼지를 털어내며 다시 멈추었다. 빠꼼히 승강문이 열리고. 등산복 차림의 두 남녀가 내려서고, 호로롱, 버스는 저 혼자 달렸다. (중략)

길안사는 어디 있나. 갈림길에서 내리면 금방이라던 길안사가 뵈지 않는다. 분명 저 산길과 바위로 덮인 계곡 속에 법어가 있고 각오가 있을텐데. 남과 녀는 많은 시간을 걸었고 발가락이 부르텄는데 새끼발가락이 없습니다. 이게 무슨 심보인가. 길안사는 머리카락을 꼭꼭 숨겨버린 것 같습니다. (중략) 빌어도 길안사 보이지 않는다. 제길, 버림받은 기분이다. 아니면 정성이 부족한 탓일까? 혹은, 진여란 아무에게나 모습을 드러내지 않는단 뜻일까?

약간의 식료품과 약간의 의약품들. 그리고 트랜지스터 라디오, 화투장, 옷가지 등속을 잔뜩 처넣은 배낭을 다시 메고 두 사람은 왔던 길로 되돌아온다. 추방인가? 공해와 소음과 범죄뿐인 땅으로? 발도 디뎌 보지 못한 길안사에 불칼이 서 있을 것 같은 생각이 든다. 왠지 억울한 생각이 마구 든다. 차아리 사랑을 배웠다는 생각도 든다. 그러던 어느새 두 사람은, 길안사 방향, 이라고 써갈긴 하얀 이정표 앞에 다시 섰다. 그러자 길 끝에서 버스가 달려온다.

―「길 잃은 사람들」 부분

이 시는 시집 『길안에서 택시 잡기』에 수록된 작품으로, 시집에서 '길안'이라는 지명이 처음 등장하는 시이다. 두 남녀는

'길안사'에 가기 위해 '길안'에서 내리지만, '길안사'를 쉽게 찾지 못한다. 시에 나오는 '길안사'는 사찰일 것으로 추측된다. 각박한 도시와 현실적 고민에서 벗어나 그들이 찾는 '길안사'는 어쩌면 현실의 유토피아의 공간일지도 모른다.

무엇보다 시에서 드러나는 '길안'의 불확실성은 이 시의 중요한 특징이다. '길안 10km'라는 표지판은 목적지의 위치를 알려주지만, 갈림길에서 내린 후 아무리 찾아도 '길안사'를 찾지 못한다. 등산복을 입은 남녀는 "분명 저 산길과 바위로 덮인 계곡 속에 법어와 각오가 있을 텐데"라고 기대하지만, 마치 "머리카락을 꼭꼭 숨겨버린 것"처럼 눈앞에 나타나지 않는다. 그런 측면에서 '길안사'는 현실의 도피처이자 정신적 구원의 장소로 상상되지만, 그 실체가 모호하다.

이러한 헤맴 속에서 남녀의 이탈 욕망이 더욱 부각된다. 즉 시의 제목이기도 한 '길 잃은 사람들'은 어쩌면 현실에서 '길'을 잃었던 사람들로서 '길안사' 또한 찾지 못하고 헤매고 있음을 강조한다. 결국 도시의 "목 아픈 공해와 귀가 먹먹한 소음들 그리고 시시각각 쏟아지던 어두운 범죄"에서 벗어나려고 했던 그들은 '길안사' 찾기를 포기한다. 즉 "빌어도 길안사 보이지 않는다. 제길, 버림받은 기분이다. 아니면 정성이 부족한 탓일까? 혹은, 진여란 아무에게나 모습을 드러내지 않는단 뜻일까?"라는 이들의 독백은 '길안사'에 대한 접근이 더 이상 계속될 수 없음을 확인시킨다. 그러나 '길안사'를 찾지 못한 실패는 단순한 좌절에 머물지 않고, 오히려 "차라리 사랑을 배웠다"며 그것에 대한 좌절을 새로운 의미의 관계망으로 확장하며 역설적 희망을 드러낸다.

> 길안에 살았기에 길안이라 불리운 사나이/ 그는 꼭 두새벽부터 해지도록 산비탈을 갈았네/ 해지면 발 씻고 애비가 남긴 라디오를 들었네/ 발 아래 산 밑 동네는 밤새도록 꺼지지 않는 도깨비불/ 그는 저기서부터 소리가 오나 보다 상상했네/ 그는 라디오에서 들려오는 말을 모조리 경청했네/ 특히 그 짧은 노래는 그에게 많은 것을 생각캐 했네// 인생은 슬프게 살기에는 너무 짧아/ 젊음은 어둡게 살기에는 너무 눈부셔/ 뉴망 뉴망과 함께 불란서 불란서풍 캐쥬얼 뉴망// 뉴망을 찾아서 그는 산을 하산했네/ 뉴망과 함께 그는 마을로 내려갔네/ 산 위에서 내려본 바보는 억척같이 일한 끝에/ 불란서풍 캐쥬얼을 몸에 걸치게 됐네/ 그 사이 그의 젊음도 삶도 그럭저럭 지나갔고/ 도깨비불 속에 떠도는 한 점 반딧불 되어 그는/ 따스한 불빛 하나 뵈지 않는 길안을 바라봤네
>
> —「산 위에서 내려본 바보」 전문

위 시에서는 '길안'이라는 공간과 '길안'으로 불리는 사나이가 동시에 등장한다. 밤에는 "꺼지지 않는 도깨비불"이 주변을 밝히는 '길안'은 외부 세계와 차단된 은폐성과 개방성을 동시에 갖는 장소이자, 현실의 부조리와 고립에 대한 은유적 공간이다. 이러한 '길안'에서 '꼭두새벽부터 해지도록 산비탈을 갈았다'는 진술을 통해 그곳이 도시의 노동과 생존적 현실에서 벗어난 독립된 장소이거나 자신의 내면을 지극히 대면하는 독자적 공간임을 암시한다.

라디오에서 흘러나오는 미지의 노래와 '뉴망'은 현실을 벗어난 이상향을 그리게 하는데, 자본주의적 소비문화와 연결되며 이상적 공간을 꿈꾸게 한다. 하지만 '뉴망'은 인간성 상실과 소외를 상징하며, 현실로부터의 탈출을 오히려 부추기는 구조적 모순을 드러낸다. 이는 현대 사회의 탈주와 방황, 정체성 탐색에 대한 주체의 혼란과 길 헤맴이라는 상징적 의미를 확장시킨다.

결국 '길안'은 현실과의 괴리와 소외, 좌절이 지배하는 공간이다. '그'는 산에서 내려가려고 '탈출'을 시도하며 일시적 해방을 꿈꾸지만, '불란서풍 캐쥬얼'만 남기고 실패하고 만다. 계속되는 소외와 고립의 장소는 결국 '목적 없는 헤맴'이 되풀이된다. 삶은 '그럭저럭 지나가고' 그는 '따스한 불빛 하나 보이지 않는' 거대한 암흑 속에 남게 된다. 이러한 과정에서 드러나는 '길안'은 현대인의 정체성 혼란과 소외를 암시하며 탈주의 무의미함을 은유하는 공간이다. 이는 현실과 존재의 고립을 동시에 상징하는 문학적 공간으로 재해석될 수도 있을 것이다.

> 오지 않는 택시는 머리 속에 든 택시./ 머리 속의 택시가 밖으로 튀어나오려는 듯/ 그의 이마에 주름살이 잡혀도 택시는 오지 않고/ 얼마만한 시간이 흘렀을까/ 검은 슈트케이스를 든 채 하염없이 기다리고 있던/ 여행자는. 등에 짊어진 지게를 잠시 내려놓고/ 곰방대를 피우는 길안의 농부를 본다. 그 농부가 말했다/ 무얼 기다리는지 모르겠지만 그 무거워 보이는 가방은/ 내려놓구 기다리시우.// 아닙니다. 택시는 언제 너는 순간 내 앞에 이를지 모르고/ 나는 그 순간을 준배해야 합니다. 희망은/ 무거운 짐이며, 무거운 가방을 들고 기다릴 때의/ 어깨 아픈 고통입니다. 우리는 무겁지만 그것이 희망/ 이기 때문에 결코 내려 놓는 법이 없답니다./ 여행자의 어깨는 그가 역설하는 도중에도 자꾸/ 오른쪽을 찌뿌뚱해졌다.
>
> — 「가방을 든 남자」 부분

인간은 곤경에 처하였을 때, 자신의 가장 높았던 때로 다시 돌아가고 싶어한다. 인간은 자신의 희망을 미래에 걸 수 없을 때, 과거로 돌아가 모든 것을 처음부터 다시 시작하길 원한다.// 파리, 텍사스가 단순한 지명이 아니고 곤경에 빠진 현대인이 되돌아가고 싶어하는 '좋았던 한 시절'을 의미할 때. 파리, 텍사스라는 특정 지명은 무의미해진다. 그곳이 프랑스 파리면 어떻고 경북 길안이면 어떠랴. 어차피 파리, 텍사스는 에덴동산이거나 무릉도원이거나 유토피아의 또 다른 이름일 것이다./ 이 영화를 처음 보았을 때, 이 영화가 「잃어버린 지평선」처럼 유토피아를 찾아가는 영화인 줄 알았으나 차츰 나는 이 영화가 「1984」, 「훌륭한 신세계」 따위의 현대 문학이 충분히 보여준 디스토피아를 다시 설명하고 있다는 것을 깨달았다.

-「슬픔」 부분

「가방을 든 남자」에서의 시적 주체는 '길안'에서 정처없이 걷다가 길에서 '택시'를 잡으려고 한다. '무거운 짐'을 짊어진 채 '언제 택시가 올지' 모르는 초조함 속에 있다. '길 헤맴'은 물리적 장소로서의 '길 헤맴'이며 동시에 근원적 방황으로서의 내면적 '길 헤맴'을 동시에 상징한다고 볼 수 있다. 무엇보다 '가방'은 '무거운 짐'이지만 그것은 희망의 무게이고, 그렇기 때문에 결코 내려놓을 수 없음을 역설적으로 보여준다. "가방을 내려놓고 기다리라"는 농부의 말은 이러한 기다림과 이탈의 무게를 다시 상기시킨다. 이처럼 시적 주체의 내면적 긴장과 희망, 고통이 교차하는 '길안'은 인간 존재의 본질적 고뇌와 기대가 공존하는 곳으로, 탈주와 방황이라는 주제를 심리적·공간적 차원으로 확장시켜 준다.

「슬픔」은 장정일이 영화 〈파리, 텍사스〉를 보고, 한 매체에 게재한 감상문이라고 언급하며 시작한다. 1984년 칸 영화제 대상작인 빔 벤더스 감독의 이 영화는 인간이 현실에서 찾고자 하는 유토피아의 희망과 좌절을 구체적으로 드러내고 있다. 영화는 첫 장면에서부터 결국 인간이 이 현실을 살다가 마지막에 가는 곳이 '황폐한 황야'이며, 디스토피아적 현실에 놓여있는 주인공 트레비스가 쓰러진 바로 그곳이라고 말한다.

"파리, 텍사스가 단순한 지명이 아니고 곤경에 빠진 현대인이 되돌아가고 싶어하는 '좋았던 한 시절'을 의미할 때"라는 진술에서는 특정 장소의 의미보다 그 장소가 지닌 기억에 더 의미를 두고 있음을 알 수 있다. "경북 길안"이든 "에덴동산"이나 "무릉도원"이든 결국 곤경에 빠진 주체가 다시 돌아가고 싶은 절실한 장소, 희망적 공간이 주체의 현실에 존재하는가가 중요하다는 의미이다. 이런 점을 고려할 때, '길안'은 실현 불가능한 유토피아와 실존적 고립이 공존하는 장소로 희망과 좌절 속에서 탈주를 반복하는 '길 헤맴'의 헤테로토피아적 장소이다.

이처럼 장정일의 시에서 '길안'은 지리적 공간을 넘어, 현대인들이 경험하는 정체성 혼란과 탈주 욕망, 희망과 무상함이 교차하는 장소이자 동시에 내면의 상징적 공간이었다. '길 헤맴'은 '〈중심〉'에서의 이탈적 욕망과 권력에 대한 두려움과 회의를 동시에 드러낸다. 이것은 불안과 동시에 저항과 자유의 가능성을 실현하는 장소로 기능한다.[18] 즉 인간 내면의 방황과 절망 그리고 저항의 공간이자, 권력과 담론이 교차하는 실제적 헤테로토피아로서, 현대인의 존재와 정체성을 탐색하는 복합적 공간으로 그 의미를 확장할 수 있을 것이다.

*

1990년대는 새로운 미디어 환경과 인터넷의 발달로 대중문화가 일상생활에 본격적으로 자리 잡음으로써, 공간적 상징과 의미 체계가 급격히 변화된 시기였다. 동시에, 동구권 사회주의의 몰락으로 인한 이념의 공백은 소비자본주의로 빠르게 대체되었으며, 이와 함께 기존의 사회적 공간들이 확장되고 재편되는 과정이 이루어졌다. 80년대 시는 계급, 민족, 민주주의, 통

---

[18] 장정일은 푸코의 '헤테로토피아' 개념을 빌려, 무라카미 류의 소설 속 인물들이 강고한 주류 사회의 틈새를 뚫고 나와, 기존 사회 관습과 권력 그리고 도덕이 통용되지 않는 해방구를 추구한다고 보았다. 이를 통해, '헤테로토피아'가 사회적 통제와 이념적 억압에서 벗어나 개인과 집단이 자율적 공간에서 저항과 자유를 실현할 수 있는 시공간적 장을 의미한다고 분석했다.(장정일, 「현실에 대한 완벽한 자기 부인과 '헤테로토피아'」, 『한없이 투명에 가까운 블루』, 이상북스, 2014, 206-207쪽)

일과 같은 공동체적 주체와 이념이 시의 사회·정치적 상상력을 주도하였다. 그러나 90년대 시는 이러한 공동체적 이념에서 벗어나 개인, 신세대, 대중과 같은 새로운 주체들이 '자본', '소비', '욕망', '신체' 등 미시적 문제와 밀접하게 연계되면서, 더 개인적이고 내면 중심의 방향으로 변화하였다. 무엇보다 사회 공동체적 단위에서 벗어나 개인의 욕망을 중시하는 자율적 주체의식 확립이 중요하게 부각되기 시작하였다.

유하와 장정일 시에 드러나는 '헤테로토피아'는 1990년대 한국 사회의 급격한 변동과 그에 따른 주체의 내면적 복잡성이 잘 드러난다. 두 시인은 복잡하고 다층적인 시대에 대항하여 탈근대적 공간을 시적 담론 속에 적극 수용하였고, 스스로의 체험이 반영된 이러한 이질적 공간의 성격과 의미에 각기 다른 차별성을 보이고 있다.

유하의 시는 '압구정동', '경마장', '세운상가' 등 자본주의적 욕망이 투사된 공간에서 비롯되는 환멸과 소외 현상에 주목하였다. 이러한 공간들은 소비문화의 이면에서 발생하는 정체성의 불안과 가치관의 혼란을 감각적으로 드러내며, 현대 사회의 물질주의적 경향이 개인에게 미치는 영향을 예리하게 짚어내고자 했다. 물질적 풍요와 소비사회의 허상을 비판적으로 조명하며 자본주의 사회에서 개인들이 겪는 욕망의 굴레와 현대 사회의 또 다른 이면을 드러내는 데 주력하였다.

반면 장정일의 시는 기존의 가치관과 억압적인 사회 분위기에 저항하며, 소외된 개인들의 욕망과 자유로운 상상력을 옹호하는 탈중심적인 시세계를 구축하였다. 그는 '중심-주변'의 이분법적 구도를 해체하고 주변부의 목소리에 귀 기울임으로써 억압적이고 획일적인 사회 분위기에 저항하였다. 그런 측면에서 '〈중앙〉'과 '강정'은 중심과 주변의 서로 반대편에 위치한 두 개의 헤테로토피아이다. '〈중앙〉'은 현실 속의 권력 지향적 유토피아라면, '강정'은 현실 밖에서 자신의 욕망과 자유를 위한 반이데올로기의 유토피아였다.

이들은 복잡하고 다층적인 시대에 대응하여, 탈근대적 공간을 시적 담론 내에 적극적으로 수용하였다. 각각의 헤테로토피아적 공간은 그 성격과 의미에 차별성을 보이지만, 기존 권위와 규범에 저항하며, 새로운 존재 방식과 주체성을 형성하는데 핵심적인 역할을 수행하였다. 이것은 이후 사회·문화적 담론의 전개뿐 아니라 시의 주체성과 공간성을 어떠한 방식으로 사유하고 형상화했는지에 관한 기존 논의를 확장할 수 있을 것으로 기대한다.

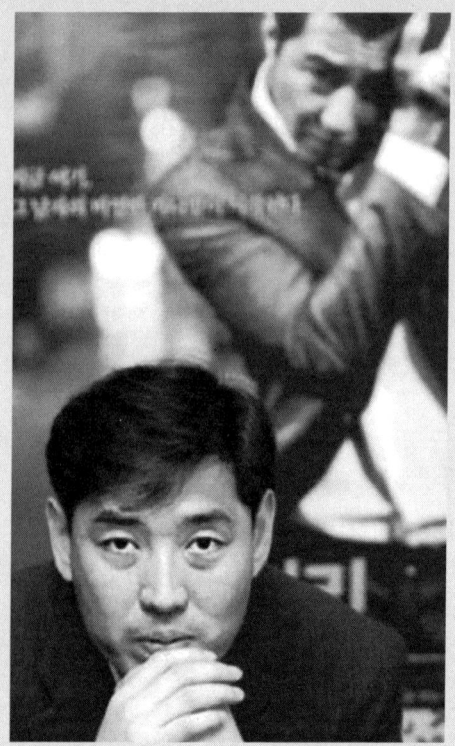

한때 '바람부는 날이면 압구정동에 가야 한다'고 말하던
유하 시인

바람이 분다 이곳에 오라
바람이 분다 이곳에 오라
바람이 불지 않는다 그래도 이곳에 오라
— 「바람 부는 날이면 압구정동에 가야한다2」 부분

(https://insight0navigator.tistory.com/138)

이제 어디를 가나 아리바바의 참깨/ 주문 없이도 저절로 열리는/ 자동문 세상이다/ 언제나 문 앞에 서기만 하면/ 어디선가 전자 감응 장치의 음흉한 혀끝이/ 날름날름 우리의 몸을 핥는다 순간/ 스르르 문이 열리고 스르르 우리들은 들어간다 (중략)/ 그,/ 어떤,/ 문 앞에서는,/ 키위키위 울고만 있을 것이다

- 「자동문 앞에서」 부분

(한겨레 신문, 2015. 1. 22. 박수진 기자)

『햄버거의 명상』으로 '제7회 김수영 문학상'을 수상한 장정일 시인

오늘 내가 해 보일 명상은 햄버거를 만드는 일이다
아무나 손쉽게, 많은 재료를 들이지 않고 간단히 만들 수 있는 명상
어쩌자고 우리가 〈햄버거를 만들어 먹는 족속〉 가운데서
빠질 수 있겠는가?
자, 나와 함께 햄버거에 대한 명상을 행하자
    -「햄버거에 대한 명상 – 가정요리서에 쓸 수 있게 만들어진 시」 부분

(국민일보. 2019. 8. 2. 박지훈 기자)

쓰기를 다시 멈춘다. 너무 딱딱하지 않은가? 모든 문장이, 다.
로 끝나는 것이 이상하게도 번역투의
냄새를 풍긴다. 그렇지 않아도
나는 그런 지적을 많이 듣지 않았는가?
쓰던 종이를 빼어 구기고, 한 장의 종이를 다시 끼웠다. 나는 쓴다

- 길안에 갔다.
- 길안에 택시가 보이지 않는다.

- 「길안에서 택시잡기」 부분

(연합뉴스, 2006. 2. 7.)

허수경 시에 드러나는 트랜스로컬리티로서의 '고향'의 변모 양상과 서발턴

고향은 인간의 삶의 본질을 구성하고 자아의식을 지배하는 장소이다. 한 시인에게는 내면 의식과 시세계의 토대가 되는 곳으로 자기 삶의 이야기를 시작하는 출발점이기도 하다. 그것은 유일무이한 장소적 고향으로부터 글로벌 지구촌 시대의 현실에서 모색하는 새로운 고향을 모두 아우르는 개념이다. 그러므로 지리적 장소인 동시에 정신적·사상적 공간으로서의 이 고향은 많은 변화들 속에 살아남을 수도 있지만 잊히거나 사라지는 장소가 될 수도 있다. 공간적 위기 상황으로서의 고향 상실 속에 있는 현대의 개인은 자신이 거주할 장소를 잃어버림으로써 정체성의 혼란을 가져온다. 때문에 고향은 일정한 장소를 차지하면서도 기존의 장소들과 '절대적으로 다른' 헤테로토피아로 폐쇄적인 동시에 개방적인 장소이다. 즉 물리적인 장소로서는 누구에게나 개방되어 있지만, 그것이 기억이라는 이질적인 시간 안에서는 특정한 이들에게만 개방되는 공간이다.

허수경 시인(1968-2018)

현대의 이 '고향'이라는 헤테로토피아는 유동적이며 불확실한 특성을 가지며, 시대와 사회의 변화에 따라 정서적으로 재현되거나 인간의 내면에 다양한 의미로 부각된다. '없는 공간으로서의 유토피아'와 '다른 장소로서의 헤테로토피아'는 저항과 대안의 공간으로 열림과 닫힘의 특성을 동시에 보이며 양립 불가능한 복수의 공간을 하나의 장소에 구현한다. 또한 '다른 공간'으로서의 헤테로토피아는 일상과는 다른 욕망과 질서, 가치와 경험이 부여되는 곳으로 시대 현실과 긴밀하게 연동되어 움직이는 정치적이고 이데올로기적인 장소이다.

무엇보다 이러한 이질적 장소는 주체를 배제하고는 생각할 수 없는 장소로서 '고향'이라는 헤테로토피아가 다른 장소와 구별되게 하는 것 중의 하나가 그 장소의 구성원들일 것이다. 허수경의 시에서 이 '고향'이라는 헤테로토피아를 구성하고 있는 이들은 '몫 없고' 이름 없는 주체들로서 혼종적이고 유목민적인 서발턴들이다.

　이러한 서발턴은 경제뿐 아니라 인종이나 성 그리고 종교와 같이 다양한 영역으로 확장되어 나타난다. 그들은 차별과 불평등 그리고 이질적 정체성을 기반으로 식민 담론이 구성하는 권력이나 자본의 역사에서 배제되는 등 언제나 지배 계급에 종속되어 왔다. 허수경 시에 드러나는 농민이나 하층계급 그리고 고향을 떠난 도시 빈민들이나 난민과 같은 서발턴은 공적 영역이나 지배 계급의 장소에서 배제된 채 헤테로토피아적 장소로 밀려날 수밖에 없었다. 때문에 그들은 정상이 아닌 비정상, 다수가 아닌 소수이고 주류가 아닌 비주류에 속하는 '다름'의 존재들로 열악한 환경에서 착취와 억압, 차별과 배제 등 복합적인 문제들을 껴안고 있었다. 그럼에도 서발턴들은 자신들의 권리를 주장할 수도, 그것을 표현할 능력 또한 없기 때문에 주변부를 떠돌 수밖에 없었다.

　가야트리 스피박은 이런 서발턴의 목소리는 지배 권력이나 담론에 의해 더욱 은폐되거나 왜곡되어 진정한 목소리를 낼 수 없으므로 종속적 위치에 있을 수밖에 없다고 설명했다. 나아가 여성과 노동자, 이미지나 난민 등 비극적 삶이나 현실에 빠진 이들을 포괄하는 개념으로 이 서발턴의 의미나 범위를 더 확대

하여 설명하였다.[1]

서발턴이 지닌 복합적이고 혼종적인 정체성은 헤테로토피아적 장소와 긴밀하게 연관되어 있다. 장소가 그곳을 구성하고 있는 주체의 시선과 밀접하다면 예측하거나 규정할 수 없는 서발턴의 정체성은 현실에 이의를 제기하는 혼종적 공간이자 경계의 장소인 헤테로토피아에서 더 극명하게 드러난다고 볼 수 있다. 서발턴들이 자기 계급의 모순을 인식하며 스스로의 목소리로 지배 계급에 대항해야 하듯이 헤테로토피아 또한 통제와 억압에 저항하는 반反장소로서 시대 현실에 이의를 제기하는 장소 밖의 장소이기 때문이다.

'사라지는 모든 것들은 그냥 사라지지 않는다'고 한 허수경

---

[1] 서발턴subaltern이란 개념을 처음으로 쓴 이는 이탈리아의 안토니오 그람시 Antonio Gramsci(1891-1937)이다. 그는 『옥중수고』에서 이 서발턴은 한 사회의 헤게모니 집단에서 벗어난 종속집단을 이르는 말로 이탈리아 남부의 조직되지 않은 시골 농민집단을 지칭하였지만 그들은 사회적, 정치적 의식이 없었다. 이후, 이 개념이 더 넓게 사용하게 된 것은 1980년대 초 인도 역사학자인 라나지트 구하에 의해 설립된 '서발턴 연구 집단'에 의해서였다. 그는 '서발턴 계급들'을 피지배계급인 '민중'과 동의어로 사용하며 '엘리트'와 대립시켰다. 무엇보다 이 연구 집단의 핵심 인물 가운데 스피박Gayatri Spivak은 기존의 틀에서 더 나아가 서발턴을 하나의 정체성으로 규정하기 보다는 지배담론의 재현 체계로는 환원 불가능한 바깥에 위치하는 사람들로 그들의 '이질성'과 '혼종성'을 강조하였다. 이처럼 스피박이 주목하는 하위 주체는 인종이나 성 그리고 계급과 식민성이라는 여러 층위를 다중적으로 담고 있지만 한 정체성으로는 정리될 수 없는 주체를 의미한다. 대체적으로 원주민 하위 주체, 도시 하층-프롤레타리아, 조직력 없는 농부들이 이에 속한다고 할 수 있다. 그중에서도 대표적인 예라 할 수 있는 주체로 제3세계 피식민지의 경제 능력을 가지지 못하는 여성들을 들었다.(가야트리 스피박 외, 『서발턴은 말할 수 있는가?』, 그린비, 2013)

²이 '고향'과 '타향' 그리고 '글로벌 의 새 고향'이라는 헤테로토피아의 변모를 겪으며 먼 타국에서 모국어로 시를 썼던 것은 상실과 분열된 삶을 통한 서발턴으로서의 말하기를 의미한다. 그가 태어난 고향을 떠나 새로운 고향을 찾아 떠돈 것은 인간들의 도시뿐만 아니라 이 지상 어디에도 영원히 거처할 수 있는 곳은 없다는 노마드적 인식에 닿아있는 것이다. 나아가 그것은 지나간 과거와 현재 그리고 미래라는 역사의 시간 속에서 고통받고 억압받는 서발턴에 대한 공감과 연대의 시적 사유에서 비롯된 것이라 할 수 있다.

허수경은 떠나온 고향으로 다시 돌아가지도, 새로운 고향에 정착하지만 안주하지도 못하는 디아스포라적 삶에서 스스로 서발턴으로 살았다. 이런 허수경의 시세계는 '고향'이라는 장소를 새롭게 설정하고 그 장소에서 드러나는 주체들의 새로운 시선에 대한 고찰이 필요하다. 무엇보다 그것은 허수경이 다섯 번

---

2   1987년 〈실천문학〉으로 등단한 허수경은 첫 시집 『슬픔만한 거름이 어디 있으랴』에서 '싸움이 많은 고된 땅'에서 오직 '살아 있음으로만 증거할' 비극적인 역사의식과 시대 감각을 녹여냈으며, 두 번째 시집 『혼자 가는 먼 집』을 통해서는 자본주의에 비판과 도시에 대한 경멸을 모성적 시선으로 드러내었다. 독일로 건너간 뒤 펴낸 세 번째 시집 『내 영혼은 오래 되었으나』에서는 방랑하는 이방인의 모국어에 대한 그리움을, 『청동의 시간 감자의 시간』에서는 反전쟁시로서의 고고학적 상상력을 펼치고 있다. 그 이후 『빌어먹을, 차가운 심장』과 『누구도 기억하지 않는 역에서』에서는 현생 이전과 이후 시간까지 함께 상상하며 고독과 쓸쓸함의 정서가 짙게 드리워지는 독보적인 시세계를 형성하고 있다.

째 시집 출간을 위해 한국을 방문하며 '고향'에 대한 자신의 오랜 생각을 드러내었기 때문이기도 하다.

> 고향이 낯설어지는 순간은 문학하는 사람에게 중요한 순간이에요. 자신의 뿌리를 낯설게 보는 일이기 때문에, 지금 저에게 고향은 세계에서 가장 낯선 곳 중 하나죠. 자신이 가진 것들을 깨버리고 충격과 접한다는 점에서 다른 곳에서 사는 일은 좋은 것 같아요. 한 인간의 마음속에는 자신이라는 게 하나만 존재하지 않거든요. 낯선 곳에 사는 일은 전혀 몰랐던 자기 자신을 발견하는 일이기도 해요.[3]

> 십여년 만에 고향을 찾은 적이 있었다. 그곳은 내가 아는 그곳이 아니었다. 십여년 동안 나는 나대로 내 고향은 고향대로 지구의 한 장소로 각기 제 시간을 살고 있었다. 내가 뜨악하게 새로 난 거리라든가 사라진 집들이라든가 알록달록하게 새로 단장한 역사적 건물이라든가를 바라볼 때 십여년 전보다 더 늙고 자기연민은 더 많아진 한 여자를 내 고향이라는 장소도 뜨악하게 바라보지는 않았을까. 그곳에는 나는 더 이상 없었고

---

[3] 허수경, 『모래도시를 찾아서』, 188~189쪽.

> 내 내면에는 그곳이 없었다. 다만 나에게는 그곳의 옛 표정만이 있을 뿐이었다.[4]

고향에 대한 낯섦은 자신의 뿌리에 대한 낯섦이고 오랜만에 찾은 고향이 시인에게는 세상에서 낯선 장소 중의 하나가 되어 버렸다. 그럼에도 이 고향은 자신의 내면에 존재하는 또 다른 자아를 발견하는 장소인 동시에 개별적인 상황을 넘어 언제나 사회적이며 상징적 의미로 작동한다. 한 인간의 내면에는 하나의 자아만 존재하는 것이 아니듯 고향 또한 마찬가지여서 시인은 여러 고향에 존재하는 자신의 또 다른 자아와 낯설게 조우하며 시를 쓴다.

이처럼 허수경 시의 '고향'이라는 헤테로토피아는 뿌리뽑힌 채 소외되어 살아가는 이름 없는 서발턴들의 근원에 대한 조망과 의미들을 함축하고 있다. 시를 쓰는 마음은 '한 사람의 시간과 공간을 붙들고 있는 것이고 그 사건을 공감하는 것[5]이라고 했던 허수경은 이 '고향'이라는 헤테로토피아를 통해 성과 계급 그리고 지역이나 세대의 이념적 경계를 넘어 이질적이고 혼종적인 정체성이 서발턴으로서 경험하고 연대한다. 그런 점에서

---

4 허수경, 「장소도 떠날 수 있다」, 『오늘의 착각』, 난다, 2020, 79-80쪽.
5 허수경, 『가기 전에 쓰는 글들』, 난다, 2019, 299쪽.

허수경 시의 '고향'은 현실 속의 또 다른 장소로서 떠나야 하는 공간이 아니라 또 다른 현실 속으로 적극 개입해 들어가야 할 장소이다. 그 때문에 고정된 곳으로부터 떠나가는 방식이자 언제나 낯설고 새로운 이질혼효적인 장소이다.

  이 글에서는 허수경 시에 드러나는 '고향'이라는 헤테로토피아의 변모 과정과 그 장소에서 드러나는 서발턴의 특징들을 고찰하였다. 그의 시에는 '고향-타향-글로벌이라는 새 고향'으로 이어지는 장소 변화의 궤적을 거치며 이처럼 '몫 없는 자들'의 다양한 목소리가 생생하게 드러나기 때문이다. 이를 통해 서발턴들이 '부정'이나 '욕망과 단절' 그리고 '연민'의 헤테로토피아로 변모하는 고향을 통해 현실의 다층적 희망과 절망에 대한 이중적이고 모순적인 감정을 잘 드러내고 있음을 확인할 수 있을 것이다. 또한 트랜스-로컬리티trans-locality[6]로서의 '고향'이라

---

[6] 트랜스-로컬리티**trans-locality**는 공간과 장소 구성의 변화양상을 잘 드러내는 용어이자 현상이다. 트랜스**trans**는 경계에 대한 재고이자 경계 넘기의 새로운 방식이고, 로컬리티**locality**는 국민국가의 상대화와 공간 스케일의 중층적 재구성을 의미한다. 따라서 트랜스 로컬리티는 근대 혹은 근대성**modernity**에 대한 새로운 성찰을 기반으로 현실 사회 구성과 관련된 대안으로서의 새로운 공간과 장소에 대한 가능성을 함축하고 있다. 중심-주변, 지배-피지배, 여성-남성, 차이성-동질성 등의 현상을 새롭게 보고 그 경계의 새로운 변화를 수반하는 글로벌화를 의미한다. 여기서 '글로벌화'는 다양한 배타적 경계를 넘나드는 물자와 사람의 이동을 통해 증가·확산시킴으로써 경계에 대한 새로운 인식과 의미 부여의 계기를 제공한다. 즉 경계가 장벽이 아닌 통로로, 경계가 변방이 아닌 교류지대로 기존 인식적 경계를 해체하려는 것으로 복수문화, 혼종의 문화와 관련된다. 그러므로 트랜스-로컬리티는 현실에 기반을 둔 다양한 경계를 넘나드는 유동성 또는 이동성이 그 특징이다.

는 헤테로토피아와 서발턴의 관계는 허수경 시의 '고향'에 대한 기존 논의에서 충분히 해명되지 않았던 글로벌과 탈경계에 대한 의문들을 구체적으로 밝힐 수 있을 것이다.

고향 '진주' – 저항의 헤테로토피아와 이름 없는 주체들

허수경은 천 년이라는 세월을 지탱하고 있는 고향 '진주'에 대한 기억은 남강으로부터 시작하며, 강이 흐르는 한 고향 진주는 자신의 기억 속에 영원히 존재할 것이라고 하였다. 그의 문학적 토대가 되었던 고향 진주는 1923년 백정들이 차별과 관습으로 묶여 있던 신분제를 폐지하고, 모든 사람이 차별 없이 연대하고 꿈꿀 수 있는 사회를 위해 우리나라 최초의 인권운동이 일어난 곳이다. 또한 기생 논개뿐 아니라 최초로 농민항쟁이 발발하여 동학 농민운동의 도화선이 된 곳이기도 하다. 농민들의 반란이나 기생과 백정들의 봉기는 양반들의 수탈과 횡포 그리고 인권유린과 같은 차별적 세상에 대한 서발턴들의 부정 의식을 기반으로 한 현실적 대응을 의미한다.

이러한 역사적 사건으로 미루어 알 수 있듯이 허수경에게 고향 진주는 변방의 도시로 이름 없는 주체인 서발턴들이 현실의 부패한 질서나 부당한 현실에 이의를 제기하는 저항의 장소였다. '한반도 현대사 아픔의 한 귀퉁이에 따로 서'(「국립 경상대학교」)서 오래도록 지워지지 않는 슬픈 상처와 모순을 기억하는 반反역사의 장소이다. 이처럼 허수경은 자신의 경험과 기억 속에 있는 고향의 이질적 장소들을 부정의 헤테로토피아 공간으로 시에 재구성하고 있다.[7]

> 심줄 굵은 아낙들의 팔목에는
> 개화 이후 이 나라 온갖 수난사가
> 강물 탯줄 실려 흘러가고 있을 뿐입니다
> 참아 더 이상 못 참는 날에도
> 소리 죽여 흐느끼며 가고 있을 뿐입니다
>
> 이 눈물 속에
> 개화기 이후 이 나라 굵은 산맥들이
> 아늑하게 깃을 치며 살아갑니다
>
> ―「남강시편 3」 부분

---

[7] 허수경이 고향 진주를 배경으로 해 쓴 시는 「남강시편 1~4」, 「진주 아리랑」, 「진주 저물녘」, 「국립 경상대학교」, 「불귀」, 「상처의 실개천엔 저녁 해가 빠지고」, 「대평 무밭」, 「등불 너머」, 「가을 벌초」, 「항구마을」, 「대구 저녁국」, 「가을 물 가을 불」, 「달 내음」, 「내 마을 저자에는 주단집, 포목집, 바느질집이 있고」, 「고향」, 「어느 눈 덮인 마을에 추운 아이 하나가」 등이 대표적이다.

반타작 보상금 괴춤에 지니고 전대에 곡식 씨앗 챙기고
근대화에 밀려 윗대 어른 누운 터도 건사 못한 죄인들이
새벽참 저분대며 쑥대머리 길갈이하고 난 뒤
귀곡동은 잠기고 남강댐이 솟아올랐습니다
남강 들머리는 사백 육십 리라지요
죄인들은 천리길을 걸어 어느 도시 변두리에 살고 있습니다
지금까지

- 「남강시편 5」 부분

위 시편들에서 차별과 억압의 "온갖 수난사가 강물 탯줄에 실려 흘러가"는 남강을 보며 양반들의 강압적 수탈과 부정적 현실에 대응하지 못하고 "소리 죽여 흐끼"고 있는 이들은 남강의 물결 따라 그곳에 뿌리를 내리며 살아가는 서발턴들이다. 세금을 내지 못해 "죄인"이 된 그들이 남강 들머리 "사백 육십 리" 천리길을 걸어 모여 들었던 곳. 그 "남강 주변"의 삶들은 식민지와 제국주의 수탈의 세월과 상처들을 고스란히 떠안고 있다. 억압과 착취를 당하면서도 그 현실을 설명하거나 저항하지 못하고 스스로를 '죄인'이라 말하는 서발턴들이 모여 살고 있는 장소가 바로 근대화에 밀려난 도시 변두리나 수몰된 "남강댐" 주변의 훼손된 피난처로서의 헤테로토피아이다.

첫 시집에 실린 5편의 '남강시편'에 드러나는 이 '남강'은 허

수경이 태어나고 자란 진주의 중심부를 흐르는 강으로써 어떤 상징성을 지니고 있다. 그는 "지금도 이 세계 곳곳에서 날뛰고 있는 폭력이나 대항할 수 없는 인간과 동물 그리고 식물에게 가해지는 폭력을 보면"(「나의 도시, 당신의 풍경」) 그 강의 모래밭을 떠오른다고 했다. 그에게 남강은
그 옛날 유괴범에게 살해되어 모래사장에 묻힌 같은 학교 상급생 아이의 주검을 봤던 곳이고 초경이 있던 날 피가 흐르는 두려움 때문에 집으로 가지 못하고 혼자 주저앉아 울던 장소였다. 이처럼 남강은 자신의 생애에서 가장 무섭고 가장 외로우며 가장 은밀했던 순간들이 공존하는 이질적 장소이자 부정적 장소이다. (「강과 도시, 남강의 기억」) 그러므로 그 강은 유년의 기억들이 교차하는 은폐된 기억의 헤테로토피아로서 혼종된 시간들이 존재하는 곳이며 시인의 내적 세계를 반영하는 상징적이며 은유적인 공간인 것이다.

또한 허수경은 진주지역 농촌 여성들과 전쟁으로 고통을 겪는 여성 서발턴의 삶을 구체적으로 시에 재현하였다. 가부장 제도와 전쟁이 남긴 폭력의 이중적 억압이 「원폭수첩」 연작에 잘 드러난다. 탈식민주의 비평가인 가야트리 스피박은 다중 억압의 연결고리에서 고통을 겪고 있는 하위주체로서 특히 피식민지에서 경제적 능력이 없는 여성들이 자신의 억압된 현실을 표현할 능력이나 기회 조차 갖지 못하는 대표적 서발턴이라고 하였다. 때문에 그들에게 자신의 목소리를 부여하는 것 못지않게 중요한 것은 그들이 말할 수 있는 공간을 먼저 부여하는 것이라고 밝혔다.[8]

> 미치게 살 타는 비릿내/ 구역질나는 거리/
> 폐허의 거리를 트럭은 시체를 싣고
> 미처 숨 놓지 못한 목숨들도/ 마구 싣고
> 바다에 버리고 불로 태우고 구덩이에 묻던
> 원폭의 도륙보다 더 짐승 같은/ 도륙 속에
>
> 트럭 꽁무니에 매달려 애원하던 소녀

---

[8] 스피박은 서발턴 연구 집단의 연구 관점에 동의면서도 이 개념이 남성 중심주의 서발턴 주체를 특권화하는 것에 반대하였다. 그는 서발턴이라는 용어는 사회적 정체성이나 투쟁들의 의미를 드러내는 것이고 그런 측면에서 여성들의 역사와 삶의 현실을 고려하면서 해체론적인 정의를 제시하기도 했다.(가야트리 스피박, 『스피박의 대담』, 이경순 역, 새러 하라쉼 엮음, 갈무리, 2006, 116-117쪽) 또한 스피박은 자신의 고국 인도의 현실적 삶의 정황에 맞는 탈식민적 여성에 대한 이해를 바탕으로 복잡 다단한 여성의 억압상황을 드러내며, 비교적 계급적 정체성에서 자유로운 '서발턴Subaltern'이라는 말을 제시하였다.(태혜숙, 『탈식민주의 페미니즘』, 여이연, 117쪽)

온몸에 불을 뒤집어쓰고/ 남은 숨 모두어/ 통곡하던 소녀
살려주세요 난 아직 안 죽었어요
-「원폭수첩 2」부분

두 번째 유산을 하고 쓰러질 듯 돌아오는
최여인은 원폭캘로이더로/(중략)
한번도 온전하게 채워보지 못한/ 거덜난 원폭의 자궁
태어나면 천역을 온 몸에 이고/ 서럽게 살아야 할 아기는
에미 칼에 찔려 피투성이로 뒹굽니다/ 남기지 말자
-「원폭수첩 4」부분

연작 '원폭수첩' 시에서는 원폭의 여성 피해자들이 차례로 나열되어 있다. 「원폭수첩 2」에서 일본 미쯔비시 군수공장 잡역부로 노역했던 조선 소녀는 자신의 나라와는 상관없는 강대국끼리의 전쟁으로 피폭까지 당하게 된다. 더욱 비참한 것은 원폭 피해자를 처리하는 과정에서조차 소녀는 인간 이하의 무참한 취급을 받으며 생매장당하는 끔찍한 경험을 했던 것이다. 「원폭수첩 4」의 최여인 또한 원폭캘로이더로서 "한 번도 온전하게 채워보지 못한/ 거덜난 원폭의 자궁"으로 두 번째 유산을 하고 다시는 아이를 놓지 말자고 다짐한다. 또한 「원폭수첩 6」의 사천군 곤양면 슬레이트 지붕 아래에는 삼십년이 넘도록 회

신이 없는 "진료비 청구서"처럼 방사능 화상반흔으로 누워 있는 "원폭 모녀"들은 남편과 아버지에게까지 버림받은 채 부정하고 싶은 현실의 비참한 삶을 이어가고 있다.

'밥을 한 숟갈 넘길 적마다/ 한 발짝씩 걸어 들어오는 무덤'(「원폭수첩 7」)처럼 '원폭수첩'의 연작에는 전쟁이나 성적 차별 그리고 폭력으로부터 상처받고 훼손된 여성 서발턴의 모습들이 구체적으로 드러난다. 피폭을 비롯한 다양한 폭력의 피해가 여성에게 더 심각한 것은 여성은 본인의 몸뿐만 아니라 그것이 태아의 건강과도 직결되기 때문이다. 허수경은 심각하게 훼손되고 식민화된 여성들의 정신과 육체를 통해 전쟁의 폭력과 여성 차별로 인한 피폐한 삶의 현장을 서사적으로 재현하며[9] 소외된 여성의 '절망적 언어'를 통해 남성과 불평등한 세계 속에 고립되어 온 그들의 뼈아픈 역사의 현장을 보여주고 있다.[10]

> 고향에 어린 아이가 태어났다
> 다들 아는 그 아이의 얼굴을

---

[9] 이혜원, 「한국 여성시의 탈식민주의 페미니즘 연구; 고정희, 김승희, 허수경의 시를 중심으로」, 『여성문학연구』 41, 여성문학회, 322-351쪽.

[10] 권성훈, 「영원한 제국의 폭력과 영혼의 상처를 치유하는 페미니스트-허수경론」, 『계간 시학』 68, 천년의 시작, 2019, 220쪽.

아는 사람은 아무도 없었다
방아 잎 냄새가 났다

천년고도의 몸 냄새였다 해골의 노래였으며
몸의 춤이었고 숨이었다

내가 생애 동안 해온 모든 배반의 시작이었고
거짓의 모태였고 그리고 아직도 내가 알 수 없는 먼 죽음의 시작이었다

이 천년의 지루한 탱고를 위하여
비 내리는 작은 오후를 영광처럼 바라보니
아, 고향에는 백석 풍으로 국 끓이는 호박 얼굴을 한 여자가 살고 있을 터이다.

-「고향」부분

시인의 기억에 있는 고향은 "내가 생애 동안 해온 모든 배반의 시작"이고 "거짓의 모태"이며 "아직도 내가 알 수 없는 먼 죽음의 시작"을 의미하는 공간이다. 벗어나려고 할수록 더 갇히는 장소이고 이별과 기다림이 공존하는 장소이다. 그런 고향은 허수경에게 대물림의 장소이자 부정의 공간으로서 언제나 잘

살아야겠다는 욕망으로부터 항상 떠나고 싶은 곳이지만 언제나 다시 돌아가고 싶은 곳이기도 하다.[11]

'내가 자란 강'(「가을 물 가을 불」) 위에 붉은 잎이 떨어지고 순하게 사라지는 꿈을 꾸었던 고향은 시인이 '방아잎 냄새'를 그리워하며 타국의 수많은 폐허의 유적지를 배회하다 마지막으로 다시 돌아가고 싶어 했던 변방의 장소였다. 수몰된 사람들이 모여 살던 남강변, 원폭 피해 여성들이 병들어 누워 있던 농촌의 슬레이트 집들, 골방이나 단칸방 등의 장소는 '슬픔이 거름이 되어'(「탈상」) 익어가는 역설적 공간이자 반反장소로의 부정의 헤테로토피아이다.

이처럼 허수경에게 자신이 태어나고 자란 고향은 힘없는 생명들의 탄생과 죽음, 기쁨과 슬픔, 아름다움과 추함이 공존하는 혼종적 장소이다. '이름 없는' 서발턴들이 '이름 없는 세월'을 살며 서로의 슬픔에 기대어 서로 연대하기를 기원했던 곳이

---

[11] 이미예는 허수경 시에 드러나는 두 번의 이향離鄕과 고향 상실을 귀향의식으로 조명하였다. 그는 허수경 시작詩作에 중요한 원동력으로 작용하는 것이 고향의 의미와 자아의 귀향의식과 관련되어 있다고 보았다.(이미예, 「허수경 시의 귀향의식」, 한국교원대학교 석사 논문, 2017) 이 밖에도 허수경에게 고향은 '내가 자란 마을 강'이 흐르는 곳이자 세월이 아무리 흘러도 다시 돌아가고 싶은 곳이다. 나이를 아무리 먹고 또 먹어도 '오래되지 않은 날 뒷산'(「남강 시편1」)처럼 늘 곁에 있는 곳이며 '나 돌아갈 곳 저곳뿐'(「저 산수가」)인 장소이다. '그곳에 가면 다시 안 오고 싶을 것'(「불귀」)이라고 진주 사투리를 구사하는 것 또한 자신의 근원으로 돌아가고자 하는 소망과 존재론적인 회귀의식에서 비롯된 것이라 할 수 있다.

다. 따라서 고향 진주는 허수경에게 삶의 본질과 서발턴들의 생존 그 자체로서의 장소로서 모든 경험의 출발점이자 기억의 종착지이다. 서로 다른 경험과 기억이 시간 차를 극복하고 상상하는 헤테로크로니아적 장소이며 위계화된 모든 장소에 맞서는 장소 안의 장소이자 장소 밖의 장소이기도 하다. 때문에 자아의 체념과 현실의 절망으로 지친 그가 궁극적으로 되돌아가고자 가고자 했던 곳이다. 하지만 허수경은 자신이 태어난 고향이 어느 순간 낯설어진다고 하였다. 그것은 시인은 시인대로 고향은 고향대로 지구의 한 장소로서 각기 제시간을 살고 있기 때문일 것이다. 허수경에게 고향 '진주'는 부정하고 싶은 유년의 기억과 역사가 존재하는 곳으로 영원한 '불귀'로서의 장소였다. 그리하여 이름없는 서발턴들이 부패한 권력이나 부당한 현실에 이의를 제기하는 반反역사적 장소로서 오래도록 지워지지 않는 슬픈 상처와 모순을 기억하고 있는 곳이었다.

타향의 도시 '서울' - 욕망의 헤테로토피아와 도시 빈민들

허수경은 고향 '진주'에서 '서울'로 서울에서 다시 '독일'로 떠나는 두 번의 이향을 거친다. 자신이 태어나고 자란 고향으로부터 더 많은 사람들의 시간과 장소를 향해 떠난 것은 시인의 삶에서 특기할 만한 부분이다. 장소성이란 어떤 존재가 한 곳에 무언가를 구축building하고 그곳의 시선을 가진다는 것이다. 문학에서 이러한 장소의 이동 혹은 장소 없음에 대한 사유는 기존의 가치관이나 사고체계의 변화를 의미한다. 그런 점에서 떠나온 장소나 잃어버린 공간에 대한 집착이나 사유는 지금 이곳이 아닌 어딘가를 끝없이 갈망하는 정체성에 대한 질문이기도 하다.

> 어릴 때부터 집을 가져보지 못한 나는, 아니 내 식구들이 사는 집에 누군가 방문하면 그렇게 부끄러웠던 나는, 집을 설계하는 일이 사치라고 생각했다. 다만 나는 방 한 칸 만이 필요했던 것이다. 원당의 반지하방에 살던 때 곰팡이가 스멀거리는 벽을 바라보다가 나는 햇빛이 잘 들어오는 곳에 방 한 칸 있었으면 했다. 방 한 칸. 네가 나를 방문하면 적어도 곰팡이 속에서 우리가 차를 마시지 않는 그런 공간.[12]

인간에게 집은 최초의 세계이자 하나의 우주로 그의 사상이나 추억 그리고 꿈이 존재하는 곳이다. 또한 한 인간의 과거와 현재 그리고 미래의 시간들이 꿈틀거리는 커다란 요람이기도 하다. 이러한 집이나 방이라는 장소가 없다는 것은 존재에 대한

---

12 허수경, 『가기 전에 쓰는 글들』, 난다, 2019, 25쪽.

기억과 정체성의 위기나 혼란을 의미한다. 어릴 때부터 집을 가져보지 못했던 허수경은 햇빛이 잘 들어오는 방 한 칸 갖는 것이 소원이었지만 서울이라는 도시의 타향에서도 그 소원을 이루지 못한 채 늘 가난한 변두리의 이방인으로 살았음을 고백하였다.

서울은 다양한 문화들이 혼재하고 계층 간의 대립과 문화적 격차 그리고 여러 가치가 혼재하는 곳이다. 소비성과 획일성 그리고 부촌과 빈민의 대립은 구성원들로 하여금 익명성과 이질성 그리고 소비지향적 삶을 추구하게 하며 도시 빈민들이나 하층민과 같은 서발턴들을 절대적 타자로 만든다. 현대 주체들은 개인화된 공간인 집이나 방 그리고 공동체나 국가를 점유하며 자신의 정체성을 스스로 형성한다. 하지만 이러한 장소와 공간의 상실이나 이동은 규정되지 않는 혼종적이고 유목적인 정체성을 의미한다. 특히 자본주의 이데올로기에서 배제된 빈곤 계층이나 소수자 집단의 서발턴들은 사회적 현실과 억압적인 지배 담론의 희생자로서 대도시의 욕망과 단절의 헤테로토피아에 노출될 수밖에 없다. 이 시기 허수경 시에서는 이러한 서울에서 피폐한 삶을 이어가는 도시 빈민이나 타향민과 같은 서발턴의 모습들이 선명하게 부각되고 있다.

    서울 와서 처음 뵙고 이태 만에 다시 뵙게 된 어른이
이런 말을 하셨다 자네 얼굴, 못알아볼 만큼 변했어

> 나는 이 말을 듣고
> 광화문, 어느 이층 카페 구석 자리에 가서 울었다
> 서울 와서 내가 제일 많이 중얼거린 말
> 먹고 싶다…….
> 살아내려는 비통과 어쨌든 잘 살아남겠다는 욕망이
> 뒤엉킨 말, 먹고 싶다
> 한 말의 감옥이 내 얼굴을 변하게 한 공포가
> 삼류인 나를 마침내 울게 했다
> 그러나 마침내 반성하게 할까!
>
> ―「먹고 싶다……」 부분

 서울로 상경한 화자의 얼굴을 이태 만에 보고 못 알아볼 만큼 변했다는 한 어른의 말은 그곳의 삶과 현실이 얼마나 고되고 혼란스러운지를 짐작하게 한다. 또한 서울에서 가장 많이 한 "먹고 싶다"는 말은 "살아내려는 비통과 어쨌든 살아남겠다는 욕망이 뒤엉킨 말"이다. 살아남으려고 안간힘을 썼던 그 말이 도리어 스스로에게 "감옥"이 되었다는 뒤늦은 고백 또한 스스로를 "삼류"라 부르는 도시 서발턴들의 욕망과 비극적인 삶의 현실을 재확인시키고 있다. 결국 타향인 서울이라는 헤테로토피아는 개인들의 기본적 욕구마저 채울 수 없는 혹은 채워지지 않는 곳으로 타자와 자신의 꿈이 모두 단절된 곳이다.

한 사람의 얼굴에는 그의 나이와 직업을 비롯한 사회적 젠더의 정체성들이 드러난다면 얼굴이 변했다는 것은 그 정체성에 대한 변화를 의미한다. 현실의 황폐함 속에서 "살아남으려"는 안간힘과 채워지지 않은 욕망의 허기가 허수경 시에서는 주체들이 거주하는 장소에서 더 은밀하게 드러난다고 볼 수 있다.

사내는 환한 등불 아래 웅크리고 앉아 건물을 지켰도다
오 쓸모없는 건물 이 건물의 주인은 자본이 사유해낼 수 없는 꿈을 가졌던 모양이군 임대되지 않는 형이상학이야

사내는 천천히 도시락을 꺼내네/ 식은 밥은 마른 찬처럼 아픈 식도를 내려가 빈 위장에 가시처럼 박혔도다/ (중략) 꿈 같은 임대를 기다리며 식후의 보리차를 데우는 것이/ 밥이 아픈 건 능선의 고향 같은 것일 뿐이다

-「표정 1」부분

여편네는 자꾸 우네
파를 썰며 눈물을 훔치며
이봐요 아가씨, 국물을 먹을 땐 눈물을 삼키는 게 아냐
뼈가 시린가, 이렇게 뼈국물을 우리면 퍽퍽한 생애가 또 뽀얗게 흐려질 터이므로

>
　　도시 한켠에 허깨비 같은 김에 둘러싸여 그러나 보낼 것 같
은 표정만 끝내 떠나보낼 수 없는 표정만 짐승 울음처럼 웅크리
는 법인게지
　　무작정 상경한 울음의 도시
　　우리는 촌척村戚의 시야를 가질 수……
-「표정 2」부분

　서울이라는 도시의 변두리에는 "허깨비 같은 표정"의 서발턴들이 자신이 거처할 방 한 칸을 마련하기 위해 하루하루 안간힘을 쓰며 살아간다. 그들은 '기차가 지나가는 어디쯤 방을 잡을까/ 이틀쯤 잠잘 곳'(「도시의 등불」)을 찾아 나서지만 현실의 삶은 그것조차 허용하지 않는다. 그 때문에 끝내 떠나보낼 수밖에 없는 표정으로 "우는 짐승"처럼 웅크리고 있는 그들에게 무작정 올라온 서울은 "울음의 도시"일 수밖에 없다.

　「표정 2」에서도 뼈가 시린 듯 하얗게 우린 뼛국물 속에는 뽀얗게 흐려진 "퍽퍽한" 생애와 도시 서발턴의 애환이 담겨 있다. "꿈같은 임대"를 기다리며 식후 보리차를 마시는 그들은 '도시로 팔려오는 짐승'처럼 고통과 불안한 현실 속에서 하루하루를 보낸다. 그 때문에 식은 밥이 빈 위장에 아픈 가시처럼 박히는 '서울'은 "무표정"을 강요하는 황폐와 단절의 장소일 수

밖에 없다.

허수경이 타향인 서울의 삶을 '허공에서 사는 삶'이라 했던 것 또한 경제적인 삶뿐만이 아니라 자신의 마지막 보루였던 사랑마저 돈이라는 자본에 종속되어 떠나버렸기 때문이었다. 그러므로 그는 서울에서는 언제 어디서나 무엇을 하여도 무력하다고 고백하였다.

> 한참 동안 그대로 있었다/ 썩었는가 사랑아
>
> 사랑은 나를 버리고 그대에게로 간다
> 사랑은 그대를 버리고 세월로 간다
>
> 잊혀진 상처의 늙은 자리는 환하다/ 환하고 아프다
> 환하고 아픈 자리로 가리라/ 앓는 꿈이 다시 세월을 얻을 때
>
> 공터에 뜬 무지개가/ 세월 속에 다시 아플 때
>
> 몸 얻지 못한 마음의 입술이/ 어느 풀잎자리를 더듬으며
> 말 얻지 못한 꿈을 더듬으리라
>
> ―「공터의 사랑」 전문

서울이라는 타향에서 느끼는 결핍은 경제적인 것뿐만 아니라 정신적인 부분도 마찬가지다. 방송국 스크립터 일을 하면서 끝까지 포기하고 싶지 않았지만 결국 포기해야만 했던 것이 바로 "사랑"이었다. "마음을 다 놓고" 오랜 기다림과 인내로 사랑하였지만, 그 사랑은 언제나 불안하고 막막하여 끝내 이룰 수 없는 것이 되어버렸다. 서울이라는 곳은 시인에게 마지막 남은 사랑마저 불가능이라는 절망과 단절로 만들며 "공터의 사랑"으로 남게 했다.

그는 서울이라는 곳에서 지독히 '잘 살고 싶었다'고 회상했다. 희망이 없다고 말하기조차 너무 지쳐버린 그 도시에서 그래도 아직 남은 마지막 희망이 있다면 '진심을 다해 잘 살고 싶었다'고 하였다. 희망을 이야기하는 문장을 쓰고 싶었지만 그러지 못하고 결국 서울을 떠나는 자신을 두고 '도망'은 아니었을까라고 고백하기도 했다.

당신은 당신의 집으로 돌아갔고
돌아갈 집이 없는 나는/모두의 집을 찾아 나섭니다

밤별에는 집이 없어요/ 구름 무지개 꽃잎에는 우리의
집이 없어요 나는 아버지가 돌아간/ 집에는 살 수 없는 것
세월이 가슴에 깊은 웅덩이로 엉겨 있듯/ 당연한 것입니다

> 전쟁을 겪어 불행한 세대가
> 전쟁을 겪지 않아 불행한 세대가
> 세월의 깃을 재우는 일조차 다른 것
> 그래서 나는 돌아갈 집이 없어요
>
> 배고픈 어미가 아이를 낳고 기르는/ 땅을 가로 질러
> 함께 일을 하고 밥을 먹고 함께 노래를 하고 꿈을 꾸고
>
> 아버지 나는 갑니다/ 모두의 집을 찾아 칼을 들고/ 눈을 재우며
> – 「아버지, 나는 돌아갈 집이 없어요」 전문

이 시에서 '아버지의 죽음'이 집과 고향의 부재를 의미한다면 "집이 없어요"라는 반복은 새로운 집과 고향에 대한 열망을 드러낸 것이다. 따라서 그가 "모두의 집"을 꿈꾸며 고향과 고국을 떠나는 것은 새로운 고향을 찾으려는 트랜스로컬리티적 사고이다. 또한 나와 너 그리고 우리의 구별에서 벗어나거나 그것을 해체하고자 하는 마음의 변화[13]를 의미한다. 무엇보다 그것

---

13 구르비치Gurvitch는 나와 타자 그리고 우리는 대립되는 장소성의 축이 있는데, '나'는 '우리'를 토대로 해야만 가능한 상징과 기호를 매개로 타자와 의사소통을

은 "전쟁을 겪은 불행한 세대와/ 전쟁을 겪지 않은 불행한 세대"간의 차이를 없애려는 것이고 "함께 일을 하고 밥을 먹고 함께 노래를 하고 꿈" 꿀 수 있는 세상을 찾으려는 새로운 연대를 의미한다.

'고향을 떠나는 일은 많은 이들이 살아남기 위한 전략 가운데 하나'라고 한 허수경은 '고향이 겪어내는 당대성을 같이 경험하지 못하는' 고충을 토로하며 새로운 고향을 찾으러 독일로 건너간다.

서울이라는 대도시의 헤테로토피아에서 궁핍한 삶으로밖에 살 수 없었던 타향민이나 도시 빈민과 같은 서발턴들의 삶은 늘 경계 밖으로 내몰리며 불안과 절망 속에 있을 수밖에 없었다. 욕망의 도시이자 사랑과 꿈이 단절된 타향이라는 서울은 고정된 것으로부터 떠나가는 방식이자 언제나 새롭게 대입해 들어가야 할 이질혼효적인 장소였다. 그렇기에 다시 "돌아갈 집" 그것은 '혼자 가는 먼 집'이라는 새로운 고향의식으로서 시인의 시적 공간이자 장소로의 떠남을 의미한다.

하게 된다고 밝혔다. 때문에 그는 '나'와 '타자' 그리고 '우리'를 서로 분리시키고자 하는 것은 우리의 의식 그 자체를 해체하거나 파괴하려는 욕망이라고 보았다. 또한 '우리'가 공유하는 것은 영원히 불변하는 것이 아니라 언제나 항상 변할 수 있다고 말한다.(에드워드 렐프, 『장소와 장소상실』, 논형, 2005, 131쪽)

허수경의 서울에서 독일로의 이동은 단순히 공간과 장소만의 이동이 아니라 '몫 없는 자들'의 탈경계적 사유와 정체성에 대한 혼란이 장소의 이동이나 변화와 관련되어 있기 때문이라 볼 수 있다. 즉 혼종적이고 유목민적인 서발턴들의 정체성은 현실에 이의 제기를 하며 '고향'이라는 헤테로토피아와 긴밀하게 연동되어 움직이는데, 허수경이 서울에서 독일로 건너간 것 또한 같은 맥락에서 이해할 수 있을 것이다.

'글로벌'이라는 새 고향
- 연대의 헤테로토피아와 디아스포라의 난민들

오늘날은 자본과 노동의 무제한적이고 빠른 확장으로 민족과 국가 그리고 국적이나 국경을 서로 넘나드는 글로벌 지구촌 시대이다. 세계 어느 곳에서나 이러한 이동에 따른 트랜스 이주나 디아스포라는 존재한다. 하이데거는 현대의 인간 현존의 특징을 존재로부터 일탈된 고향의 상실성에서 찾았다. 앞에서 언급한 바와 같이 허수경 시에 드러나는 진주에서 서울로 그리고 다시 독일로 건너가는 이러한 고향 이동은 물리적인 장소의 이동뿐 아니라 심리적인 내면 공간과도 연관된다.

무엇보다 이 시기 스스로를 이방인과 난민이라 부르며 서발턴으로서의 디아스포라적 삶을 추구한 그는 '글로벌'이라는 새 고향의 헤테로토피아에서 이산離散의 현실에 놓인 난민들과 소통하는 연대의 모습을 보인다.

> 장소에 발이 있어서 들어가고 나오는가? 폐허 도시는 움직일 수 없는 한 장소이다. 움직일 수 있는 것들이 장소를 찾아간다. 인간은 의식적으로 한 장소를 방문하거나 그곳에서 대대로 살거나 더 이상 그곳에 살만한 장소가 아닐 때 떠난다. (중략) 내 꿈에 나타난 폐허 도시는 이 지상에 존재하는 장소가 아니라 내 꿈에서만 존재하는 장소였다. 장소는 그곳을 애타게 그리워하는 수많은 이들과 함께 그곳을 떠나버렸고 장소가 남겨놓은 수많은 유물들은 이미 장소의 것은 아니므로.[14]

허수경은 인간은 자신이 거주하는 그 장소가 더 이상 살만한 곳이 아니라고 생각할 때 그곳을 떠난다고 했다. 그 스스로가 여러 도시와 고향들을 전전하고 이동하였다. 이런 고향과 '폐허도시' 들 속의 수많은 유적지는 이 시기 소설이나 시의 장소로 자주 등장한다. 그 장소들은 많은 기억이 교차하며 과거와 현재 그리고 미래의 시간이 혼재하는 헤테로크로니아적 공간이며 열

---

14 허수경, 「장소도 떠날 수 있다」, 『오늘의 착각』, 난다, 2020, 80쪽.

려있으면서 닫혀 있는 현실의 유
토피아적 장소이다. 그는 이런 낯
선 시간과 종교 그리고 수많은 전
쟁이 지나간 흔적 속에서 이질적
인 정체성의 서발턴들과 집단적
연대를 희망한다. 그 모든 것을
'아는 사람 집 그 집'(「바다가」)
에 다 두고 왔기에 이제 다시 그곳
으로 돌아갈 수 없다고 말한 허수

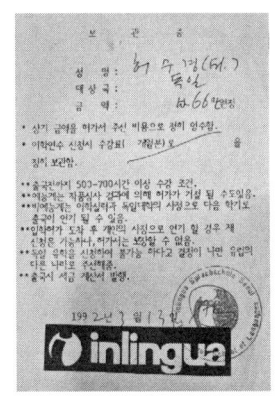

1992년, 허수경 시인이 독일로 가기
전에 신청한 어학 영수증.

경은 자신이 살고 있는 바로 그곳이 새로운 고향임을 그곳에서
'당신'으로 호명되는 '나'와 '우리'는 서발턴으로 만나 서로를 위
반하고 전이하며 연대의 헤테로토피아를 꿈꾼다고 하였다.

　　나는 지구 반 바퀴를 돌아 당신에게로 왔고 당신은 그 자리
에 있었다. 그렇다, 당신이 그곳에 있어 주기를 나는 바랐다. 기
적이었다. 당신은 그곳에 있었다. 표정만으로 당신이 나를 기
다린 자리를 짐작할 수는 없었으나, 당신이 나에게 물었을 때:

　　이제 왔어요?
　　그래요………우리 여기 있어요, 라고 나는 대답할 수밖에
없었다. 표범에게 쫓겨가는 흰 눈발 같은 마음 한구석에 놓인

비밀의 악보 같은 과거처럼,

 어디 상형문자 같은 세월을 살고 왔어요? 라고 내가 당신에게 물었을 때,

 당신: 나의 부모가 날 버리기 전에 내가 먼저 나를 버린 것 같은 시를 쓰던 시인이었대.
 나: 만나보았어요?
 당신: 아니, 그 시인이 나 자신이라는 걸 알기까지 아주 오랜 시간이 걸렸어. 내가 나를 떠나는 시간이 아주 많아서 몰랐나 봐.

 지구 반 바퀴를 돌아 낯선 타국에서 다시 만난 "당신". 불안과 갈망의 나날들을 보내고 많은 경계를 지나 만난 나와 당신은 어디에도 구속되지 않는다. "나의 부모가 날 버리기 전에 내가 먼저 나를 버린 것 같은" 오래전 "당신"을 지금 이곳에서 "우리"로 만난 것이다. "표범에게 쫓겨가는 흰 눈발 같은" 시간들에 쫓겨 "상형문자 같은 세월을 살았던" 당신을 혹은 나를 만나기까지 너무 "오랜 시간"이 걸렸던 것은 "내가 나를 떠나는 시간이 아주 많"았기 때문이다. 그러니 나와 당신은 성별과 나이, 국가와 이데올로기를 넘어 다양한 문화와 새로운 연대의 가능성으로 글로벌이라는 새 고향에서 만난 서발턴들이다.

울릉도산 취나물 북해산 조갯살 중국산 들기름
　　　타이산 피쉬소스 알프스에서 온 소금 스페인산 마늘
이태리산 쌀

　　　가스는 러시아에서 오고
　　　취나물 레시피는 모 요리 블로거의 것
　　　독일 냄비에다 독일 밭에서 자란 유채기름을 두르고
　　　완벽한 글로벌의 블루스를 준비한다(중략)

　　　글로벌의 밭에서 바다에서 강에서 산에서 온 것들과
　　　취나물을 볶아서 잘 차려두고 완벽한 고향을 건설한다

　　　고향을 건설하는 인간의 가장 완벽한 내면을 건설한다
　　　완벽한 내면은 글로벌의 위장으로 내려간다(중략)

　　　선택이었다 자발적인 유배였으며 자유롭고 우울한
　　　선택의 블루스가 흐르는 세계의 중심부에서 변방까지
　　　불선택의 블루스가 흐르는 삶과 죽음까지

　　　글로벌이라는 새 고향, 블루스를 울어야 하는 것이다
　　　　　　　　　　　　　　　　－「글로벌 블루스 2009」부분

이 시에서는 '블루스'[15]라는 음악이 만들어진 것처럼 세계 각지에서 온 다양한 재료를 혼합하여 음식을 만드는 과정이 열거하고 있다. 울릉도 취나물과 북해산 조갯살 중국산 들기름과 스페인산 마늘 그리고 이태리산 쌀로 밥을 짓는다. 러시아산 가스와 독일 밭에서 자란 유채 기름을 둘러 준비한 음식들은 한마디로 '글로벌' 만찬이다. '글로벌의 밭에서 바다에서 강에서 산에서 온 것들'로 잘 차린 음식을 함께 먹는다는 것은 그 자체로 지구 반 바퀴를 돌아 만난 서발턴에게 "완벽한 고향을 건설"하는 것처럼 기쁘고 의미 있는 일이다.

이러한 '글로벌' 혹은 '글로벌화'는 시간과 공간의 변화를 모두 의미하는 것으로 국민국가의 경계나 사회적 시간을 넘어서는 것이다. 다양성과 변화라는 가치에 대한 새로운 인식이 차이의 공간이나 혼종의 공간에 대한 사유로 이어지며 헤테로토피아와 연결된다. 따라서 글로벌은 한 지역이나 경계를 넘나드는 사물과 사람의 이동을 증가시키거나 확산시킴으로써 변방이나 경계에 대한 새로운 인식과 의미 부여의 계기를 제공한다.

---

[15] '블루스'는 20세기 초 미국 남부 흑인들이 부르기 시작했으며 아프리카 전통 음악과 유럽 음악을 접목해서 만든 장르로, 세월이 흐르는 동안 다양한 장르적 결합이 이루어진 슬픔과 애수의 음악이다. 그것은 대공황과 두 번의 세계대전으로 수백만 명의 흑인들이 남부를 떠나 북부 도시로 이동하면서 더 넓은 지역으로 확장되며 대중화되었다.

또한 '글로벌이라는 새 고향'은 실제 지리적 장소로 존재하기도 하지만 '인간의 내면'에 건설되기도 한다. 먹는 음식이 한 인간을 가늠할 수 있는 하나의 기준이 된다면 "글로벌의 바다와 육지 그리고 산"에서 나온 재료로 만든 음식은 위안과 용기를 얻을 수 있는 "글로벌의 마음"은 차이와 혼종의 장소를 구성하는 여러 인종에 대

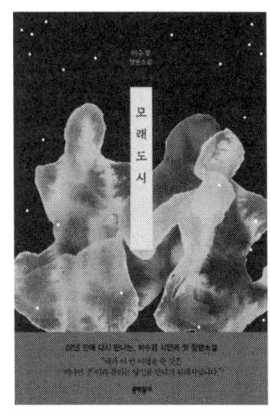

"내가 이 먼 여행을 한 것은 '머나먼 곳'이라 불리는 당신을 만나기 위해서입니다."(『모래도시』 부분)

한 환대의 마음이다. 무엇보다 그것은 실질적인 지리적인 장소와 "불로거"와 같은 가상의 공간 등을 모두 아우르며 다문화를 지향하는 트랜스로컬리티적 사유이며 혼종적인 난민들을 아우르는 것이기도 하다. 때문에 그들에게는 '이 가난의 고향에는 우주도 없고' 굳이 '지구에 사는 인간의 말로 해독하고 싶은 외계도 없'다. 그런 측면에서 "완벽한 고향"이라고 할 수 있는 이 '글로벌이라는 새 고향'은 탈중심적이며 혼종적인 헤테로토피아적 장소로서 변방의 난민이나 이민자와 같은 서발턴들이 서로 연대하며 다양한 문화와 가치를 인정하고 꿈꿀 수 있는 곳이라 할 수 있다.

오십 년 전 피어난 찔레꽃 저녁을 그림자에 안고 이곳으로
이곳으로 고향이라고 돌아오는 자가 부르는 노래는

누구의 것인가
－「늙어가는 마을」부분

이 가난의 고향에는 우주도 없고
이 가난의 고향에는 지구에 사는 인간의 말을 해독하고 싶은
외계도 없다
다만 블루스가 흐르는 인공위성의 심장을 가진
바람만이 있다 별 한잔이 글로벌의 위장 안에서 진다
(중략)

선택이었다 자발적인 유배였으며 자유롭고 우울한
선택의 블루스가 흐르는 세계의 중심부에서 변방까지
불선택의 블루스가 흐르는 삶과 죽음까지

글로벌이라는 새 고향, 블루스는 울어야 하는 것이다
－「글로벌 블루스 2009」부분

하지만 그가 꿈꾸는 '글로벌이라는 새 고향'은 밝고 희망적인 모습뿐 아니라 절망적인 모습까지도 기꺼이 수용한다. 십 년

전에 수확한 감자와 수십 년 동안 도축된 채 냉동고에 있고, 텅 빈 밀밭을 헤매고 있는 '없는 마을'의 장소가 되기도 한다. 감자와 수선화처럼 자연 속에서 생명을 키우는 것들은 시간의 순환 속에 존재하지만 '아무것도 없는' 마을이나 '늙어가는' 것처럼 희망 없는 장소가 되기도 한다. 그렇다면 이런 마을을 찾아오는 혹은 찾아올 자는 누구일까. 시인은 그들이 바로 가난과 굶주림에 시달리며 계급과 인종적 차별로부터 지구 반 바퀴를 돌아 찾아온 혹은 찾아올 연대의 서발턴이라고 말하고 있다.

지난날 홍수에 휩쓸린 도시들이나 서울과 동경, 베를린과 오래된 바빌론의 도시와 고향의 작은 마을들처럼 (「나의 도시」) 지난 날 허수경의 '가난한 고향'들은 오래된 추억 속에서 잊히거나 사라졌다. 그렇게 나를 스쳐 간 그 고향의 '시간은 역사에 들어가지 않은 파편'(「바다 곁에서의 악몽」)이 되어 어딘가로 영원히 떠돌지도 모른다고 했다. 이처럼 허수경이 시에 선택한 '고향'은 지리적 위치로서의 장소와 기억으로서의 공간을 모두 망라한 헤테로토피아이다. 세계의 중심부에서 변방에 이르기까지 트랜스로컬리티로서의 "글로벌이라는 새 고향"은 물리적인 장소로서는 누구에게나 개방되어 있지만 내면의 상상적 공간으로서는 특정한 이들에게만 개방된 이질적인 시간으로서의 장소이다.

'비행장을 떠나면서 나는 울었고 너도 울었'(「비행장을 떠나면서」)지만 '글로벌'이라는 '새 고향'에서 부르는 '이 노래'는 고국에 대한 그리움과 새 고향에 대한 희망을 동시에 의미할 것이다. 허수경이 새고향인 '그곳'에서 새로운 아버지와 어머니에게서 '다른 이름'으로 다시 태어나고 싶었던(「빛 속에서 이룰 수 없는 일을 얼마나 많았던가」) 것은 글로벌적 새 고향의 건설과 연대에 대한 새로운 사유를 의미한다.

'빛과 공기의 틈에서 꽃이 태어날 때'마다 없는 당신과 내가 만나는 곳이 결국 '허공'(「그 그림 속에서」)인 것처럼 '주소 없는 꽃 엽서들은 가버리고'(「오래된 일」) 없다. 그럼에도 시인이 고향을 끊임없이 시에 호출하는 것은 이 '고향'은 그 누구의 것도 아닌 우리 '모두의 집'이며 우리 모두의 고향이기 때문이다. 그러므로 이 '글로벌의 새 고향'은 고향의 이동과 많은 도시를 전전한 디아스포라적인 삶의 비애와 희망을 동시에 감싸 안고 있다. 또한 그곳은 세계의 중심부에서 변방에 이르기까지 다함께 노래하고 다함께 울 수 있는 장소이며 서발턴들의 삶과 죽음까지 모두 껴안는 연대의 헤테로토피아라 할 수 있다.

무엇보다 독일의 삶에 드러난 허수경의 고고학적 사유는 과거로부터 현재로 그리고 진주에서 서울로 서울에서 다시 독일과 여러 변방의 나라들로 시공간의 경계를 허물고 서로 이어나가는 것이다. 「청동의 시간, 감자의 시간」에 '진주 말로 혹은 내 말로'라는 제목으로 실린 13편의 경상도 지역(동남) 진주 방언을 통해 민족과 국가라는 근대적 공동체에서 벗어나 동일한 언어를 사용하는 '공동체'를 회상하거나 상상하고 있다.[16] 이것은 '한국도 외국이고 독일도 외국이라는 인식'으로 국가와 민족과 언어의 경계를 너머 트랜스로컬리티로서 자신이 살고 있는 그곳이 바로 자신의 '고향'이라는 인식에 닿아있다.

*

인간에게 고향은 지리적 장소로서의 고향과 정신적, 사상적 공간으로서의 고향을 동시에 의미한다. 자기 존재의 출발이자 뿌리인 이 '고향'은 물리적 장소로서 누구에게나 개방되어 있지만, 이질적인 시간의 추억 속에서는 특정한 이들에게만 개방된 헤테로토피아이다. 그러므로 현대의 고향은 유동성과 불확실성으로서 시대와 사회적 변화의 흐름에 따라 정서적으로 재현되거나 인간의 내면에 스며 다양한 의미로 드러난다.

허수경 시에 드러나는 '고향'은 언제나 떠나야 하는 공간이자 또 다른 현실 속으로 적극 개입해 들어가야 할 장소였다. 그

---

[16] 이에 대한 전명환·이경수의 논문에서는 허수경이 '국가' 대신 '언어공동체'라는 용어를 사용하고 있음을 밝히며, 이러한 동남방언을 사용한 방언시를 통해 허수경 시의 독창적인 언어 미학을 분석하고 있다.(전명환·이경수, 「허수경의 언어공동체 의식과 방언시 작업의 의미」, 『우리문학회』 72, 2021, 467쪽)

때문에 고정된 곳으로부터 떠나가는 방식이자 새롭게 이동하여야 할 낯설고 이질혼효적인 공간이었다. 즉 그의 시는 헤테로토피아로서의 '고향-타향-글로벌이라는 새고향'으로 이어지는 장소 변화의 궤적을 거치며 '몫 없는 자들'의 다양한 목소리를 생생하게 드러내고 있었다.

고향, '진주'는 힘없는 주체들의 슬픔이 대물림되는 공간이자 저항의 장소였다. 때문에 허수경에게 잘 살아야겠다는 욕망으로부터 항상 떠나고 싶은 곳이지만 언제나 다시 돌아가고 싶은 장소이다. 특히 수몰된 사람들이 모여 살던 남강 변, 원폭 피해 여성들이 병들어 있던 농촌의 슬레이트 집들, 골방이나 단칸방 등의 장소는 '슬픔이 거름이 되어'(「탈상」) 익어가는 역설적 공간이자 배제의 장소였다. 그 장소들에는 착취와 수탈로 세금을 내지 못한 '죄인'들과 전쟁과 가부장제의 이중 억압으로 고통받는 농촌 여성들 그리고 유괴범에게 죽임을 당한 어린아이가 있었다. 이처럼 고향 '진주'는 이름 없는 서발턴들이 현실의 부패한 권력이나 부당한 현실에 이의를 제기하는 저항의 헤테로토피아였다.

타향, '서울'이라는 대도시는 다양한 문화들이 혼재하고 계층 간의 대립과 문화적 격차 그리고 여러 가치가 서로 충돌하는 욕망과 단절의 헤테로토피아이다. 소비성과 획일성 그리고 부촌과 빈민의 뚜렷한 대립은 주체들로 하여금 익명성과 이질성 그리고 소비지향적인 삶을 추구하게 한다. 가치관의 상실과 극심한 빈부 격차 또한 도시 빈민들이나 하층민과 같은 서발턴들을 절대적인 타자로 만들었다. 때문에 이들은 언제나 궁핍한 삶으로 경계 밖으로 내몰리며 불안과 절망의 삶 속에 있을 수밖에 없는 것이다. 이러한 타향의 삶은 시인의 마지막 보루인 사랑조차 장소를 잃어 '공터의 사랑'으로 존재하게 했다.

'글로벌'이라는 새 고향은 고고학을 공부하기 위해 독일로 건너가서 맞이하게 된 지리적 장소이자 내면적 공간이기도 하다. 허수경은 낯선 타국에 적응하며 자신이 살고 있는 바로 그곳이 새로운 고향이라 여겼다. 현대인들의 다양한 디아스포라적 삶의 비애를 감싸 안고 있는 이 '글로벌의 새 고향'은 세계의 중심부에서 변방에 이르기까지 지구 반 바퀴를 돌아 만난 서발턴들이 다 함께 노래하고 꿈꿀 수 있는 곳이며 삶과 죽음까지 모두 아우를 수 있는 연대의 헤테로토피아였다.

허수경 시에 드러나는 이러한 '고향'의 이동과 선택은 그 스스로가 말한 것처럼 "자발적인 유배"일지도 모른다. 그는 트랜스로컬리티로서의 '고향 – 타향 – 글로벌이라는 새고향'으로 이어지는 장소 변화의 궤적을 거치며 서발턴으로서의 말하기를 실천하며 '몫 없는 자들'의 다양한 목소리를 시로 형상화했다. 모국어의 감각을 잃어버릴까 봐 소설을 썼다고 했던 그는 자신의 글쓰기의 시작을, 글을 쓸 줄 모르는 할머니가 평생 말하고 싶어 하던 그 '바다 때깔' 때문이라고 했다.[17] 그처럼 허수경은 혼종의 다른 장소인 '고향'이라는 헤테로토피아의 변모를 통해 서발턴들의 탈경계적 성격으로서 현실의 희망과 절망과 같은 이중적 감정을 면밀하게 드러내었는데, 그것이 허수경 시가 글로벌 시대에 새롭게 조명되어야 할 이유라고 할 수 있을 것이다.

---

17   허수경, 「글쓰기,라는 것의 시작」, 『나는 발굴지에 있었다』, 난다, 45쪽.

"앞으로의 소망이 있다면 젊은 시인들과 젊은 노점상들과 젊은 노동자들에게 아부하는 사회에서 살아가는 것이다"

- 「빌어먹을, 차가운 심장」 부분

'글 쓴다는 것에 전부를 건' 허수경 시인

독일로 떠나기 전 서울에서의 생활

'어디선가 박하 향이 나면,
내가 다녀갔거니 해줘'

- 「박하」 부분

두세 살 무렵 허수경 시인, 엄마와 촉석루에서

시간의 물웅덩이에 잠자리가 잠깐 앉았다
시간의 가슴 깊이에서 동그라미가 생겨났다

아직 집으로 가지 못한 사람들이 물웅덩이에 서서
가녀린 동그라미를 들여다보았다

— 「고향」 부분

◀ 허수경 시인의 생가는 진주 중앙시장 부근이었다. 지금은 다른 건물이 들어서 있고, 이 사진은 네다섯 살 무렵의 모습.

▼ **1979년 진주 교대 부설초등학교 졸업식**
가운데가 허수경 시인, 오른쪽이 동생 허훈.

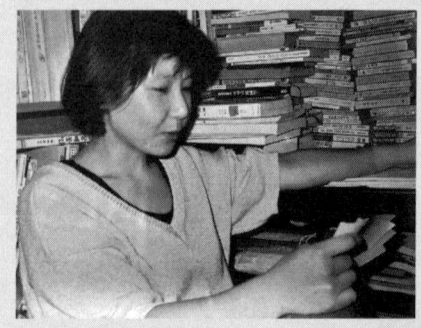

서울로 가기 전 진주 교대 옆에서 운영했던 북카페,
'우리 일터 두류'에서의 허수경 시인

독일로 갓 건너가 찍은 사진

수도원 너머 병원 너머에 서서
눈물을 훔치다가 떠나버린 기차표를 찢는
외로운 사람이 당신이라는 것을

나는 몰라서
차가운 해는 뜨거운 발을 굴리고
                      ㅡ「차가운 해가 뜨거운 발을 굴릴 때」 부분

2011년 서울 상수동 살롱 드 팩토리에서 열린 시낭송에서 출간된 자신의 시집을 읽다가 끝내 울음을 터트렸다. "잊히는 게 무서웠어요" (국민일보, 2011년 1월 28일)

맺음말

> 장소는 기억과 감정이 응집된 거울이다
> —마르셀 프루스트

　　최근 몇 년간 거의 서재와 학교 연구실에만 파묻혀 있었던 것 같다. 비상계엄 사태와 한강의 노벨 문학상 수상 그리고 여러 국가적 참사와 재난 앞에 많은 희생자가 있었고, 그들을 기억하고 애도하며 완수되지도 지워버릴 수도 없는 '불가능한' 현실을 매일 마주해야 했다. 약속된 것 없는 유예된 시간만 메아리치는 지금 이곳에서 나는 그리고 우리는 무엇을 어떻게 기억해야 할까. 기억과 망각이 교차하는 지금 '이곳'은 우리가 짊어지고 증언해야 할 어떤 기억의 '장소' 혹은 어떤 '장소들'을 말하는 것은 아닐까.

기억을 더듬으면 나는 어렸을 때부터 장소에 대한 동경과 그 장소에 집착하는 경향이 컸었다. 초등학교 때는 〈미나미〉라는 문방구가 있었다. 조그마한 서점이 딸린 학교 앞 제일 큰 문방구였다. 그곳에는 아홉 살이었던 내가 이 세상에서 갖고 싶은 것이 모두 다 있었다. 48색의 크레파스와 만화 주인공이 그려진 예쁜 신주머니 그리고 내몸에 딱 맞는 운동복 무엇보다 나를 유혹했던 건 불량식품들이었다. 나는 돈이 생기면 〈미나미〉로 달려가 종일 죽치고 있었다. 책을 읽다가 아이스크림을 사 먹기도 하고, 누군가의 어깨 뒤에서 신나게 조종하는 오락기를 쳐다보기도 했다. 그곳이 그 시절 나의 헤테로토피아였다. 동생이 혼자 울고 있는 줄도 모르고 놀다가 부모님에게 〈미나미〉 금지령을 매번 받았지만, 소용이 없었다. 하지만 나의 〈미나미〉는 중학교에 가면서 멀어지기 시작했다. 그 무렵 나는 또 누군가의 이야기와 책 속에 등장하는 장소에 대한 상상을 자주 했고 그것이 꿈으로 이어지기도 했다. 그리고 나이를 먹으면서 삶의 어느 곳이든 두 개의 시간과 두 개의 장소가 존재한다는 걸 깨닫기 시작했다. 말하자면 눈에 보이는 시간과 장소, 눈에 보이지 않는 시간과 장소 말이다. 그러한 모든 장소는 '지금'이라는 시간의 풍경을 담고 있다. 지금 내가 있는 이 장소에 시간이 스며들고, 그 시간 속에 삶이 스며드는 그 순간순간, 그곳에는 언제나 문학과 시가 있었다.

맺음말

몇 년 전 몹시 추웠던 그날, 아우슈비츠 수용소에서 본 유리창 바깥 풍경도 스산했다.

눈을 돌려 내려다본 계단, 얼마나 많은 사람들이 저 계단을 오르내리며 공포에 떨었을지. 그때 그 장소의 기억 또한 이 책이 나오게 된 이유 중의 하나이다.

프랑스 소베 동굴, 이 동굴의 벽에는 달리는 말과 동물들의 그림이 있다. 3만 2천 년 전, 이 벽에 동물들을 그린 이는 그 그림을 그리며 무슨 생각을 했을까. 기억이 봉인된 채, 마치 시간이 정지된 것 같은 그곳에 발을 들여놓는 순간, 장소는 기억이 되고 경험이 된다. 그렇다면 인간은 끊임없이 장소와 관계를 맺음으로써 인간다워지는 것일까. 관계를 맺는다는 것은 또 기억한다는 것이고 그 장소들에 더 많은 의미를 부여한다는 것일 테다.

문학과 공간 간의 접점을 몇 년간 탐구하며, '문학의 지리학'으로서 '헤테로토피아'를 통해 현대시의 공간의 의미와 역할을 오래 고민해왔다. 그렇지만 때로 '헤테로토피아'는 붙잡을 수 있는 게 아무것도 없는 먼 나라의 이야기처럼 느껴지기도 했다. 작품 속에서 특정 공간이나 장소가 어떻게 묘사되고, 어떤 의미를 내포하는지 헤테로토피아적 관점에서 분석하는 일은 여전히 제자리걸음 같아 심적으로도 힘든 여정이었다. 앞선 연구자들의 논문이 많지 않아 읽어야 할 텍스트가 적어 품이 적게 들 수도 있다. 그러나 이는 작업이 수월하다는 의미가 아니다. 그것보다 지금 하는 연구가 섣부른 것일 수 있다는 두려움을 견디는 일이었다. 하지만 이러한 연구를 진행할수록 확고하게 들었던 생각은 헤테로토피아 연구는 그간 당연시해 온 삶의 관점이나 주목받지 못한 현실과 근본으로의 회귀를 전제로 한다는 것이었다.

이 과정에서 시의 헤테로토피아 연구는 시인의 내면세계와 현실의 사건 그리고 역사적 배경이 장소와 얼마나 긴밀하게 연계되어 있는지를 다시금 깨닫는 것이었다. 나아가, 이것은 '심상지리'적 측면에서 이질적 공간이나 장소를 규명하는 것이기도 하다. 말하자면 공간과 감정, 기억이 서로 교차하며, 내면적 경험과 심리적 상태를 투사하는 시의 지리학으로써 작품 내 공간이 현실에 이의를 제기하는 탈(脫)질서화된 장소로서 물리적 장소를 넘어 심리적·정서적 측면과 관련된다는 의미이다.

전쟁 이후 한반도의 도시와 지역, 자연과 같은 공간들은 '공유된 기억'과 '정동'을 통해 사회·문화적 네트워크를 다양하게 형성하며 변화·발전하였다. 더군다나 현대 뉴미디어 시대에는 사적 영역과 공적 영역의 경계가 사라져 간다. 이에 분단, 산업화, 민주화, 탈근대와 같은 근현대 사건들의 시적 공간을 기존 장소의 이분법적 연구에서 나아가 헤테로토피아를 통해 현대시의 시대적 장소성을 구축한 것이 본 연구의 의의라 하겠다. 이 과정에서 내내 고민했던 것은 무엇보다 시인의 개별성과 시대의 보편성을 어떻게 연결 지으며 시대적 패러다임을 정리할 것인가였다.

비교적 최근에 생각했던 것은 사라져야 할 것들은 사라지지 않고 사라지지 말아야 할 것들은 사라졌으며 오지 말아야 할 것들은 이미 왔고 왔어야 하는 것들은 지연되고 있다는 것이다. 이러한 현재를 '동시대'라고 한다면 시는 오랫동안 이러한 동시대를 견디며 '말해지지 않은 공간들'을 시적 언어로 되살렸다. 그리고 수많은 시인이 물었던 '나는 지금 어디에 있는가?'는 어떤 대답으로도 끝나지 않는 물음으로 다시 스스로의 장소를 새롭게 직면해야 함을 의미할 것이다. 그러니 앞으로 '헤테로토피아 시학'이 '시의 지리학'으로 과거, 현재, 그리고 미래의 사회적·문화적 공간들을 감각적이고 상징적으로 재해석함으로써 시인의 삶과 현실을 더 정치하게 바라보는 또 다른 시의 원근법이 되길 희망한다.

추천글

추천글

현대시사의 패러다임을 '헤테로토피아'의 정동으로 새롭게 서술한 책

구모룡
문학평론가, 한국해양대 명예교수

이 책은 '헤테로토피아'라는 하나의 개념을 매개로 우리시를 새롭게 분석하고 해석한 역저이다. 주지하듯이 이 개념은 본디 미셸 푸코가 제시하였는데 이를 전유하여 현대의 시학으로 확장하였다. 푸코가 사회의 변화 속에서 역사적 인간이 형성해 온 여러 사회학적 헤테로토피아들을 설명하였다면 이 책에서는 시대 상황의 맥락과 결부하면서 매 시기 한국의 현대 시인들이 형성한 시적 헤테로피아의 세목들을 구체적으로 제시하고 있다.

무엇보다 시대와 시인에 따른 다양한 양상들을 설명하기 이전에 '헤테로피아 시학'을 방법과 이론으로 구축한 일을 주목하지 않을 수 없다. '공간적 전회' 이후에 그동안 우리는 시를 장소와 공간이라는 경험의 양상으로 접근한 논의들을 많이 접해 왔다. 서정적인 원천을 강조하는 장소의 시학과 의식 현상과 지향을 따라가는 풍경의 시학이 주요하다. 하지만 김지율 교수가 정립한 '헤테로피아 시학'은 시인의 경험은 물론이고 감각, 의식, 욕망, 상상, 정동이 발현하는 역동적인 생성의 지평들을 찾아내고 있다.

그런 측면에서 '헤테로피아 시학'은 장소와 공간에 관한 단순한 발견이 아니며 시대와 사회에 대응하는 시인의 이의제기가 기지의 장소와 공간을 가로질러 새롭게 형성하는 미지와 예감의 시적 지평을 구현한다. 이러한 입장에서 『헤테로토피아의 시학』은 한국전쟁에서 오늘에 이르는 시대적 격변 속에서 개별 시인들이 보인 헤테로피아의 양상을 다층적으로 서술하고 있다. 이는 앞선 저자의 저작인 『문학은 헤테로피아를 어떻게 기억하는가』를 훌쩍 뛰어넘는 장관이다.

우리는 장소에 고여 정체한 기억이나 현실과 무연한 유토피아로 기화하는 경향이 아니라 시대 상황에 부단히 대응하는 역동성과 생성의 시적 벡터들을 김지율 교수가 기술한 『헤테로피아 시학』을 통하여 만나게 된다. 김수영, 박인환, 박재삼, 김춘수, 김종삼, 전봉건, 이성복, 최승자, 황지우, 김혜순, 김언희, 이원, 기형도, 고정희, 유하, 장정일, 허수경 등을 망라하여 읽었으니 현대시사의 패러다임을 헤테로피아의 정동으로 전환하여 새롭게 서술하였다고 해도 과언이 아니다. 이처럼 놀라운 작업은 경험이 사라지고 위기가 만연한 오늘의 현실에서 시가 지닌 예지와 이타성을 뚜렷하게 건져올린 흔치않은 시학적 사건이 되리라 믿는다.

김사인
시인

나는 시인 김지율을 먼저 안다. 그의 시들은 세련과 균형을 함께 갖춘, 쉬 들뜨는 법 없는 침착함과 단아함으로 내게 기억되어 있다. 학인으로서의 그의 또다른 고심이 투입된 이 저작을 잘 읽어내기엔 내 견문이 낡은 것이 분명하다. 연구의 뼈대가 되는 용어들부터가 실은 그렇다. 그러나 한국 현대 여성 시인들의 세계를 면밀히 짚어나가는 김지율의 섬세하고 풍부한 읽기는 단연 이채를 발한다. '방법으로서의 헤테로토피아' 또한 그 대목에서 더 생기를 얻고 있다. 그는 집요하고 성실한 사람. 미루어 확신컨대, 연구에서건 시작에서건 그의 공부는 장차 그 돈독함을 더욱 깊이 더해갈 것이 분명하다.

황정산
시인, **문학평론가**

    이 책은 "모든 장소는 이야기"라는 명제에서 출발해 해방 이후 한국 현대시의 공간을 헤테로토피아의 시선으로 새롭게 조명한다. 전쟁·산업화·민주화·디지털 시대로 이어지는 우리 사회 역사의 흐름 속에서 시인의 감각과 기억이 빚어낸 다양한 장소를 촘촘히 읽어내며, 그것을 통해 시가 할 수 있는 삶의 윤리적 실천을 일깨운다. 시인이며 문학연구자인 필자의 예술적 감성과 학문적 성취가 짙은 밀도로 농축된 이 책을 문학과 문학의 공간적 상상력을 넓히고 탐구하려는 이들에게 강력히 권한다.

참고문헌

참고문헌

1980년대 이성복 시에 드러나는 헤테로토피아

1. 기본자료

이성복, 『뒹구는 돌은 언제 잠 깨는가』, 문학과지성사, 1980.
_____, 『남해금산』, 문학과지성사, 1986.
_____, 「삶에 대하여」, 『꽃 핀 나무들의 괴로움』, 살림, 1990.
_____, 『네 고통은 나뭇잎 하나 푸르게 하지 못한다』, 문학동네, 2014.
_____, 『나는 왜 비에 젖은 석류 꽃잎에 대해 아무 말도 하지 못했는가』, 문학동네, 2015.

2. 단행본 및 논문

김성숙, 「이성복의 초기 시에 나타난 공간의 상징성 – 『뒹구는 돌은 언제 잠깨는가』의 1980년대적 좌표」, 『현대문학의 연구』 36, 한국문학연구학회,

2008.

김수연. 「'남해 금산'의 시인 이성복, 남해에 오다」, 『남해시대』, 2019. 4. 5.

김승범, 「이성복 초기시의 공간 연구」, 한국교원대학교 석사논문, 2017.

김준오, 「현대시와 일상성」, 『도시시와 해체시』, 문학비평사, 1993.

김 현, 「따뜻한 비관주의: 이성복론」, 『현대문학』, 1981, 3월호.

_____, 「치욕의 시적 변용」, 『남해 금산』 해설, 문학과지성사, 1986.

김형열, 「근대近代 일본 식민도시의 유곽遊廓 형성과 창기업娼妓業」. 『한국일본근대학연구』 71, 한국일본근대학회, 2021.

다니엘 드페르, 이상길 옮김, 「헤테로토피아-베니스, 베를린, 포스앤젤레스 사이, 어떤 개념의 행로」, 『헤테로토피아』, 문학과지성사, 2014.

류철균, 「謫과 회상」, 『현대문학』, 1988.

문혜원, 『한국 현대시와 모더니즘』, 신구문화사, 1996.

미셸 푸코, 이광래 옮김, 『말과 사물』, 「서문」, 2012.

_____, 이상길 옮김, 『헤테로토피아』, 문학과지성사, 2009.

박덕규, 「한의 얽힘과 풀림」, 『문예중앙』, 1982. 봄호.

박한라, 「영화적 기법을 통한 현대시의 공간과 실재 : 김기택, 오규원, 이성복을 중심으로」, 『한국문학이론과 비평』 68, 한국문학이론과비평학회, 2011.

발터 벤야민, 차봉희 편역, 「중앙공원-보들레르에 관한 이론적 단상」, 『현대사회와 예술』, 문학과지성사, 1980.

앙리 르페브르, 양영란 옮김, 『공간의 생산』, 에코리브르, 2011.

양승모, 「이성복 문학의 정치성 재구」, 『이화어문논집』 48, 이화어문학회, 2019.

윤상수·이성복 대담, 「시·삶·역사」, 『끝나지 않는 대화-이성복 대담』, 열화당, 2014.

에드워드 랠프, 김덕현 외 옮김, 『장소와 장소상실』, 논형, 2005.

에드워드 소자, 아무영 옮김, 『공간과 비판사회이론』, 시각과 언어, 1987.

장석주, 「방법론적 부드러움의 시학; 이성복을 중심으로 한 80년대의 시의 한 흐름」, 『세계의 문학』, 1982, 여름호.

전성현, 「일제강점기 부산 유곽의 실태와 일본군과의 관련성」, 『역사와 경계』, 2018.

정미영, 「이성복·호아지우 시에 나타난 공간 연구」, 원광대학교 일반대학원 석사
　　　학위논문, 2011.
최현식, 『한국 근대시의 풍경과 내면』, 작가, 2005.
＿＿＿, 『말속의 침묵』, 문학과지성사, 2002.
황동규, 「행복 없이 사는 훈련-이성복의 시세계」, 『뒹구는 돌은 언제 잠 깨는
　　　가』, 해설, 문학과지성사, 1980.
홍성철, 『유곽의 역사』, 페이퍼로드, 2007.
홍정선, 「치욕에서 사랑까지」, 『우리 세대의 문학』 6, 1987.

1980년대 최승자 시에 드러나는 헤테로토피아

1. 기본자료
최승자, 『이 시대의 사랑』, 문학과지성사, 1981.
＿＿＿, 『즐거운 일기』, 문학과지성사, 1984.
＿＿＿, 『기억의 집』, 문학과지성사, 1985.
＿＿＿, 『한 게으른 시인의 이야기』, 난다, 2021,

2. 소논문 및 단행본
가스통 바슐라르, 곽광수 옮김, 『공간의 시학』, 동문선, 2003.
강철수, 「80년대 시에 나타난 도시 공간의 의미 연구 -도시적 실험파에 속하는
　　　시인들을 중심으로-」, 『한민족문학연구』 17, 한민족문화학회, 2005.
김승희, 「한국 현대 여성시의 고백시적 경향과 언술 특성 -최승자, 박서원, 이언
　　　주를 중심으로」, 『여성문학 연구』, 2007
김준오, 『詩論』, 삼지원, 1982.

김준오, 「자아·역설·부조리 – 김승희·최승자론」, 『도시시와 해체시』, 문학과 비평사, 1993.
막스 피카르트, 최승자 옮김, 『침묵의 세계』, 까치, 1985.
문혜원, 『한국 현대시와 모더니즘』, 신구문화사, 1996.
피에르 마슈레이, 배영달 옮김, 『문학 생산 이론을 위하여』, 백의, 1994.
신동욱, 「1980년대 시의 메타성과 장소 특징적 공간 생산 양상」, 『우리어문연구』 73, 우리어문학회, 2022.
앙리 르페브르, 양영란 옮김, 『공간의 생산』, 에코리브르, 2011.
에드워드 렐프, 김덕현·김현주·심승희 올김, 『장소와 장소상실』, 논형, 2005.
에드워드 소자, 이무영 옮김, 『공간과 비판사회이론』, 시각과 언어, 1987.
이-푸 투안 외, 구동회·심승희 옮김, 『공간과 장소』, 대윤, 1995.
엄경희, 「헤테로토피아의 장소성에 대한 시학적 탐구」, 『국어국문학』 186, 국어국문학회, 2019.
_____, 「헤테로토피아와 알레고리적 장소의 시학적 연관성에 대한 소론–김명인의 시집 『東豆川』의 경우」, 『국어국문학』 193, 국어국문학회, 2020.
_____, 「헤테로토피아heterotopia로서의 몸과 농경문화의 유기성–서정주 시를 중심으로」, 『이화어문논집』 제51집, 이화어문학회, 2020.
이주언, 「최승자 시의 아이러니 연구 –1980년대 시를 중심으로–」, 『한민족문학회』 69, 한민족문학회, 2015.
임지훈, 「1980년대 최승자, 이성복, 기형도 시 연구」, 한양대학교 박사논문, 2022.
자넷 풀 외, 김예림, 최현희 옮김, 『미래가 사라져 갈 때』, 문학동네, 2021.
정과리, 「방법적 비극, 그리고 – 최승자의 시 세계」, 『즐거운 日記』, 문학과지성사, 1984.
정수연, 「80년대 서울과 최승자의 시」, 『한국언어문학』 109, 한국언어문학회, 2016.
조연정, 「최승자 시에 나타난 독신자 여성 삶의 재현 양상」, 『구보학보』 18집, 2018.
최보식, 「정신분열증, 11년 만에 시집을 낸 시인 최승자」, 조선일보, 2010. 11. 22.

1980년대 황지우 시의 헤테로피아 장소성 연구

1. 기본자료
황지우, 『새들도 세상을 뜨는구나』, 문학과 지성사, 1983.
_____, 『겨울-나무로부터 봄-나무에로』, 민음사, 1985
_____, 『나는 너다』, 풀빛, 1987.
_____, 『황지우 문학앨범』, 웅진지식하우스, 1995.
_____, 『사람과 사람 사이의 신호』, 한마당, 1994.

2. 단행본 및 논문
강동호, 「시적인 것에 대한 시론적 고찰-황지우의 시론에 기대어,」, 『사이間 SAI』, 국제한국문화학회 제9권, 2010.
권혁웅, 「1980년대 시의 알레고리 연구 : '광주'의 시적 형상화를 중심으로」, 『한국근대문학연구』19집, 2009.
_____, 『시론』, 문학동네, 2010.
김기택, 「현대시의 내적 발화 연구」, 『국제한인문학연구』, 15호, 국제한인문학회, 2015.
김수이, 「공동체의 목소리, 목소리의 공동체-1980년대 황지우 시를 중심으로」, 『한국문학이론연구』제62집, 현대문학이론학회, 2015.
_____, 「시대의 전위에서 '아름다운 폐인'에 이르는 길」, 『환각의 칼날』, 청동거울, 1996.
김 현, 「타오르는 불의 푸르름」, 『새들도 세상을 뜨는구나』, 문학과지성사, 1990.
문선록, 「1980년대 한국 정치적 실험시의 현실인식과 대응연구: 박남철, 이성복, 황지우를 중심으로」, 공주대학교 석사논문, 2013.
민병관 「황지우의 해체시 연구」, 부산대학교 석사논문, 2006.
신형철, 「시적인 것, 실재적인 것, 그리고 증상적인 것」, 『한국학보』30권 4호, 일지사, 2004.

여지선, 「황지우론 -시작과 시론의 연계성을 중심으로」, 『겨레어문학』 26, 겨레어문학회, 2001.

오민석, 「소통과 고백 그리고 황지우론」, 『신동아』, 1993.

이광호, 「초월의 지리학」, 『황지우 문학앨범』, 웅진출판, 1995.

이-푸 투안, 『공간과 장소』, 윤영호·김미선 옮김, 사이, 2021.

정끝별, 「현대시에 나타난 알레고리의 특징과 유형」, 『한국문학이론과 비평』 21, 한국문학이론과 비평학회, 2003.

정한아, 「'시적인 것'의 실재론이라는 스캔들-황지우 시론 연구 1」, 『사이間SAI, 국제한국문화학회 제5권, 2008.

정효구, 「우리 시의 해체주의 -1980년대 시를 중심으로」, 『현대시사상·2』, 고려원, 1988.

정효구, 『상상력의 모험-80년대 시인들』, 민음사, 1992.

1990년대 여성시에 드러나는 '몸'이라는 혼종적 장소

1. 기본 자료

김혜순, 『우리들의 陰畫』, 문학과 지성사, 1990.

_____, 『나의 우파니샤드, 서울』, 문학과 지성사, 1994.

_____, 『불쌍한 사랑기계』, 문학과 지성사, 1997.

김언희, 『트렁크』, 세계사, 1995.

_____, 『말라죽은 앵두나무 아래 잠자는 저 여자』, 민음사, 2000.

이 원, 『그들이 지구를 지배했을 때』, 문학과 지성사, 1996.

_____, 『야후!의 강물에 천개의 달이 뜬다』, 문학과 지성사, 2001.

2. 단행본 및 논문

곽성근, 「김언희 시의 그로테스크 연구」, 조선대학교 석사학위논문, 2019.

권경아, 「거품으로 일어나는 감각의 언어: 김언희 신작시론」, 『계간 서정시학』, 2012.

김순아, 「2000년대 여성시에 나타난 '몸'의 전략화 양상', 『한국문학논총』 62, 한국문학회, 2012.

_____, 「90년대 이후 여성시에 나타난 여성의 몸과 전복의 전략」, 『한어문교육』 29, 한국언어문학교육학회, 2013.

_____, 「현대 여성시에 나타난 '몸'의 상상력과 노장사상적 특성 – 김수영, 김선우의 시를 중심으로」, 『여성문학연구』 33, 한국여성문학회, 2014.

김승희, 「상징질서에 도전하는 여성시의 목소리, 그 전복의 전략들」, 『한국여성문학 연구의 현황과 전망』, 소명출판, 2008.

김용희, 「김혜순 시에 나타난 여성 신체와 여성 환상 연구」, 『한국문학이론과 비평』 제22호, 한국문학이론과 비평학회, 2004.

_____, 「한국에서 여성/시인으로 살아간다는 것」, 『비평, 90년대 문학을 묻다』, 여름 언덕, 2005.

김혜순, 「프랙탈, 만다라, 그리고 나의 시 공화국」, 『현대시사상』, 1997.

_____, 「어머니와 처녀라는 허구」, 『오늘의 문예비평』 35, 오늘의 문예비평, 1999.

_____, 「사랑-내가 사랑을 멈출 수 없는 이유」, 『여성이 글을 쓴다는 것은』, 문학동네, 2002.

나희덕, 「다성적 공간으로서의 몸」, 『현대문학연구』 제20호, 한국문학연구학회, 2003.

도나 헤러웨이, 황희선 옮김, 『해러웨이 선언문』, 책세상, 2019.

랜들 월서, 『가상현실과 사이버 스페이스』, 세종대학교 출판부, 1994.

뤼스 이리가레, 이은민 옮김, 『하나이지 않은 성』, 동문선, 2000.

류　신, 「발기한 숭고」, 『시와 세계』 44, 2013.

문혜원, 「전시하는 육체와 전시된 육체, 바라본 구멍과 내 몸의 구멍」, 『오늘의 문예비평』, 2005.

박영우, 「김혜순 시의 시적 공간-'서울'을 중심으로」, 『국어문학』 47, 국어문학회, 2009.

박종덕, 「여성시의 어머니-몸 구현 양상 연구: 나희덕, 김선우의 시를 중심으로」, 『비평문학』 38, 한국비평문학회, 2010,

백지연, 「포스트휴먼 시대의 젠더정치와 괴물-비체의 재현방식 -김언희와 한강의 작품을 중심으로」, 『비교문화연구』 50, 2018,

송지현, 「현대 여성시에 나타난 '몸'의 전략화 양상」, 『한국문학이론과 비평』 15, 한국문학이론과비평학회, 2002.

신용목, 「1990년대 한국 여성시의 탈범주화 과정 연구 -나희덕, 김언희 시를 중심으로」, 『국어문학』 75, 국어문학회, 2020.

신진숙, 「김혜순 시에 나타난 몸적 주체와 탈근대성 고찰」, 『페미니즘연구』 제9호, 한국여성연구소, 2009.

심진경, 「김혜순 시의 미로에서 길을 읽다, 잃다, 앓다」, 『작가세계』 76호, 세계사, 2008.

심귀연, 『몸과 살의 철학자 메를로-퐁티』, 필로소픽, 2019

심재휘, 「여성시와 몸의 장소화 -나희덕, 김선우의 시를 중심으로-」, 『돈암어문학』 43, 돈암어문학회, 2023.

엄경희, 「상처받은 '가이아'의 복귀 -여성시에 나타난 에코페미니즘」, 『한국근대문학연구』 4, 한국근대문학회, 2003.

유정미, 『김혜순 시의 페미니즘 연구』, 충남대학교 박사논문, 2020.

윤혜옥, 「여성의 몸과 젠더 의식-문정희, 김혜순 시를 중심으로」, 『인문학연구』 제46호, 조선대학교 인문학연구원, 2013.

이경수, 「여성시문학사 서술 방법로 고찰」, 『한국여성문학』 48, 한국여성문학학회, 2019.

이승훈, 「성적 글쓰기의 딜레마와 김언희 시의 욕망」, 『한국 현대시 연구』 12, 2002.

이송희, 「김혜순 시에 나타난 몸의 언어」, 한국문학이론 비평』 43, 한국문학이론과비평학회, 2009.

이재복, 『한국현대시의 미와 숭고』, 소명출판사, 2012.

이주영, 「김혜순 시의 몸 이미지에 대한 고찰」, 중앙대학교 석사논문, 2000.

이기성, 「망각의 언어와 정치적 몸의 탈환」, 『비평, 90년대 문학을 묻다』, 여름 언덕, 2005.

임지연, 「1990년대 여성시의 이상화된 판타지와 역설적 근대 주체 비판」, 『한국시학연구』 53, 한국시학회, 2018.

장철환, 「돔덴의 문장들: 김언희론」, 『돔덴의 시간』, 파란, 2017.

전영주, 「한국 현대시의 그로테스크 미학 연구 -최승호와 김언희의 시를 중심으로」, 동국대학교 문화예술대학원 석사학위, 2002.

정끝별, 「여성성의 발견과 '여성적 글쓰기'의 전략 - 90년대 이후의 한국 여성 시인들을 중심으로」, 『여성문학연구』 5, 한국여성문학학회, 2001.

정진경, 「여성 해방공간으로서의 헤테로토피아 몸」, 『인문사회과학연구』 22, 부경대학교 인문사회과학연구소, 2021.

조연정, 「90년대 여성시의 탈·여성적 좌표-이원과 황인숙의 경우」, 『구보학보』 36집, 구보학회, 2024.

줄리아 크리스테바, 김인환 옮김, 『시적 언어의 혁명』, 동문선, 2000.

_____, 김인환 옮김, 『사랑의 역사』, 민음사, 2008.

질 들뢰즈·펠릭스 가타리, 김재인 옮김, 『천 개의 고원』, 새물결, 2001.

최문자, 「90년대 여성시에 나타난 어둠의식 연구」, 『돈암어문학』 14, 돈암어문학회, 2001.

최창현, 「한국 현대시 탐구의 변모 양상」, 『어문논집』 31, 중앙어문학회, 2003.

1990년대 기형도 시에 드러나는 '사이' 장소들

1. 기본자료

기형도, 『입 속의 검은 잎』, 문학과지성사, 1989.

2. 논문 및 단행본

가라타니 고진, 권기돈 옮김,『탐구 2』, 새물결, 2010,

권순부,「기형도 시의 시.공간 재구축 연구」, 목원대학교 석사논문, 2004.

권태효,「기형도 시에 투영된 '빈집'의 이미지와 그 지향점」,『시민 인문학』제8집, 경기대학교 인문학연구소, 2000.

국원호,「기형도 시에 나타난 직유 연구:인지적 관점을 중심으로」, 서강대학교 석사 논문

김보해,「기형도 시의 공동체 공간 연구」, 동국대학교 석사논문, 2018.

김유중,「세기말의 언어-기형도론」,『문학정신』, 1991년 8월.

김은석,「기형도 문학 연구」, 중앙대학교 박사논문, 2013.

김정화,「기형도 시의 죽음의 동력 연구」, 건국대학교 석사논문, 2002.

김정배,「기형도 시의 메멘토 모리 양상」,『열린정신 인문학연구』제17집, 2016.

김종태,「기형도 시에 나타난 불안과 절망」,『한국융합인문학 』제9집, 한국융합인문학회, 2021.

김준오,「목소리 시대의 시의 어조」,『문학과 비평』, 1989년 봄호

김진아,「기형도 시의 바람 이미지 연구」,『한국언어문학』제60집, 한국언어문학회, 2007.

금은돌,『거울 밖으로 나온 기형도』, 국학자료원, 2013.

남진우,「숲으로 된 푸른 성벽」,『사랑을 잃고 나는 쓰네』, 솔, 1994

데이비드 하비, 구동회, 박영민 역,『포스트 모더니티의 조건』, 한울, 1994.

미셸 푸코, 이상길 옮김,『헤테로피아』, 문학과지성사, 2014.

류 신,「부정의 검은 강, 부정의 푸른 성: 기형도의〈숲으로 된 성벽〉새롭게 읽기」,『Holzwege』제1집, 1999

박기순,「푸코의 헤테로피아 개념-문학적 기원에 기초한 미학적 해석」,『美學』제83집, 한국미학회, 2017.

박종덕,「기형도 시에 나타나는 공포의 근원과 형상화 양상」,『어문연구학회』제82집, 어문연구, 2014.

박철화,「집 없는 자의 길찾기, 혹은 죽음」,『문학과 사회』1989년 가을.

박형준,「제망매가에 형상화된 '나뭇가지' 이미지의 현대적 변용-기형도 시를 중

심으로」, 『한국문예비평연구』 제49집, 2016.
송종원, 「기형도 시에 나타난 시대적 징후」, 『인문학연구』 제30집, 인하대학교 인문학연구소, 2018.
엄경희 「상자 속에 채집된 아이러니적 존재-기형도론」, 『행복한 시인의 사회』, 소명출판, 2004.
염선옥, 「기형도 시에 나타난 헤테로토피아적 공간과 정치성」, 동국대학교 석사논문, 2020
오생근, 「집과 시적 상상력」, 『동서문학』, 1994년 겨울,
오윤정, 「기형도 시에 나타난 죽음과 몸」, 『한국문예비평연구』 34, 한국현대문예비평학회, 2011.
원보람, 「기형도 시의 공간 연구」, 서울과학기술대학교 석사학위논문, 2017.
이광호, 「묵시默視와 묵시默示 - 기형도적인 시 쓰기의 의미」, 『환멸의 신화』, 민음사, 1995.
_____, 「기형도와 거리의 시간」, 『도시인의 탄생 : 한국 문학과 도시의 모더니티』, 서강대 출판부, 2010.
이세경, 「한국 현대시에 나타난 공간인식 연구」, 충북대학교육대학원 석사논문, 2007.
_____, 「기형도 시에 나타난 길의 공간의식」, 『한국문화기술』 제3집, 단국대학교 한국문화기술연구소, 2007.
이영섭, 「어둠과 고통의 시학: 기형도 시 연구」, 『한국문예비평연구』 제2집, 1998.
이지원·김민옥, 「기형도 시에 구현된 헤테로토피아의 알레고리」, 『이화어문논집』 제61집, 이화어문학회, 2023.
이-푸 투안, 구동회·심승희 옮김, 『공간과 장소』, 사이, 2020.
임세진, 「기형도 시에 나타난 소외 이미지 연구」, 『겨레어문학』 제47집, 2011.
장석주, 「빈 집의 시학」, 『현대시세계』, 1992년 여름호, 청하, 1992.
_____, 「기형도 혹은 길 위에서의 중얼거림」, 『정거장에서의 충고』, 문학과지성사, 2009.
정과리, 「죽음 혹은 순수 텍스트로서의 시」, 『정거장에서의 충고』, 문학과지성

사, 2009.
정성훈, 「기형도 시문학의 건축적 재해석을 통한 기형도 문학관 설계연구」, 건국대학교 건축전문대학원 석사학위 논문, 2016.
정유경, 「기형도 시에 나타난 욕구 양상 연구 : 공간이동을 중심으로」, 단국대학교 교육대학원 석사학위 논문, 2018.
조동범, 「기형도 시에 나타난 근대 도시 공간 연구」, 『시민인문학』 제35집, 경기대학교 인문학연구소, 2018.
조정환, 『인지자본주의』, 갈무리, 2011.
하재봉, 「죽음을 예감했던 마지막 시 '빈집'」, 『시인세계』, 문학세계사, 2003.
한금화, 「기형도 시의 공간의식 연구」, 『겨레어문학』 제40집, 겨레어문학회, 2008.

1990년대 고정희 시의 파레시아와 헤테로토피아 연구

1. 기본 자료
고정희, 『고정희 시전집』 1, 또 하나의 문화, 2011.
_____, 『고정희 시전집』 2, 또 하나의 문화, 2011.

2. 단행본 및 논문
고정희 엮음, 『예수와 민중과 사랑 그리고 詩』, 기민사, 1985.
고정희, 조형 외 엮음, 『너의 침묵에 메마른 나의 입술—고정희 추모문집』, 또 하나의 문화, 1993.
고정희, 「독자에게 보내는 편지-따뜻한 동행」, 『여성신문』, 여성신문사, 1988. 12. 2.

고정희, 「한국 여성 문학의 흐름-시와 소설을 중심으로」, 『고정희 시전집』 2, 또 하나의 문화, 2011.

고현철, 「평등과 해방을 위하여, 곪은 현실의 치유를 위하여」, 『오늘의 문예비평』 가을호, 오늘의 문예비평, 1992.

권성훈, 「고정희 종교시의 폭력적 이미지 연구」, 『종교문화연구』 21, 2013.

구명숙, 「80년대 한국 여성시 연구-고정희 시에 나타난 여성성 일탈 양상을 중심으로」, 『한국문학 연구』 6, 숙명여대 출판부, 1995.

김두한, 「여성, 그 왜곡된 기호에 대한 시적 저항」, 『여성문제연구』 20, 대구 효성여대 한국여성문제연구소, 1992.

김문주, 「고정희 시의 종교적 영성과 '어머니 하느님'」, 『비교한국학』 19-2, 2011.

김민구, 「고정희 연작 「밥과 자본주의」에 나타난 정의의 절정행위 연구」, 『현대문학이론연구』, 현대문학이론학회, 2019.

김란희, 「한국 민중시의 언어적 실천 연구-1970, 80년대 민중시에 나타난 '부정성'의 의미화 양상을 중심으로」, 서강대학교 박사논문, 2010.

김승희, 「한국 현대 여성시에 나타난 제국주의의 남근 읽기」, 『여성문학연구』 2. 1999.

김정환, 「고통과 일상성의 변증법」, 『초혼제』, 창작과비평사, 1984.

김향라, 「한국 현대 페미니즘시 연구—고정희, 최승자, 김혜순 시를 중심으로」, 경상국립대 박사논문, 2010.

나희덕, 「시대의 염의를 따르는 손—고정희론」, 『창작과비평』 112, 창작과비평사, 2001.

박선희·김문주, 「고정희 시의 "수유리" 연구-「화육제별사化肉祭別詞」를 중심으로」, 『한민족어문학』 66, 한민족어문학회, 2014.

백낙청, 「민중은 누구인가」, 한국신학연구소 편, 『한국민중론』, 한국신학연구소, 1984.

송명희, 「고정희의 페미니즘 시」, 『비평문학』 9, 한국비평문학회, 1995.

양경언, 「고정희 시에 나타난 의인화 시학 연구」, 서강대학교 석사논문, 2010.

염선옥, 「고정희 시에 나타난 민중의식의 태동과 심상지리」, 『동학학보』 61, 동학학회, 2022.
윤민재, 「현대사회의 파레시아Parrhesia의 특징과 그 실현 가능성 탐색」, 『담론 201』 21-2, 한국사회역사학회, 2018.
유성호, 「고정희 시에 나타난 종교의식과 현실인식」, 『한국문예비평연구』 1, 1997.
―――, 「탈냉전의 시기(1990-2000)」, 오세영 외, 『한국 현대시사』, 민음사, 2007.
유인실, 「고정희 시의 탈식민주의 연구-연작시 〈밥과 자본주의〉를 중심으로」, 『비평문학』 36, 2010.
이경수, 「고정희 전기시에 나타난 숭고와 그 의미」, 『비교한국학』 19-3, 국제비교한국학회, 2011.
이미옥, 「고정희와 수팅의 여성시 비교 연구-참여로서의 여성적 글쓰기」, 『동북아 문화연구』, 동북아시아문화학회, 2019.
이소희, 『여성주의 문학의 선구자 고정희의 삶과 문학』, 국학자료원, 2018.
이연화, 「한국 현대시에 나타난 탈식민성 연구」, 강원대학교 박사논문, 2013.
이은영, 「고정희 시에 나타난 불화의 정치성-마당굿시를 중심으로」, 『여성문학연구』 53, 한국여성문학회, 2021.
이혜원, 「한국 여성시의 탈식민주의 페미니즘 연구-고정희, 김승희, 허수경의 시를 중심으로」, 『여성문학연구』 42, 한국여성문학회, 2017.
자크 랑시에르, 양창렬 옮김, 『정치적인 것의 가장자리에서』, 길, 2008.
―――, 유재홍 옮김, 『문학의 정치』, 인간사랑, 2009,
정복임, 「고정희 시의 탈 식민주의적 연구」, 단국대학교 박사논문, 2008.
정영주, 「고정희 시의 탈식민주의 페미니즘에 관한 고찰-『모든 사라지는 것들은 뒤에 여백을 남긴다』를 중심으로」, 『한국문예창작』 5, 한국문예창작학회, 2006.
정혜진, 「고정희 전기시 연구-주체성과 시적 실천을 중심으로」, 성균관대학교 석사논문, 2104.
―――, 「고정희 시와 '페미니즘'의 급진성」, 『구보학보』 29, 구보학회, 2021.
정효구, 「고정희 시에 나타난 여성의식」, 『인문학지』 17, 충북대 인문학연구소,

1999.

조연정, 「고정희를 어떻게 읽을 것인가」, 『서정시학』 91, 2021 가을호.

조혜정, 「그대, 쉬임없는 강물로 다시 오리라」, 『너의 침묵에 메마른 나의 입술』, 조형 외 편, 또 하나의 문화, 1993.

차미례, 「'눈물꽃'의 뜨락에서 역사의 바다로」, 『광주의 눈물비』, 동아, 1990.

폴 틸리히, 남정우 옮김, 『문화의 신학』, 대한기독교서회, 2002.

미셸 푸코, 심세광 옮김, 『주체의 해석학』, 동문선, 2007.

_____, 이상길 옮김, 『헤테로토피아』, 문학과지성사, 2014.

_____, 심세광·전혜리 옮김, 『자기 자신에 대한 진실 말하기』, 그린비, 2016.

미셸 푸코, 오트르망 옮김, 『담론과 진실』, 동녘, 2017.

황혜영, 「'케렌시아'로 읽고 생각하고 표현하기」, 『교양교육과 시민』 9, 숙명여대 교양교육연구소, 2024.

1990년대 유하와 장정일 시의 헤테로토피아 연구

1. 기본 자료

유 하, 『무림일기』, 문학과지성사, 1989.

_____, 『바람부는 날이면 압구정동에 가야 한다』, 문학과지성사, 1991.

_____, 『세상의 모든 저녁』, 문학과지성사, 1993.

_____, 『세운상가 키드의 사랑』, 문학과지성사, 1995.

_____, 『나의 사랑은 나비처럼 가벼웠다』, 문학과지성사, 1999.

_____, 『천일馬화』, 문학과지성사, 2000.

장정일, 『햄버거에 대한 명상』, 민음사, 1987.

_____, 『길안에서의 택시 잡기』, 민음사, 1988.

2. 단행본 및 논문

강민구, 「유하 시에 나타난 장소성 연구」, 한양대학교 대학원 석사학위논문, 2014.

고봉준, 「1990년대 시의 사회 정치적 상상력과 소비자본주의」, 『한국시학연구』 73호, 한국시학회, 2023,

김민지, 「장정일 시에 나타난 도시성 연구」, 『비평문학』 69, 한국비평학회, 2018.

김영찬, 「90년대는 없다-하나의 시론, '1990'년대를 읽는 코드」, 『한국학논집』 59, 『계명대학교 한국학연구원, 2015. 11-12쪽.

김인옥, 「장정일 시에 나타난 자기반영성 연구-시집 『서울에서 보낸 3주일』을 중심으로」, 『한국문예비평연구』 56, 한국현대문예비평학회, 2017.

김용희, 「대중문화 1세대의 문화적 기억과 망각-유하 시집 『세운상가 키드의 사랑』, 영화 〈말죽거리 잔혹사〉를 중심으로」, 『현대문학의 연구』 27집, 한국문학연구학회, 2005.

김정현, 「'유토피아'的 지식인의 분열증적 양상, 90년대 시적 주체의 한 갈래(2)-유하를 中心으로-」, 『어문연구』 51, 한국어문교육연구회, 2023.

김춘규, 「장정일 문학에서 장르 전환의 의미-시와 소설의 갈등 양상」, 『한국현대문학연구』 63집, 한국현대문학연구, 2010.

김 현, 『바람 부는 날이면 압구정동에 가야 한다』 해설, 문학과지성사, 1991.

김홍진, 「도시 산책자의 미적 체험과 의미범주 - 유하의 시를 중심으로」, 『현대시학』, 2008.

박정일, 「유하 시의 영상이미지 연구」, 한국교원대학교 석사논문, 2014.

신동욱, 「1980년대 시의 메타성과 장소 특정적 공간 생산 양상」, 『우리어문연구』 73, 우리어문학회, 2022.

심혜연, 「유하 시의 공간에 나타나는 욕망 구조 연구」, 한국 교원대학교 대학원 석사학위 논문, 2012.

아브라함 몰르, 엄광현 역, 『키치란 무엇인가?』, 시각과 언어, 1995.

엄경희, 「장정일 詩에 나타난 사디즘Sadism으로서의 現實認識」, 『어문연구』 33-4, 한국어문교육연구회, 2005.

이수명, 「시집으로 읽는 1990년대 시문학사」, 『서정시학』 제75호, 2017.
윤선희, 「장정일 시에 나타난 권력의 메커니즘과 해체의식」, 숭실대학교 석사논문, 2012.
장정일, 「현실에 대한 완벽한 자기부인과 '헤테로토피아'」, 『한없이 투명에 가까운 블루』, 이상북스, 2014.
클레멘트 그린버그, 조주연 역, 『예술과 문화』, 경성대출판부, 2004.

허수경 시에 드러나는 트랜스로컬리티로서의 '고향'의 변모와 서발턴

1. 기본자료
허수경, 『슬픔만한 거름이 어디 있으랴』, 실천문학사, 1988.
_____, 『혼자가는 먼 집』, 문학과 지성사, 1992.
_____, 『내 영혼은 오래 되었으나』, 창작과비평사, 2001.
_____, 『청동의 시간 감자의 시간』, 문학과 지성사, 2005.
_____, 『빌어먹을 차가운 심장』, 문학동네, 2011.
_____, 『누구도 기억하지 않는 역에서』, 문학과 지성사, 2016.
_____, 『모래도시』, 문학동네, 1996.
_____, 『길모퉁이 중국식당』, 문학동네, 2003.
_____, 『모래도시를 찾아서』, 현대문학, 2005.
_____, 『나는 발굴지에 있었다』, 난다, 2018.
_____, 『너 없이 걸었다』, 문학동네, 2015.
_____, 『그대는 할 말을 어디에 두고 왔는가』, 난다. 2018.
_____, 『가기 전에 쓰는 글들』, 난다, 2019.
_____, 『오늘의 착각』, 난다. 2020.

2. 논문 및 단행본

가스통 바슐라르, 곽광수 역, 『공간의 시학』, 동문선, 2003, 77~81쪽.
가야트리 스피박 외, 『서발턴은 말할 수 있는가?』, 그린비, 2013.
강학순, 『존재와 공간: 하이데거 존재의 토폴로지와 사상의 흐름』, 한길사, 2011. 57-58쪽.
권성훈, 「영원한 제국의 폭력과 영혼의 상처를 치유하는 페미니스트-허수경론」, 『계간 시작』 68호, 천년의 시작, 2019. 5. 220쪽.
김신정, 「소멸의 운명을 살아가는 여성의 노래 : 허수경과 김수영의 시」, 『실천문학』 64집, 2001. 11.
미셸 푸코, 이광래 역, 『말과 사물』, 「서문」, 2012.
_____, 이상길 옮김, 『헤테로토피아』, 문학과 지성사, 2009.
박지해, 「한국 현대 여성시에 나타난 모성성의 사적 전개 양상 연구」, 한국외국어대학교 박사학위 논문, 2017.
방승호, 「허수경 시의 공간 양상과 내면의식」, 『현대문학이론연구』 77, 2019.
_____, 「허수경 시의 시간의식 연구」, 『어문연구』 99집, 어문연구학회, 2019. 190쪽.
에드워드 렐프, 『장소와 장소상실』, 논형, 2005.
오형엽, 「꿈의 빛깔들」, 『서정시학』 15집. 2005. 3.
이경수, 「대지의 생산성과 가이아의 딸들」, 『신생』 32집. 2007. 9.
이광호, 「그녀의 시는 오래 되었으나-허수경의 오래된 편지」, 『문학과 사회』, 2001.
이미예, 「허수경 시의 귀향(歸鄕)의식 연구」, 한국교원대학교 석사학위논문, 2017.
이은영, 「허수경 시에 나타난 알레고리의 양상」, 『여성문학연구』 45집, 한국여성문학학회, 2018.
이혜원, 「한국 여성시의 탈식민주의 페미니즘 연구」, 『여성문학연구』 41집, 여성문학연구, 2017.
_____, 「허수경 시에 나타난 전쟁 표상과 생명의식」, 『문학과 환경』 18집, 문학과환경학회, 2019.
이-푸 투안, 구동회·심승희 옮김, 『공간과 장소』, 사이, 2020.

자크 랑시에르, 『미학 안의 불편함』, 주형일 옮김, 인간사랑, 2008.
전명환·이경수, 「허수경의 언어공동체 의식과 방언시 작업의 의미」, 『우리문학회』 72, 2021. 467쪽.
정종민, 「한국 현대 페미니즘 시 연구」, 성균관대학교 박사학위논문, 2008.
조연정, 「1990년대 젠더화된 문단에서 페미니즘하기: 김정란과 허수경을 읽으며」, 『구보학보』 27집, 구보학회, 2021.
최상욱, 「거주하기의 의미에 대하여: 하이데거를 중심으로 한 탈근대적 거주하기의 의미」, 『하이데거 연구』 4권, 한국하이데거학회, 1999. 295쪽.
최현식, 「기원의 미래, 미래의 기원」, 『시와 지역』 여름호, 254쪽.
태혜숙, 「한국의 식민지 근대와 여성 공간」, 『탈식민주의 페미니즘』, 여이연, 2004.
허수경, 「고향과 나무」, 『네가 오후 네 시에 온다면 나는 세 시부터 행복해지기 시작할 거야- 20대 젊은 시인들의 첫사랑』, 문학세계사, 1990. 8.

김지율은 진주에서 태어나 2009년 『시사사』로 등단했다. 시집 『내 이름은 구운몽』, 『우리는 날마다 더 아름다워져야 한다』, 대담집 『침묵』, 詩네마 이야기 『아직 돌아오지 않은 것들』, 『나는 천사의 말을 극장에서 배웠지』가 있다. 연구서로 『한국 현대시의 근대성과 미적 부정성』, 『문학의 헤테로토피아는 어떻게 기억되는가』, 『나의 도시, 당신의 헤테로토피아』, 『헤테로토피아 시학 1』, 『헤테로토피아 시학 2』 등이 있다. 개천문학상, 진주문학상, 시사사 작품상 등을 수상했다. 현재 경상국립대학교 인문학연구소 학술연구교수로 재직 중이다.

헤테로토피아 시학 2 | 구월은 다른 장소를 살아간다

초판 1쇄 인쇄일 2025년 9월 25일
초판 1쇄 발행일 2025년 10월 1일

지은이	김지율
펴낸이	한선희
편집/디자인	이보은 박재원 안솔비 근지은
마케팅	정찬용 정진이
영업관리	한선희 정구형
책임편집	안솔비
펴낸곳	국학자료원 새미(주)
등록일	제 395—3240000251002005000008 호
	경기도 고양시 덕양구 권율대로 656 원흥동 클래시아 더 퍼스트 1519, 1520호
	Tel 02)442-4623 Fax 02)6499-3082
	www.kookhak.co.kr
	kookhak2010@hanmail.net
ISBN	979-11-6797-261-3 *94810
	979-11-6797-259-0 (set)
가격	28,000원

* 저자와의 협의하에 인지는 생략합니다.
  국학자료원 · 새미 · 북치는마을 · LIE는 국학자료원 새미(주)의 브랜드입니다.
* 이 책 내용의 전부 또는 일부를 재사용하려면 반드시 저작권자의 동의를 받아야 합니다.